Social Media Marketing in China mit WeChat

EBOOK INSIDE

Die Zugangsinformationen zum eBook Inside finden Sie am Ende des Buchs.

Yinyuan Liu

Social Media Marketing in China mit WeChat

Einsatzmöglichkeiten, Funktionen und Tools
für ein erfolgreiches Mobile Business

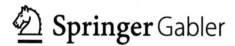 Springer Gabler

Yinyuan Liu
Augsburg, Deutschland

ISBN 978-3-658-17496-5   ISBN 978-3-658-17497-2   (eBook)
https://doi.org/10.1007/978-3-658-17497-2

Die Deutsche Nationalbibliothek verzeichnet diese Publikation in der Deutschen Nationalbibliografie; detaillierte bibliografische Daten sind im Internet über http://dnb.d-nb.de abrufbar.

Springer Gabler

Lektorat: Manuela Eckstein

Gedruckt auf säurefreiem und chlorfrei gebleichtem Papier

Springer Gabler ist Teil von Springer Nature
Die eingetragene Gesellschaft ist Springer Fachmedien Wiesbaden GmbH
Die Anschrift der Gesellschaft ist: Abraham-Lincoln-Str. 46, 65189 Wiesbaden, Germany

Vorwort

Ist es vorstellbar, dass Unternehmen in Europa mit dem mobilen Instant-Messaging-Dienst WhatsApp Marketingkampagnen betreiben? Die Antwort ist mit Sicherheit „Nein". Wenn man aber dieselbe Frage zu dem chinesischen Pendant WeChat App in China stellt, erhält man nicht nur ein „Ja", sondern man wird auch etwas ungläubig angesehen, weil Social Media Marketing mit WeChat in China für Unternehmen völlig selbstverständlich ist. In China stellt sich eigentlich nur die Frage, *wie* Unternehmen diesen digitalen Kommunikationskanal für eigene Marketingzwecke am effektivsten nutzen können.

Wer hierzulande von WhatsApp ausgeht und meint, dass WeChat ebenso wie WhatsApp nur ein reiner mobiler IM-Dienst ist und nur zum Chatten dient, der irrt sich. WeChat ist eben nicht gleich WhatsApp, sondern kann viel mehr. Der Hauptunterschied zu WhatsApp besteht darin, dass WeChat auch eine Internetplattform für Unternehmen und Organisationen ist. In Verbindung mit der WeChat App, die mittlerweile über 930 Mio. monatlich aktive Nutzer hat, haben Unternehmen die Möglichkeit, dort aktives Marketing zu betreiben. WeChat ist auch als Absatzkanal, insbesondere im Bereich von E-Commerce und O2O (Online-to-Offline)-Business, nicht wegzudenken.

Wussten Sie schon, dass man in China mit WeChat seine Strom-, Wasserrechnungen, Telefon- und Kabelfernsehgebühren bezahlen oder Termine mit Ärzten vereinbaren, Flug- und Zugtickets kaufen sowie Visa beantragen kann? Über 300 Mio. WeChat-Nutzer haben ihre Bankdaten bei WeChat hinterlegt, um den Bezahldienst „WeChat Pay" nutzen zu können. Europäern mag dies wie ein Kulturschock erscheinen. Doch auch hier gilt: Andere Länder, andere Sitten. Diese kulturellen Unterschiede müssen europäische Unternehmen bei der Planung ihrer Geschäftstätigkeiten in China berücksichtigen.

Damit aber noch nicht genug. Das Konzept von WeChat ist es, eine App für alle zu sein. Mit dem Konzept „WeChat+" sollen neben Menschen auch Gegenstände miteinander verbunden werden können. Über die von WeChat zur Verfügung gestellten APIs (Application Programming Interface) lassen sich die Funktionen von WeChat auf einfache Weise in Hardware integrieren. Dadurch ist die Idee des „Internet der Dinge" mit WeChat Realität geworden. Schließlich können Unternehmen mit WeChat ein eigenes

Business-Ökosystem bilden, in dem sich alle relevanten Marketingtätigkeiten durchführen lassen.

Kann WeChat nur in Festlandchina genutzt werden? Nein. WeChat hat zurzeit 20 Sprachversionen, inklusiv Deutsch und Englisch. Bereits in 2013 gab es über 100 Mio. WeChat-Nutzer außerhalb von Festlandchina, was Unternehmen außerhalb von China die Möglichkeit bietet, Cross-Border Business mit WeChat zu betreiben. Auch Tourismusunternehmen können über WeChat ihre Standorte für chinesische Touristen attraktiv machen und ihnen Mehrwertservices anbieten.

In China gibt es mehr als 5000 deutsche Unternehmen, von denen viele noch kein öffentliches WeChat-Konto haben. Deutsche Start-ups haben die Chance, die deutschen Unternehmen in China dahin gehend zu beraten und zu unterstützen, vor Ort öffentliche WeChat-Konten für sich einzurichten und zu betreiben.

Europäische Unternehmen müssen die Entwicklung von WeChat im Auge behalten. Denn einerseits kann es durchaus sein, dass WeChat in den europäischen Markt eindringen wird. Andererseits lernt Facebook auch vom Rivalen WeChat. Die innovativen Features von WeChat könnten sich irgendwann, vielleicht in einer anderen Form, auch in WhatsApp niederschlagen, sodass Unternehmen gezwungen sind, sie zu nutzen. Für diesen Fall brauchen europäische Unternehmen schon jetzt eine Strategie, die sie von China lernen können.

Im Folgenden eine Übersicht mit Kennzahlen über das chinesische Internet und über die WeChat App:

- Gesamte Nutzerzahl des chinesischen Internets bis Ende 2016: 731 Mio. (Gesellschaftliche Durchdringungsrate 53,2 %).
- Davon waren 666 Mio. IM-Nutzer (91,1 % der gesamten Internetnutzer).
- Gesamte Anzahl der mobilen Internetnutzer bis Ende 2016: 695 Mio. (95,1 % der gesamten Internetnutzer).
- Davon waren 638 Mio. mobile IM-Nutzer (91,8 % der gesamten mobilen Internetnutzer und 87,3 % der gesamten Internetnutzer).
- Anzahl der monatlich aktiven Nutzer (MAU) von WeChat in Festlandchina 2015 lag bei 600 Mio., weltweit bis Ende März 2017 bei 937,8 Mio. WeChat ist der meistgenutzte IM-Dienst in China.
- WeChat hat Nutzer weltweit in über 200 Ländern.
- 53,3 % der WeChat-Nutzer checken ihre WeChat-Nachrichten unzählige Male, 87 % mehr als zehnmal pro Tag.
- 65,5 % der Unternehmen, die 2016 Online-Marketing in China betrieben, nutzten IM-Dienste als die Hauptmarketingkanäle.
- 75,5 % der Unternehmen, die 2016 mobiles Online-Marketing in China betrieben, nutzten WeChat als den Hauptmarketingkanal.
- Mehr als 8000 Marken nutzen WeChat für Marketing, Promotion und Vertrieb.

- Über 300 Mio. WeChat-Nutzer machten vom Bezahldienst „WeChat Pay" Gebrauch.
- Sechs Millionen Entwickler und IT-Unternehmen/Start-ups bieten Dienstleistungen für Unternehmen über die offene Plattform von WeChat.

WeChat ist als der innovative und technologische Marktführer im Bereich des Instant-Messaging-Dienstes, insbesondere des IM-Dienstes für Business, weltweit anerkannt worden. Nachfolgend einige Zitate:

Handelszeitung, 06. Jan. 2016
„Mit 900 Mio. aktiven Nutzern ist WhatsApp Weltmarktführer. Trotzdem schauen die Amerikaner neidvoll auf den chinesischen Konkurrenten WeChat. Doch dessen Erfolg lässt sich nicht einfach kopieren."

WirtschaftsWoche Online, 24. März 2016
„Surfen, shoppen, Rechnungen zahlen: Der chinesische Messengerdienst WeChat leistet viel mehr als WhatsApp und Co. Die Plattform könnte Facebook und Apple gefährlich werden, denn sie strebt nach Europa und Amerika."

Bloomberg Businessweek, 09. Juni 2016
„In China, 90 % of internet users connect online through a mobile device, and those people on average spend more than a third of their internet time in WeChat. It's fundamentally a messaging app, but it also serves many of the functions of PayPal, Yelp, Facebook, Uber, Amazon, Expedia, Slack, Spotify, Tinder, and more. People use WeChat to pay rent, locate parking, invest, make a doctor's appointment, find a one-night stand, donate to charity. The police in Shenzhen pay rewards through WeChat to people who rat out traffic violators through WeChat."

The Sydney Morning Herald. 03. Juli 2016
„You can't go to China without doing WeChat as well, just like a business cannot afford not to have a Facebook page here in Australia …"

The Economist, 06. Aug. 2016
„Among all its services, it is perhaps its promise of a cashless economy, a recurring dream of the internet age, that impresses onlookers the most. Thanks to WeChat, Chinese consumers can navigate their day without once spending banknotes or pulling out plastic. It is the best example yet of how China is shaping the future of the mobile internet for consumers everywhere."

eMarketer, 10. Aug. 2016
„WeChat's popularity in China reflects the breadth of its utility – it offers so many features that casual observers can be left wondering whether WeChat is a social platform, a

mobile portal or an operating system. 'It really depends on how you use it and what you intend to do with it,' said Alex Mecl, a strategic global advisor for WeChat. 'It's actually all of the above. I call it a life operating system. It's more than a social platform – it's a new lifestyle. It connects people with people, services, brands and things online and offline."

Forbes, 11. Aug. 2016

„Perhaps it's time that Facebook should copy Tencent's WeChat. In fact, David Marcus, VP of Facebook Messenger, has openly expressed his envy for WeChat, calling it simply ‚inspiring'. He plans to ‚transform Messenger into a platform where people can communicate with businesses and buy things.'"

Deutschlandradio Kultur, 12. Aug. 2016

„Chatten, einkaufen, Termine vereinbaren – WeChat ersetzt Facebook, WhatsApp, Skype und vieles mehr. Über 700 Mio. Chinesen nutzen das Tool. Die App kann alles – und weiß alles über die Nutzer."

CNBC, 19. Aug. 2016

„You can do pretty much everything on WeChat – it's one single app that unifies all apps …"

RP Online, 16. Sept. 2016

„Wenn deutsche Unternehmen chinesische Kunden erreichen möchten, kommen sie an WeChat nicht vorbei – Europa kann also bei der Digitalisierung einiges vom Reich der Mitte lernen."

Deutsche Welle, 05. Okt. 2016

„Mit mehr als 700 Mio. Nutzern ist WeChat aus dem chinesischen Alltags- und Geschäftsleben nicht mehr wegzudenken. Mit der App kann man mehr als nur kommunizieren: Man kann Waren bestellen und Rechnungen bezahlen. Das nutzt jetzt auch die bayerische Ferienregion Berchtesgaden in einem Pilotprojekt. Speziell für die chinesischen Touristen in Hotels und an Sehenswürdigkeiten angebrachte QR-Codes führen über WeChat auf Informations- oder Buchungsseiten."

The Wall Street Journal, 05. Okt. 2016

„The app's evolution is an example of China's mobile internet services' leapfrogging those in the West. While Facebook Inc.'s WhatsApp Messenger has more than a billion users globally, WeChat, known as Weixin in China, is in a league of its own when it comes to offering services. The app serves as a one-stop shop where users play games, order food, hail rides and even invest in mutual funds."

Spiegel online, 08. Okt. 2016

„Die Universal-App WeChat hat den Alltag von 800 Mio. Menschen revolutioniert. Bereitwillig geben sie im Land der Zensur ihre Daten preis. "

Dieses Buch soll einen Beitrag dazu leisten, die WeChat App auch hierzulande bekannt zu machen. Insbesondere europäische Unternehmen, die Geschäfte mit China machen und die WeChat noch nicht für ihr Marketing einsetzen, erhalten mit diesem Buch konkrete Funktionsbeschreibungen von WeChat und deren Nutzen für Marketingtätigkeiten in China. Es werden hauptsächlich die folgenden Themen besprochen:

- Was ist WeChat überhaupt?
- Was bedeutet WeChat für europäische Unternehmen in China und warum müssen sie WeChat nutzen?
- Welche Einsatzmöglichkeiten bietet WeChat für europäische Unternehmen?
- Grundlegende Funktionen von WeChat
- Öffentliches WeChat-Konto und dessen Beantragung sowie Verifizierung
- Grundlegende Einstellungen des öffentlichen WeChat-Kontos
- Content Marketing über das öffentliche WeChat-Konto
- Online-Bezahldienst „WeChat Pay"
- Marketingtools, die WeChat speziell für Unternehmensmarketing bietet
- Werbung auf WeChat
- Offizielle WeChat-Website für mobile Unternehmenspräsentation
- WeChat-fähige Hardware in Verbindung mit dem Konzept „Internet der Dinge"
- Cross-Border Business mit WeChat
- WeChat für Expats, Start-ups und europäische Investoren
- WeChat für Tourismus in Europa

Dieses Buch ist hauptsächlich für Marketingverantwortliche, Manager Public Relations, Produktmanager, Business Development Manager, Vertriebsleiter für China und für sonstige Führungskräfte europäischer Unternehmen, die in China Geschäfte machen oder den chinesischen Markt erschließen wollen und strategische Entscheidungen für ihre China-Geschäfte treffen müssen, sowie für interessierte Leser gedacht.

Auch für die europäischen Unternehmen, die zwar keine Niederlassungen in China haben, aber Geschäfte mit Chinesen machen wollen, wie beispielsweise Cross-Border Business und die Tourismusbranche, kann das Buch hilfreich sein. Marktforschungsinstituten und -unternehmen sowie Journalisten gibt das Buch wertvolle Informationen über die Einsatzmöglichkeiten von WeChat in den jeweiligen Bereichen. Auch Start-ups und Investoren, die Geschäfte mit WeChat machen wollen, können von diesem Buch profitieren.

Um die beschriebenen Funktionen und Einsatzmöglichkeiten von WeChat zu verstehen, brauchen Sie keine chinesischen Sprachkenntnisse. Im Buch sind jedoch an vielen

Stellen sowohl deutsche Übersetzungen als auch original chinesische Begriffe zu finden. Sie sind für Leser gedacht, die chinesische Sprachkenntnisse haben und online nach weiteren Informationen mithilfe der Begriffe recherchieren können.

Augsburg   Yinyuan Liu (刘银远)
im November 2017

Danksagung

Mein Dank gilt insbesondere meiner Frau Xiaojing. Ohne ihre großartige Unterstützung und ihr Verständnis wäre das Verfassen dieses Werkes nicht möglich gewesen. Vielen Dank für das leckere Essen, das sie mir jeden Tag mit Liebe zubereitet hat. Sie hat eine einsame Zeit allein im Wohnzimmer oder in der Küche hinter sich, die ich gerne mit ihr gemeinsam verbracht hätte.

Mein Dank gilt auch meinen Uni-Freunden Fanghao Zhao (赵方灏), stellvertretender Geschäftsführer des internationalen Unternehmens Haosen Equipment Manufacture Co., Ltd. (http://www.haosen.com.cn/www/index.html), Marktführer auf dem Gebiet Entwicklung und Produktion von Fertigungslinien für die Montage von Motoren und Getrieben sowie für das Schweißen von Karossen, und Wensheng Rong (荣文生), Geschäftsführer von Beijing Kuanpu Machinery Co., Ltd. Beide haben mir wertvolle Informationen über WeChat bereitgestellt und Erfahrungen mit der Nutzung von WeChat mit mir geteilt.

Vielen Dank an das Unternehmen Tencent, das die Verwendung der Screenshots von WeChat und sonstigen Webseiten des Unternehmens sowie die Nutzung seiner statistischen Daten und Abbildungen in diesem Buch freundlicherweise gestattet und dadurch das Erscheinen dieses Buches überhaupt erst ermöglicht hat.

Mein Dank gilt auch den Unternehmen und Organisationen, die die Verwendung ihrer statistischen Daten bzw. Abbildungen und Screenshots ihrer Webseiten sowie ihrer öffentlichen WeChat-Konten in diesem Buch genehmigt haben. Diese sind u. a. CNNIC (China Internet Network Information Center), CuriosityChina, Fraport AG, McDonald's China, *Petra Sobinger/be-outdoor.de*, Stadt Augsburg, Things move China GmbH (DONGXii.com), ZF Friedrichshafen AG.

Vielen Dank an alle, die mir in der Vergangenheit Lob und Anerkennung über mein Buch „Social Media in China" gegeben und mich dadurch motiviert haben, auch dieses Buch zu schreiben. Allen voran möchte ich mich an dieser Stelle bei Manuela Eckstein des Springer Gabler Verlags u. a. für ihre Wertschätzung, Ermutigung und redaktionelle Unterstützung herzlich bedanken.

Inhaltsverzeichnis

Über den Autor

Yinyuan Liu (chinesischer Name 刘银远), geboren 1963 in der chinesischen Küstenstadt Dalian, lebt mittlerweile seit über 20 Jahren in Deutschland und ist Fachautor von mehreren Büchern. Er hat Maschinenbau in China und Betriebswirtschaft mit dem Schwerpunkt Internationales Management in Deutschland studiert. Er war für mehrere namhafte deutsche Unternehmen tätig. Zurzeit ist er beim Weltmarktführer für Autowaschtechnik in Augsburg beschäftigt.

Seine beruflichen Tätigkeiten umfassen Produktentwicklung, Projektmanagement und Asien-Business-Management, insbesondere im Bereich der Zusammenarbeit zwischen Unternehmen in China und Deutschland. Sein besonderes Interesse gilt den Social Media und deren Einsatz für das Unternehmensmarketing.

Weitere Informationen über den Autor finden Sie auf seiner LinkedIn-Seite unter https://de.linkedin.com/in/liuyinyuan/de. Sie können ihn auch per E-Mail lahyin@gmail.com oder durch Scannen der folgenden QR-Codes direkt kontaktieren.

Einführung

1

Zusammenfassung

In diesem Kapitel werden die wichtigsten Fragen über den chinesischen Instant-Messaging-Dienst WeChat beantwortet, die sich deutschen Unternehmen stellen, wenn sie WeChat für ihr Unternehmensmarketing in China einsetzen wollen. Zuerst wird WeChat allgemein beschrieben und Fragen zum Thema Datenschutz und Privatsphäre sowie Netiquette und Internetzensur werden erläutert. Anschließend wird das Unternehmen Tencent vorgestellt, zu dem WeChat gehört. Wir gehen der Frage nach, warum deutsche Unternehmen in China WeChat nutzen müssen und worauf die Stärke von WeChat zurückzuführen ist. Anschließend wird gezeigt, wie WeChat auch den Business-Prozess von Unternehmen in China verändert und warum WeChat der Hauptmarketingkanal in China ist.

1.1 Was ist WeChat?

WeChat ist der internationale Name des chinesischen Instant-Messaging-Dienstes (kurz IM-Dienst) „微信" („Weixin", auf Deutsch „kurze Nachricht"). Es ist eine mobile App (vgl. Wikipedia 2016a) für Smartphones und andere mobile Endgeräte (vgl. Abb. 1.1). WeChat ist eines der erfolgreichen Produkte des chinesischen Internetkonzerns Tencent, ging im Januar 2011 online und ist seitdem vorwiegend auf dem chinesischen Markt sehr erfolgreich.

Den Finanzberichten des Unternehmens Tencent zufolge lag die Anzahl der monatlich aktiven Nutzer (MAU) von WeChat weltweit am Ende des ersten Quartals 2017 bei

---

Die Verwendung der Abbildungen und Screenshots von WeChat erfolgt mit freundlicher Genehmigung von © Tencent 2017. All Rights Reserved.

© Springer Fachmedien Wiesbaden GmbH 2018
Y. Liu, *Social Media Marketing in China mit WeChat*,
https://doi.org/10.1007/978-3-658-17497-2_1

Abb. 1.1   Die englische Website von WeChat. (Quelle: http://www.wechat.com; zugegriffen am 23.10. 2016)

937,8 Mio. (vgl. Abb. 1.2). Die Nutzerzahlen stiegen im Jahresvergleich um mehr als 23 %, was dafür spricht, dass WeChat zunehmend für sehr viele Chinesen ein Teil ihres Alltags geworden ist.

Der IM-Dienst ist mittlerweile international geworden. Er unterstützt 20 Sprachen, inklusive Deutsch und Englisch, und hat Nutzer in 200 Ländern (vgl. Gardt 2015). Vor allen Dingen ist er im asiatischen Raum wie Indien, Südostasien und Lateinamerika weit verbreitet. Im Juli 2013 war WeChat die meist heruntergeladene App von offiziellen App Stores in Argentinien, Brasilien, Italien, Mexiko, auf den Philippinen, in Singapur, Spanien, Südamerika, Thailand und in der Türkei. Bereits 2013 gab es über 100 Mio. WeChat-Nutzer außerhalb von Festlandchina (vgl. Eleanor 2014). Darüber hinaus ist WeChat auch bei im Ausland lebenden Chinesen sehr beliebt. Auch manche Europäer, die geschäftlich mit China zu tun haben, nutzen mittlerweile WeChat.

WeChat war ursprünglich wie der bei uns in Europa bekannte IM-Dienst WhatsApp ein reiner mobiler Instant-Messaging-Dienst (vgl. Liu 2016a, S. 32), mit dem man Nachrichten an Familienmitglieder und Freunde per Smartphone oder mit anderen mobilen Endgeräten senden kann. Die Empfänger erhalten die Nachrichten fast zeitgleich. Deswegen heißt der englische Begriff „Instant Messaging" auf Deutsch „Sofortige Nachrichtenübermittlung".

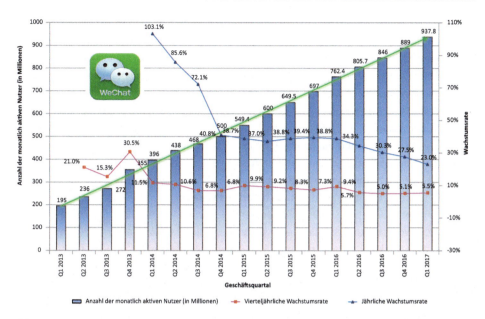

Abb. 1.2 Anzahl der monatlich aktiven Nutzer (MAU) von WeChat. (Datenquelle: Tencent Finanzberichte 2013 bis 2016 (Tencent 2016a))

Mittlerweile ist WeChat von einer reinen Chat-App zu einer sozialen Medienplattform entwickelt worden, obwohl das grundsätzliche Prinzip des Instant-Messagings wie immer im Mittelpunkt steht. Dadurch ist WeChat auch für Unternehmen und Organisationen überaus interessant geworden.

Neben der Chat-Funktion in Text, Sprache und Video bietet WeChat seinen Nutzern noch vielfältige innovative nützliche Features, von denen die bei uns bekannten Chat-Apps wie WhatsApp oder Facebook Messenger noch weit entfernt sind. Man kann z. B. mit WeChat bequem von zu Hause aus oder unterwegs seine Rechnungen für Strom, Wasser, Gas, Internetanschluss und Telefon online begleichen, Flug-, Zug-, Kinotickets oder sonstige Eintrittskarten über „WeChat Pay" bargeldlos kaufen sowie Banküberweisungen tätigen. Dies sind nur einige der vielfältigen Funktionen.

Mit WeChat können nicht nur Menschen miteinander verbunden und Beziehungen aufrechterhalten werden, sondern auch Verbindungen zwischen Menschen und Gegenständen oder Verbindungen zwischen Gegenständen hergestellt werden. Diese moderne sogenannte „Internet of Things"-Technologie (auf Deutsch „Internet der Dinge") ist in China über WeChat Realität geworden.

Die wichtigen Aspekte für Unternehmen und Organisationen sind die Möglichkeiten, WeChat für Marketing und sonstige Unternehmenstätigkeiten nutzten zu können. Dafür bietet WeChat das sogenannte „öffentliche" WeChat-Konto auf der öffentlichen Plattform von WeChat, das die Möglichkeit bietet, sich mobil online zu präsentieren, Marketingkampagnen zu schalten, Produkte oder Dienstleistungen zu vermarkten.

Darüber hinaus stellt WeChat Unternehmen das sogenannte Unternehmenskonto zur Verfügung, wodurch sich interne Kommunikation und CRM (Customer-Relationship-Management) durch die Wertschöpfungskette in Verbindung mit WeChat kostengünstig und effizient organisieren lassen. Dies ist deshalb bedeutend, weil mehr als 80 % der Smartphone-Nutzer in China den WeChat-Dienst in Anspruch genommen haben. Im Jahr 2015 lag die Nutzerzahl bei 81,6 % (vgl. CNNIC 2016a, S. 12), Tendenz steigend.

Für Europäer liegt der Vergleich von WeChat mit den bei uns hierzulande bekannten Chat-Apps WhatsApp und Facebook Messenger nahe, da sie alle IM-Dienste sind. Allerdings ist dieser Vergleich nicht unbedingt sinnvoll, denn WeChat App ist grundlegend anders als die hierzulande verwendeten Apps. WeChat ist innovativ und bietet Funktionen weit über die Eigenheiten des traditionellen IM-Dienstes hinaus.

Der Vizepräsident von Facebook Messenger David Marcus hat sich öffentlich neidisch über WeChat App geäußert und sagte, dass sie einfach „inspiring" (begeisternd) sei (vgl. Wang 2016). Er gab bekannt, den Facebook Messenger in eine Plattform verwandeln zu wollen, auf dem Nutzer mit Unternehmen kommunizieren und Produkte einkaufen können. Diese Bekanntmachung hat große Resonanz in den westlichen Ländern hervorgerufen, was die meisten Chinesen nicht verstehen können. Was Facebook heute vorhat, ist in China bereits seit vielen Jahren Realität.

1.2   Wo findet man WeChat App?

Der Download und die Nutzung der WeChat App sind völlig kostenlos und ohne regionale Beschränkung. Auch in Europa kann man diese App in einem App Store kostenlos downloaden und installieren. Wenn man z. B. im Suchfeld vom Google Play Store den Suchbegriff „WeChat" oder auf Chinesisch „微信" eingibt, findet man diese App (vgl. Abb. 1.3). WeChat App läuft bei allen gängigen mobilen Betriebssystemen wie Android, iOS, Windows Phone/Windows 10 Mobile, Blackberry OS, Symbian OS und Nokia-Mobiltelefone.

Wie bereits erwähnt, unterstützt WeChat zurzeit (Stand Februar 2017) 20 Sprachen, inklusive Deutsch. Standardmäßig wird die Systemsprache des Smartphones, die man unter der „Einstellung" seines Smartphones auswählen kann, als die Sprache von WeChat automatisch übernommen, wenn die WeChat App zum ersten Mal gestartet wird.

Auf dem Startbildschirm von WeChat erscheint ganz oben ein Menüpunkt „Sprache" (s. Abb. 1.4 linke Seite). Wenn man darauf klickt, wird die Seite für die Sprachauswahl angezeigt. Standardmäßig ist die Option „Autom." ausgewählt worden (s. Abb. 1.4 Mitte). Mit dieser Option wird die Systemsprache des Smartphones von WeChat automatisch übernommen, was natürlich auch sinnvoll ist. Selbstverständlich kann man auch seine Lieblingssprache explizit auswählen, wie Deutsch (s. Abb. 1.4 rechte Seite). Die Sprache von WeChat kann später jederzeit auch unter dem Menü „Einstellung" von WeChat geändert werden.

Abb. 1.3 WeChat-App im Google Play Store für Android-System. (© Tencent 2017/Google Play Store; zugegriffen am 28.08.2016)

Um WeChat nutzen zu können, muss man sich mit seiner Handynummer registrieren (vgl. Abb. 1.5). WeChat sendet zur Überprüfung der Echtheit des Nutzers einen Verifizierungscode per SMS, der dann bei der Anmeldung automatisch gelesen wird.

Bei der Registrierung kann man seinen vollständigen Namen eingeben, der dann im Freundeskreis und nach außen sichtbar ist. Es ist nicht zwingend, den vollständigen Namen bzw. den echten Namen einzugeben. In Wirklichkeit ist er das Pseudonym des Nutzers. Seit dem ersten Juli 2016 gilt aber die neue Regelung der chinesischen Regierung, wonach WeChat-Nutzer ihre realen Namen über Tencent verifizieren lassen müssen, wenn sie den Bezahldienst „WeChat Pay" nutzen wollen. Sonst gibt es eine Einschränkung der Funktionsnutzung. Wenn man sein Bankkonto mit dem Konto von

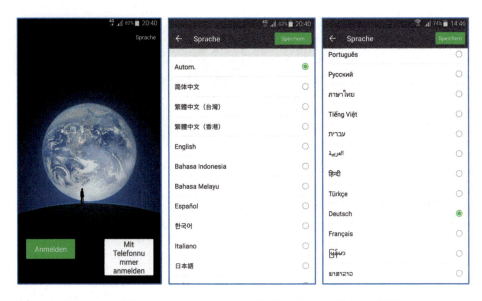

Abb. 1.4 Sprachauswahl nach dem ersten Start der WeChat App. (© Tencent 2017)

„WeChat Pay" verbinden will, ist die Verifizierung erforderlich. Der echte Name kann
für die anderen WeChat-Nutzer unsichtbar sein. WeChat-Nutzer können immer ein Pseudonym für sich aussuchen.

Ein Pseudonym ist jedoch nicht eindeutig und kann jederzeit geändert werden. Um
einen WeChat-Nutzer eindeutig zu identifizieren, bietet WeChat dem WeChat-Nutzer einmalig die Gelegenheit, eine eindeutige WeChat-ID für sein WeChat-Konto festzulegen,
wenn er auf die Leiste „WeChat-ID" auf der Seite „Mein Profil" klickt (vgl. Abb. 1.6).
Diese ID besteht aus 6 bis 20 Buchstaben, Ziffern, Unterstrich oder Minuszeichen. Sie
muss mit einem Buchstaben beginnen. Durch diese WeChat-ID kann ein WeChat-Nutzer
von anderen WeChat-Nutzern schnell gefunden werden. Zum Zweck der Kontaktherstellung kann man u. a. seine WeChat-ID bekannt geben.

Jeder registrierte WeChat-Nutzer kann einen QR-Code (vgl. Abschn. 5.4) von WeChat
erhalten, der sein WeChat-Profil eindeutig identifiziert. Wenn man das erste Mal auf die
Leiste „Mein QR-Code" auf der „Mein Profil"-Seite (s. Abb. 1.6 linke Seite) klickt, wird
dieser Code automatisch erzeugt. Der Anzeigestil des QR-Codes kann jederzeit nach
Vorliebe des WeChat-Nutzers geändert werden. Abb. 1.7 zeigt beispielsweise die unterschiedlichen Anzeigestile des QR-Codes meines WeChat-Kontos.

Mit dem QR-Code kann schnell Kontakt auf WeChat hergestellt werden (vgl.
Abschn. 2.2). Man kann beispielsweise diesen QR-Code mit Freunden auf anderen
sozialen Netzwerken wie beispielsweise Qzone (chinesisches Facebook) teilen, sodass
diese ihn über WeChat scannen und dadurch zu WeChat-Freunden werden können. Der
QR-Code kann auch im Handy gespeichert und für die Bekanntmachung des eigenen
WeChat-Kontos beispielsweise per E-Mail an Freunde gesendet werden.

Abb. 1.5 Registrierung bei
WeChat über Handynummer.
(© Tencent 2017)

Mit der WeChat-ID bzw. der Handynummer und dem Passwort kann man sich dann überall in die WeChat App einloggen, auch auf einem anderen Handy (vgl. Abb. 1.8) und auf WeChat für Windows (vgl. Abschn. 2.6). Das ist nützlich, wenn man ein neues Handy hat und zu einem anderen Anbieter mit einer neuen Handynummer wechselt, denn man braucht sich nicht neu bei WeChat registrieren lassen. Der Chat-Verlauf kann vorher gesichert und auf das neue Handy übertragen werden.

1.3 Datenschutz und Privatsphäre

In der chinesischen Nutzungsvereinbarung (vgl. Tencent 2016b) unter Punkt 6.1 verspricht Tencent, dass es das Grundprinzip von Tencent ist, persönliche Informationen der Nutzer zu schützen. Ohne Erlaubnis der Nutzer wird Tencent keine Nutzerdaten an Dritte

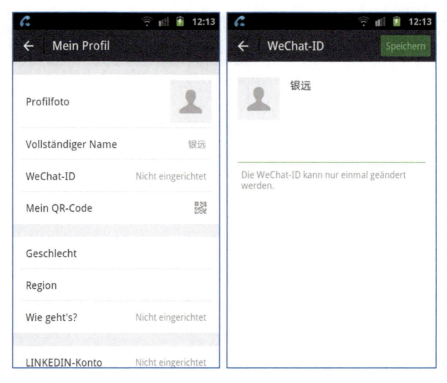

Abb. 1.6   Festlegung einer eindeutigen WeChat-ID. (© Tencent 2017)

Abb. 1.7   Unterschiedliche Anzeigestile des QR-Codes von WeChat. (© Tencent 2017)

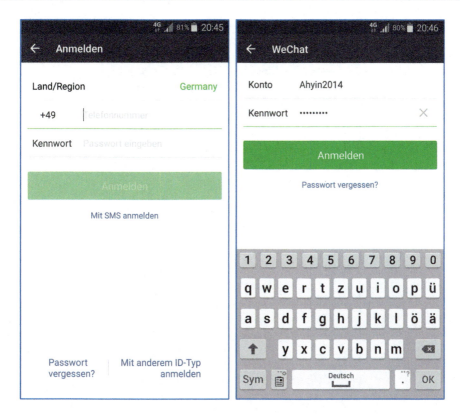

Abb. 1.8 Anmelden bei WeChat mit Handynummer oder WeChat-ID. (© Tencent 2017)

weitergeben, außer wenn dies gesetzlich zwingend vorgesehen ist. Tencent wird die relevanten Daten professionell verschlüsselt speichern und übertragen.

Der Originaltext ist wie folgt:

„6.1 保护用户个人信息是腾讯的一项基本原则,腾讯将会采取合理的措施保护用户的个人信息。除法律法规规定的情形外,未经用户许可腾讯不会向第三方公开、透露用户个人信息。腾讯对相关信息采用专业加密存储与传输方式,保障用户个人信息的安全。"

WeChat bietet seinen Nutzern ein Höchstmaß an Kontrolle über ihre Privatsphäre. Unter dem Menü „Datenschutz" von WeChat kann man beispielsweise einstellen, ob man durch seine WeChat-ID von anderen WeChat-Nutzern gefunden werden soll oder ob eine Freundschaftsanfrage bestätigt werden muss (vgl. Abb. 1.9).

Die Bemühungen von Tencent für sein Produkt WeChat bezüglich der Datensicherheit haben auch international Anerkennung hervorgerufen. Am 17. Mai 2016 erhielt WeChat das Zertifikat von ISO/IEC 27001:2013 (vgl. iResearch 2016). Die Zertifizierung gilt

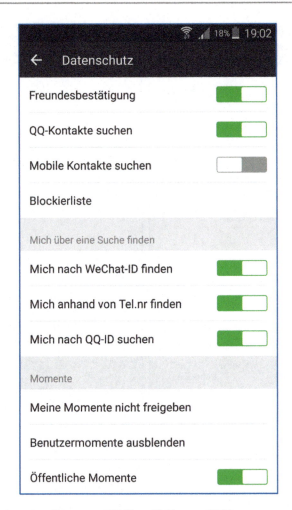

Abb. 1.9 Datenschutzeinstellungen auf WeChat. (© Tencent 2017)

für alle Produkte und Dienstleistungen von WeChat, inklusive dem Online-Bezahldienst „WeChat Pay" und den WeChat öffentlichen Plattformen.

Die internationale Norm ISO/IEC 27001 Information Technology – Security Techniques – Information Security Management – Requirements ist eine internationale Norm für die IT-Sicherheit. Sie spezifiziert die Anforderungen für Einrichtung, Umsetzung, Aufrechterhaltung und fortlaufende Verbesserung eines dokumentierten Informationssicherheits-Managementsystems unter Berücksichtigung des Kontextes einer Organisation. Darüber hinaus beinhaltet die Norm Anforderungen für die Beurteilung und Behandlung von Informationssicherheitsrisiken entsprechend den individuellen Bedürfnissen der Organisation (vgl. Wikipedia 2015). Durch diese Zertifizierung hat WeChat seine Einhaltung der internationalen Norm der Datensicherheit öffentlich bewiesen.

WeChat ist auch die einzige von TRUSTe zertifizierte sichere Messaging-App (vgl. Eleanor 2014). Mit der TRUSTed App Privacy Certification versichert WeChat seinen Nutzern, dass großer Wert auf Datenschutz und Privatsphäre der Nutzer gelegt wird und die geltenden Industriestandards zur Nutzung und zum Schutz von privaten Daten eingehalten werden.

Die größte Markteintrittsbarriere für WeChat nach Europa, insbesondere nach Deutschland, wäre das Bedenken der Menschen hierzulande hinsichtlich der Datensicherheit der WeChat App und des Schutzes der Privatsphäre. Das ist verständlich und nachvollziehbar, da Tencent als größter chinesischer Internetkonzern im Westen unter Generalverdacht steht, für die chinesische Regierung zu spionieren. Ob dies der Fall ist, lässt sich nicht mit Sicherheit beurteilen. Wenn man sich jedoch die Enthüllungen von Edward Snowden in Erinnerung ruft, liegt der Gedanke nahe, dass auch die Konkurrenz die Geheimdienste mitlesen lässt.

Jeder muss für sich selbst abwägen, ob und wie weit er seine privaten Daten offenlegen und in den sozialen Netzwerken überhaupt aktiv sein möchte. Wenn man jedoch bedenkt, wie viele ausländische Hightech-Unternehmen und Automobilhersteller, so auch BMW und Audi, oder ausländische Organisationen wie die Deutsche Botschaft in China auf WeChat aktiv sind, dürften solche Bedenken letztlich vernachlässigbar sein.

1.4   Netiquette und Internetzensur

Jeder Dienstanbieter eines sozialen Netzwerks schreibt seinen Nutzern mehr oder weniger Verhaltensregeln vor. Ein gutes oder angemessenes, wertschätzendes und respektvolles Benehmen (sogenannte Netiquette) in der Kommunikation wird immer empfohlen. Solche Regeln werden normalerweise in den Nutzungsbedingungen untergebracht, denen man bei der Registrierung bzw. Nutzung einer Internetanwendung zustimmen muss.

Dasselbe gilt für die Nutzung von WeChat. Man muss die Nutzungsvereinbarung akzeptieren, wenn man WeChat verwenden will. Es gibt die Vereinbarung in Chinesisch „腾讯微信软件许可及服务协议" (vgl. Tencent 2016b) und in Englisch „WeChat – Acceptable use policy" (vgl. Tencent 2016c).

Durch diese Vereinbarung wird beispielsweise die Verbreitung von Inhalten verboten, die gegen die chinesische Verfassung sind, die die nationale Sicherheit in China gefährden, die die Geheimnisse des Landes verraten, die dem Zweck des Umsturzes der chinesischen Regierung dienen und die die Wiedervereinigung der chinesischen Nationen beschädigen sollen. Zu den verbotenen Inhalten gehören ebenfalls die Verbreitung von Pornografie, terroristische Äußerungen, Anstiftung zur Kriminalität und verfälschte Informationen.

Tencent behält sich das Recht vor, die Inhalte ohne Vorwarnung zu löschen, die grob fahrlässig gegen die Bestimmungen verstoßen. Je nachdem, wie schwer der Verstoß ist, kann Tencent das betroffene Konto abmahnen oder dessen Nutzung teilweise oder vollständig einschränken. Im schlimmsten Fall wird Tencent das betroffene Konto aus seinem System löschen und die Löschung bzw. den Verstoß bekannt machen.

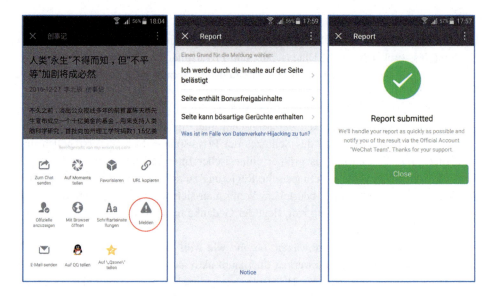

Abb. 1.10   WeChat-Nutzer können nicht geeignete Inhalte bei WeChat melden. (© Tencent 2017)

Jeder WeChat-Nutzer hat auch die Möglichkeit, unangemessene Inhalte zu melden oder auf solche hinzuweisen, die er als Belästigung empfindet (vgl. Abb. 1.10). Auch Inhalte, die unwahre Gerüchte verbreiten, können gemeldet werden. WeChat wird die Meldungen der Nutzer ernsthaft überprüfen und die Inhalte gegebenenfalls sperren oder entfernen.

Im Jahr 2014 wurden in China bei einer Regierungskampagne gegen Pornografie und Prostitution rund 1,8 Mio. Konten in den chinesischen sozialen Medien gesperrt. Betroffen waren auch WeChat-Konten (vgl. Spiegel Online 2014). In diesem Zusammenhang wird in den westlichen Medien gerne von der Internetzensur der chinesischen Regierung gesprochen.

Allerdings gilt die Beachtung von Gesetzgebung und Gepflogenheiten in praktisch jedem Land der Welt, da Unternehmen ansonsten Gefahr laufen, dass ihre Konten in den sozialen Medien gesperrt werden und die Kunden keinen Zugang mehr haben.

Eine Art Internetzensur gibt es eigentlich überall. Sogar in Deutschland wurden im Jahr 2015 insgesamt 554 Inhalte auf Facebook gesperrt. In Frankreich lag die Anzahl der gesperrten Inhalte auf Facebook in 2015 sogar bei fast 38.000 (vgl. Brandt 2016).

1.5   Wer ist Tencent?

Sowohl in China als auch in Europa gibt es ein großes Angebot an sozialen Medien (vgl. Liu 2016a, S. 29, 30), doch der Markt in China ist besonders dynamisch. Jährlich gibt es immer wieder neue Start-ups mit neuen Plattformen. Der Wettbewerbsdruck ist enorm.

Jeder kämpft um Nutzer, und manche verschwinden auch wieder vom Markt. Auch die Rangliste nach Popularität und Nutzerzahl verändert sich Jahr für Jahr.

Kein Unternehmen möchte eine Social-Media-Plattform nutzen, die eine unsichere Zukunft hat, da man mühsam erworbene Kunden verlieren könnte und neu investieren muss. Deswegen ist es für ein Unternehmen sehr wichtig, eine oder mehrere geeignete Social-Media-Plattformen für das Unternehmensmarketing auszuwählen, die eine starke Marktposition haben und sich nachhaltig entwickeln. Dabei spielt eine gesunde, finanzstarke Basis der Social-Media-Plattform eine wichtige Rolle.

WeChat ist in China sehr populär und weit verbreitet, aber wie sieht das Unternehmen Tencent insgesamt aus? Lassen Sie uns einen Blick auf die Geschichte von Tencent werfen.

Tencent Holdings Ltd. (chinesisch 腾讯控股有限公司) (vgl. http://www.tencent. com/en-us/index.shtml) ist der größte Internetkonzern in China. Das Unternehmen wurde im November 1998 in der chinesischen Stadt Shenzhen (Chinas Silicon Valley) von Huateng Ma (chinesisch 马化腾, englisch Pony Ma) zusammen mit seinen Schulfreunden Zhidong Zhang (chinesisch 张志东, englisch Tony Zhang), Chenye Xu (chinesisch 许晨晔, englisch Daniel Xu), Yidan Chen (chinesisch 陈一丹, englisch Charles Chen) und Liqing Zeng (chinesisch 曾李青) mit finanzieller Unterstützung eines US-amerikanischen Risikokapitalgebers als Internetunternehmen gegründet (vgl. Wikipedia 2016b). Die Unternehmenszentrale befindet sich im Stadtteil Shekou der Stadt Shenzhen in der südchinesischen Küstenprovinz Guangdong. Der rechtliche Firmensitz ist jedoch außerhalb von China und befindet sich im steuerbegünstigten britischen Überseegebiet Kaimaninseln. Ma (* 1971) ist der aktuelle CEO (Chief Executive Officer) und Vorstandsvorsitzende von Tencent.

Tencent ist heute das erfolgreichste und wertvollste Internetunternehmen im Reich der Mitte. Die Erfolgsgeschichte begann bereits mit seinem ersten Internetprodukt QQ Messenger im Jahr 1999, einem Instant-Messaging-Dienst vorwiegend für die Desktop-PC-Anwendung (vgl. Liu 2016a, S. 80). Dem Ergebnisbericht des zweiten Quartals 2016 zufolge lag die Anzahl der monatlich aktiven Nutzer (MAU) von QQ Messenger bei 899 Mio. Das zweite erfolgreiche Produkt des Unternehmens ist WeChat. Mit einem jährlichen Zuwachs der Nutzerzahl von mehr als 20 % verwendet praktisch jeder, der in China im Internet unterwegs ist, diesen IM-Dienst.

Tencent hat die Zielsetzung, Nutzern eine „One-Stop-Shop"-Lösung anzubieten. Neben den beiden erfolgreichen IM-Diensten bietet das Unternehmen u. a. auch folgende Dienste an (vgl. Tencent 2016d):

1. **Soziales Netzwerk**
   - **Qzone** (chinesisch QQ空间). Das meistgenutzte soziale Netzwerk in China. Im ersten Quartal 2016 hat die Anzahl der monatlich aktiven Nutzer von Qzone über 646 Mio. registriert.
2. **Online-Bezahldienste**
   - **Tenpay** (chinesisch 财付通). Eines der meistgenutzten Online-Bezahldienste in China für B2B-, B2C- und C2C-Geschäfte.

- **WeChat Pay** (chinesisch 微信支付). Der in der WeChat App integrierte Online-Bezahldienst, basierend auf Tenpay (vgl. Kap. 7).
- **QQ Wallet** (chinesisch QQ钱包). Der im IM-Dienst QQ Messenger integrierte Online-Bezahldienst unterstützt Zahlungen über Bankkarten, Q-Coin (vgl. Liu 2016a, S. 117) und NFC-Transportkarte (vgl. Wikipedia 2016c).

3. **Unterhaltung**
   - **Tencent Games** (chinesisch 腾讯游戏). Tencent Games ist der größte Spielentwickler und -vertreiber. Tencent Games bildet die größte Mehrspieler-Online-Gemeinschaft in China. Die Produkte werden hauptsächlich über die IM-Dienste WeChat und QQ Messenger vertrieben.

     Tencent Games ist die Haupteinnahmequelle von Tencent. Anfang Januar 2016 hat Tencent die US-amerikanischen Spielefirma Riot Games übernommen. Mit 8,6 Mrd. US$ erwarb Tencent im Juni 2016 84,3 % des finnischen Entwicklerstudios Supercell (vgl. Hellmann 2016).
   - **Tencent Video** (chinesisch 腾讯视频). Eine der führenden Video-Plattform in China.
   - **China Reading Limited (Tencent Literature)** (chinesisch 阅文集团(腾讯文学)). China Reading Limited ist ein Online-One-Stop-Literaturdienst. Die Plattform hat über mehrere Tausend Netzautoren, die täglich Artikel schreiben.
   - **Tencent Comic** (chinesisch 腾讯动漫). Tencent Comic ist die größte Internetplattform für Comics und Animationen mit Originalinhalten. Die Plattform kooperiert mit weltweit namhaften Unternehmen wie Animation Comic Game China Group, Walt Disney, Shueisha, Bandai und Kodansha.
   - **Tencent Pictures** (chinesisch 腾讯影业). Zusammen mit Tencent Comics, China Reading Limited und Tencent Games ist Tencent Pictures eines der vier hauptsächlichen Säulen der interaktiven Unterhaltungsdienste und eine Plattform für die Filmindustrie.
   - **QQ Music** (chinesisch QQ 音乐). QQ Music ist die führende Online-Musikplattform in China.

4. **Informationen**
   - **QQ.com** (chinesisch 腾讯网). Das größte und meistbesuchte Internetportal in der Volksrepublik China. Es veröffentlicht täglich zahllose Artikel über aktuelle Themen.
   - **Tencent News** (chinesisch 腾讯新闻客户端). Tencent News ist die führende mobile News-App in China.
   - **Tencent Microblog** (chinesisch 腾讯微博). Einer der meistgenutzten Mikroblogging-Dienste in China.

5. **Werkzeuge/Tools**
   - **YingYongBao** (chinesisch 应用宝). YingYongBao (auf Deutsch etwa „Schatzwerkzeug für Anwendungen") ist eine App für die Verwaltung von Anwendungen.
   - **QQ Browser** (chinesisch QQ浏览器). QQ Browser ist eine echte Alternative zu dem Internetbrowser Explorer. Insbesondere die mobile Version wird in China am meisten genutzt.

- **Tencent Mobile Manager** (chinesisch 腾讯手机管家). Tencent Mobile Manager ist die führende Verwaltungssoftware für die mobilen Betriebssysteme Android, iOS und Windows Phone. Die App bietet u. a. den Schutz vor Viren, Geschwindigkeitsbeschleunigung, Schutz vor Privatsphäre und Diebstahl sowie weiteren Sicherheitsschutz.
- **Tencent PC Manager** (chinesisch 腾讯电脑管家). Sicherheitssoftware für PC-Anwendungen, inklusive Virenschutz.
- **Tencent Map** (chinesisch 腾讯地图). Ähnlich wie Google Map ist Tencent Map die digitale Landkarte für Navigation und LBS (Location Based Service) in China. Im Durchschnitt wird die Karte täglich für die LBS-Navigation 350 Mio. Mal genutzt.
- **QQ Mail** (chinesisch QQ信箱). Ein E-Mail-Service, der fast von jedem Nutzer von QQ Messenger kostenlos genutzt wird.

6. **Plattformen**

- **Tencent Open Plattform** (chinesisch 开放平台). Die Open-Plattform von Tencent ist die Plattform für die dritten Anbieter und Kooperationspartner von Tencent. Sie können über den auf der Plattform open.qq.com zur Verfügung gestellten Open API (Application Programming Interface) eigene Anwendungen für QQ Messenger, WeChat, Qzone und YingYongBao entwickeln und sie vertreiben und damit Geld verdienen.
- **Tencent Cloud** (chinesisch 腾讯云). Tencent Cloud ist eine öffentliche Cloud-Service-Plattform für Unternehmen und private Personen. Es bietet Entwicklern Cloud-Server, Cloud-Datenbank, Cloud-Speicher, CND (Content Delivery Network, vgl. Wikipedia 2016d) und sonstige Cloud-Computing-Service.

Tencent ging im Juni 2004 an die Börse der Hong Kong Stock Exchange (kurz HKSE) (Stock Code: 700) und wird seit Juni 2008 im Hang Seng Index (HSI), dem führenden Aktienindex in Hongkong, gelistet. Er besteht aus 45 Unternehmen, die etwa 70 % der gesamten Marktkapitalisierung der Hong Kong Stock Exchange repräsentieren.

Mit einer Marktkapitalisierung von 1,976 Billionen Hongkong-Dollar (ca. 255 Mrd. US$) (Stand September 2016) (vgl. Meyer 2016) ist Tencent das wertvollste Technologie-Internetunternehmen in Asien und zählt zu den Top 10 wertvollsten Unternehmen weltweit, zu denen auch Apple, Alphabet, Microsoft, Amazon und Facebook gehören. Es ist das einzige private Internetunternehmen in der Branche in China, dessen Börsenwert das staatliche Unternehmen China Mobile überholt hat.

Nach einem Bericht der britischen „Financial Times" vom 08. Juni 2016 (vgl. Gordon 2016) hat das Forschungsinstitut Millward Brown seinen neuesten BrandZ-Index herausgegeben, wonach Tencent den Platz 11 einnimmt, nach den Marken Google, Apple, Microsoft, AT&T, Facebook, Visa, Amazon, McDonald's und IBM, aber vor Marlboro, Coca-Cola, Disney, SAP und BMW.

Tab. 1.1 Jahresergebnisse des chinesischen Internetunternehmens Tencent 2005–2015. Datenquelle: Tencent Finanzberichte 2005 bis 2016. (Tencent 2016a)

Geschäftsjahr	Jahresumsatz in Millionen RMB	Wachstumsrate (%)	Nettogewinn in Millionen RMB	Gesamtvermögen in Millionen RMB
2005	1426		485	3427
2006	2800	96	1064	4651
2007	3821	36	1568	6985
2008	7155	87	2816	9856
2009	12.440	74	5222	17.506
2010	19.646	58	8115	35.830
2011	28.496	45	10.225	56.804
2012	43.894	54	12.785	75.256
2013	60.437	38	15.563	107.235
2014	78.932	31	23.888	171.166
2015	102.863	30	29.108	306.818
2016	151.938	48	41.447	395.899

Das Internetunternehmen wächst ständig weiter. Wie Tab. 1.1 zeigt, lag der Jahresumsatz des Unternehmens in 2005 bei 1426 Mio. RMB (ca. 212 Mio. US$[1]) und in 2015 bereits bei 102.863 Mio. RMB (ca. 15.255 Mio. US$). Das Unternehmen ist also in nur zehn Jahren über 72-fach gewachsen! Auch der Nettogewinn des Unternehmens nach Steuern im Jahr 2015 (29.108 Mio. RMB, ca. 4317 Mio. US$) hat im Vergleich zum Jahr 2005 (485 Mio. RMB, ca. 72 Mio. US$) um das 60-Fache zugenommen – eine außergewöhnliche Leistung. Im Jahr 2016 hat das Unternehmen einen Umsatz von 151.938 Mio. RMB (ca. 22.532 Mio. US$) gemacht und einen Nettogewinn von 41.447 Mio. RMB (ca. 6147 Mio. US$) erwirtschaftet.

Das Unternehmensvermögen wächst noch schneller. Am Ende des Jahres 2015 wies das Unternehmen ein Gesamtvermögen im Wert von 306.818 Mio. RMB (ca. 45.501 Mio. US$) aus, im Jahr 2005 waren es nur 3427 Mio. RMB (ca. 508 Mio. US$). Das entspricht einer Wachstumsrate von fast 89 %. Abb. 1.11 veranschaulicht die finanzielle Entwicklung.

Obwohl das Unternehmen zurzeit vergleichsweise langsamer wächst als vorher, beträgt der Zuwachs jährlich immer noch über 30 %. Dem Jahresbericht 2016 zufolge lag der Umsatz 2016 bei 151.938 Mio. RMB (ca. 22.532 Mio. US$) (vgl. Tencent 2016e, S. 3), was einer Wachstumsrate von 48 % im Vergleich zum Vorjahresergebnis entspricht.

---

[1]Nach dem Wechselkurs am 29.10.2016: US-Dollar – Renminbi Yuan: 6,7431 CNY.

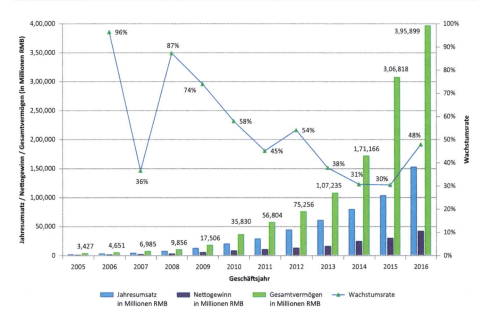

Abb. 1.11 Jahresergebnisse des chinesischen Internetunternehmens Tencent 2005–2016. Datenquelle: Tencent Finanzberichte 2005 bis 2016. (Tencent 2016a)

Heute beschäftigt Tencent über 30.000 hoch qualifizierte Mitarbeiter. Außerdem unterhält das Unternehmen auch ein Forschungs- und Entwicklungsinstitut für Internettechnologie, Tencent Research Institute (chinesisch 腾讯研究院, vgl. http://www.tencentresearch.com/), mit Standorten in Peking, Shanghai und Shenzhen.

Im Juni 2007 wurde Tencent Foundation (Tencent Stiftung, chinesisch 腾讯慈善公益基金会, vgl. http://gongyi.qq.com/jjhgy/index.htm) als gemeinnützige Stiftung gegründet – die einzige in China, die durch ein Internetunternehmen initiiert und gegründet worden ist. Tony Ma will auch Tencent-Aktien im Wert von zwei Milliarden Dollar aus seinem 19-Milliarden-Dollar-Vermögen in die Stiftung überführen, berichtete die Frankfurter Allgemeine Zeitung (vgl. Ankenbrand 2016).

Tencent war von Anfang an ein Unternehmen mit finanzieller Unterstützung ausländischer Investoren. Der rechtliche Firmensitz ist, wie bereits erwähnt, außerhalb Chinas. Der größte Einzelaktionär ist seit 2001 der südafrikanische Medienkonzern Naspers. Er beteiligt sich mit rund 35 % an Tencent durch seine Internet-Tochtergruppe Myriad International Holdings (MIH).

▶ **Chinesische Währung RMB** RMB ist die Abkürzung von „Renminbi" (chinesisch 人民币) und die Währung der Volksrepublik China. Die internationale Abkürzung nach ISO 4217 ist CNY (Chinese Yuan). Die Einheiten der Währung sind Yuan (chinesisch 元), Jiao (chinesisch 角) und Fen (chinesisch 分). Ein Yuan (Symbol ¥) entspricht 10 Jiao bzw. 100 Fen (vgl. Wikipedia 2016e).

RMB ist in den Währungskorb des Internationalen Währungsfonds (IWF) aufgenommen und dadurch zu einer Reservewährung erhoben worden. Vom ersten Oktober 2016
an ist RMB die fünfte weltweite Leitwährung neben dem US-Dollar, dem Euro, dem
japanischen Yen und dem britischen Pfund (vgl. n.tv 2016).

1.6   Internet Plus vs. Industrie 4.0

1.6.1   Industrie 4.0

Wir befinden uns zurzeit in einer historischen Phase, in der Informations- und Kommunikationstechnologie sehr weit vorangeschritten sind. Über die Online-Technologien bzw.
Konzepte wie mobiles Internet, Cloud Computing, Big Data und Internet der Dinge dringt
die digitale und intelligente Vernetzung tiefer in das alltägliche Leben der Menschen hinein.
Dahinter stecken die neuen internetfähigen intelligenten Industrieprodukte. Weltweit verläuft dieser Trend einheitlich. In Deutschland wurde der Begriff „Industrie 4.0" am 14. April
2013 auf der Hannover-Messe vorgestellt (vgl. Wikipedia 2016f). Mit Hilfe von Industrie
4.0 soll eine weitestgehend selbst organisierte Produktion möglich werden: Menschen,
Maschinen, Anlagen, Logistik und Produkte kommunizieren und kooperieren in der Industrie 4.0 direkt miteinander und optimieren dadurch die komplette Wertschöpfungskette.

Die Bezeichnung „Industrie 4.0" deutet darauf hin, dass eine vierte industrielle
Revolution stattfindet. Wie man weiß, bestand die erste industrielle Revolution in der
Mechanisierung mit Wasser- und Dampfkraft, die in der zweiten Hälfte des 18. Jahrhun-
derts begann. Mit der Erfindung von elektrischer Energie wurde die zweite industrielle
Revolution eingeleitet. Anschließend kam die dritte industrielle Revolution (digitale
Revolution) mit Einsatz von Elektronik und Informationstechnologie (vor allem die spei-
cherprogrammierbare Steuerung) zur Automatisierung der Produktion.

Die Begriffswahl „Industrie 4.0" wird von Wissenschaftlern kritisiert, da die technologische Grundlage der beschriebenen Vorgehensweise weiterhin die Mikroelektronik
und somit gegenüber der dritten industriellen Revolution unverändert ist. Der Industrie-
forscher Hartmut Hirsch-Kreinsen spricht dagegen von einer „zweiten Phase der Digitalisierung" (vgl. Wikipedia 2016f).

Egal, welcher Begriff gewählt wird, es wird eine vertiefende Digitalisierung der Wertschöpfungskette der Produktion stattfinden. Eine entsprechende gesellschaftliche Veränderung, vor allen Dingen die Veränderung des alltäglichen Lebens der Menschen, wird
die Folge sein. Unternehmen müssen darauf rechtzeitig vorbereitet sein.

1.6.2   Internet Plus

Der Begriff „Industrie 4.0" ist nur eine deutsche Wortschöpfung. Es gibt keine internationale einheitliche Definition für die kommende „Revolution". In China wird dieses
Phänomen stattdessen „Internet Plus" bzw. „Internet+" (chinesisch 互联网+) genannt.

Bei der Begriffswahl sind die Chinesen nicht weiter gegangen als die Deutschen. Sie sprechen nicht von einer Revolution, sondern eher von einer Weiterentwicklung der Innovation 2.0. Diese Einstellung passt bestens zu Hirsch-Kreinsens „zweiter Phase der Digitalisierung".

Der Begriff „Internet Plus" wurde erstmals von Tony Ma, CEO von Tencent, artikuliert. Mit den Produkten von Tencent, vorwiegend WeChat, sollte das Konzept realisiert werden. „Internet Plus" wurde am 5. März 2015 bei dem jährlichen chinesischen Volkskongress im Regierungsarbeitsplan als eine wichtige nationale Strategie aufgenommen und vom Premierminister Keqiang Li präsentiert. Im Juli desselben Jahres wurde ein Aktionsplan „Internet Plus" für mehr Wirtschaftswachstum durch die chinesische Regierung bekanntgegeben (vgl. Mörsch 2015).

Das Hauptziel des Aktionsplans „Internet Plus" ist es, durch die Anwendung der Online-Technologien wie mobiles Internet, Cloud Computing, Big Data und Internet der Dinge die Wirtschaft in traditionellen Industriezweigen des Landes anzukurbeln.

„Internet Plus" bedeutet im Kern die Anbindung vom Internet mit allen, nicht nur Menschen, sondern auch allen Dingen und Organisationen. Hinter dem Symbol „+" soll alles möglich sein. Typische Anwendungen sind u. a.:

- **Internet+ Produzierende Industrie**

  „Internet+ Produzierende Industrie" bedeutet, dass traditionelle produzierende Unternehmen die vorhandenen Informations- und Kommunikationstechnologie des Internets übernehmen und dadurch ihre vorhandene Produktion neu gestalten und verbessern. Mit der mobilen Internettechnologie können traditionelle produzierende Unternehmen beispielsweise intelligente Hardware und Software in Autos, Haushaltsgeräten, Zubehörteilen und sonstigen Industrieprodukten installieren, um die Funktionalität von Fernsteuerung, automatischer Datenerfassung und -analyse etc. zu realisieren. So können Kunden von Midea z. B. die Daten von ihren Wasserfiltern über WeChat online ablesen.

- **Internet+ Finanz**

  „Internet+ Finanz" bedeutet, dass Finanzdienstleister wie Banken die Internettechnologie für Servicezwecke und Produktvermarktung einsetzen können. Beispielsweise können Kunden über ihre Smartphones auf einfache Weise ihre Rechnungen online begleichen oder online Geld überweisen. Dabei muss Sicherheit bezüglich der persönlichen Daten gewährleistet werden. Über „WeChat Pay" z. B. können WeChat-Nutzer durch das Scannen von QR-Codes bequem bargeldlos bezahlen.

- **Internet+ Medizinisches System**

  Mit dem „Internet+ Medizinisches System" sollen alltägliche Probleme des chinesischen Gesundheitssystems gelöst werden. In China ist die medizinische Behandlung in einem Krankenhaus mit langen Wartezeiten verbunden, und es gibt einige weitere organisatorische Probleme. Mit dem „Internet+ Medizinisches System" soll das System effizienter werden. So kann etwa die Terminvereinbarung über Smartphone per Internet erfolgen und mithilfe internetfähiger Geräte wie Blutdruck- oder Blutzuckermessgeräte können z. B. medizinische Patientendaten per Smartphone abgelesen und ausgewertet werden.

- **Internet+ Behörde**
  Über „Internet+ Behörde" soll das Konzept E-Government realisiert werden. Zu Hause können Stadtbürger alle Formalitäten wie Anmeldung, Bezahlung und Visabe-antragung über das Internet und über Smartphones erledigen. Diese können z. B. über WeChat erledigt werden.
- **Internet+ Landwirtschaft**
  In China wurde die Verbreitung des mobilen Internets auf dem Land vorangetrieben. Insbesondere die junge Generation nutzt auch Smartphones mit Internetzugang. Mit dem Konzept „Internet+ Landwirtschaft" können Bauern beispielsweise die Daten zur Wettervorhersage und sonstige analytischen Daten für die Landwirtschaft zur Ver-fügung gestellt werden. Außerdem können Bauern das Internet nutzen, um sich über Preise und den Bedarf ihrer Produkte zu informieren.

Internet+ ist ein Muss in China. Das bedeutet auch für europäische Unternehmen und Investoren in China, dass sie ihre Produkte und Dienstleistungen darauf ausrichten müs-sen. Hierfür liefert WeChat die passenden Instrumente.

1.6.3 WeChat Plus

Wie bereits dargestellt, spielt WeChat bei der Realisierung des chinesischen Aktions-plans „Internet+" eine entscheidende Rolle. WeChat bietet Unternehmen Plattformen und offene Schnittstellen. Der Fantasie der Entwicklung mit WeChat sind keine Gren-zen gesetzt. Was hinter „Plus" steht, könnte praktisch alles Mögliche sein. WeChat dient lediglich als ein Bindeglied. Das Ziel von WeChat ist es, eine App für alle zu sein und alle miteinander zu verbinden. Abb. 1.12 zeigt, was Unternehmen und Organisationen oder Behörden mit WeChat möglich machen können und was hinter dem „Plus" stehen kann.

1.7 Fallstudie McDonald's China

WeChat ist nicht ohne Grund der meistgenutzte mobile IM-Dienst in China. Um einen ersten Eindruck davon zu erhalten, was mit WeChat möglich ist und wie sehr sich WeChat von WhatsApp unterscheidet, werfen wir einen Blick auf die Fallstudie McDonald's.

In Bezug auf Social Media Marketing von ausländischen Unternehmen in China ist McDonald's China vorbildlich. McDonald's China beobachtete den Markttrend sehr genau und kooperierte sehr früh mit Tencent bei der Einführung des IM-Dienstes WeChat im eigenen Geschäft. Über sein öffentliches WeChat-Konto betreibt das McDonald's erfolgreiches Content Marketing (vgl. Abschn. 6.3) und Marketingkampagnen.

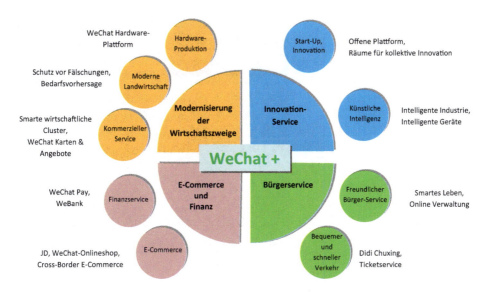

Abb. 1.12 WeChat Plus. (Quelle: in Anlehnung an Tencent 2016f.)

Dabei werden Produktangebote mit für Leser und Follower unterhaltsamen und wertvollen Inhalten (Contents) integriert.

McDonald's China hat beispielsweise am 01. April 2016 einen Artikel mit dem Titel „麦当劳 x 微信气泡狗: 你是我的菜!" (auf Deutsch etwa „McDonald's x WeChat-Luft-blasenhunde: Du bist mein Lieblingsgericht!") über eine Rundsendung (vgl. Abschn. 4.8) auf seinem öffentlichen WeChat-Konto (WeChat-ID: mcdonalds888) verbreitet. „Du bist mein Lieblingsgericht!" bedeutet in etwa: „Ich mag dich" oder „Du bist mein Typ". Dieser Artikel wurde über 100.000 Mal gelesen und 794 Mal gelikt („Gefällt mir").

Warum kannten so viele WeChat-Nutzer diesen Artikel? Dies hat mehrere Gründe. Zum einen hat das öffentliche WeChat-Konto von McDonald's China viele Follower, die die veröffentlichten Inhalte von McDonald's wegen ihres Nutzwerts und ihres Unterhaltungswerts ständig im Auge haben.

WeChat trägt zur schnellen Verbreitung dieser Neuigkeiten bei. Wie Abb. 1.13 zeigt, können interessierte WeChat-Nutzer einen Artikel auf einfache Weise mit ihren Freunden auf WeChat und anderen sozialen Netzwerken wie QQ teilen. Dafür gibt es bei jeder Artikelseite rechts oben ein Dreipunkte-Menü. Wenn man darauf klickt, erscheinen unten alle Menüpunkte zur Auswahl.

Man kann diesen Artikel durch den Menüpunkt „Zum Chat senden" mit ausgewählten WeChat-Freunden teilen oder ihn durch den Menüpunkt „Auf Momente teilen" mit sämtlichen WeChat-Freunden teilen. Das Teilen eines Artikels auf „Momente" ist wie eine Rundsendung des Artikels innerhalb des Freundeskreises. Rundsendung ist das wichtigste Tool für das Content Marketing auf WeChat.

Selbstverständlich können die WeChat-Freunde des WeChat-Nutzers den Artikel auch weiter mit ihren WeChat-Freunden teilen und auf ihren „Momente" veröffentlichen.

Abb. 1.13 Virales Marketing:
WeChat-Nutzer können
interessante Inhalte mit ihren
Freunden auf WeChat und
anderen sozialen Netzwerken
teilen. (© Tencent 2017 und
© McDonald's (China) 2017)

Diese Vorgehensweise des „Viralen Marketings" (vgl. Kollmann 2016) macht es möglich, einen Artikel oder eine Nachricht unter WeChat-Nutzern oder auf anderen sozialen
Netzwerken wie QQ in Sekundenschnelle zu verbreiten.

Auf diese Weise werden einige WeChat-Nutzer zu neuen Followern des öffentlichen WeChat-Kontos von McDonald's China, was zur Folge hat, dass das Unternehmen
immer bekannter wird und seinen Followern besten Service anbieten kann.

Ein anderer Erfolgsfaktor ist, dass der Inhalt in Chinesisch verfasst wird. Alle Inhalte
auf dem öffentlichen WeChat-Konto von McDonald's China werden ausschließlich in
perfektem und modernem Chinesisch geschrieben, sodass man von den Inhalten her
nicht unterscheiden kann, ob es sich hier um ein ausländisches Unternehmen handelt
oder nicht. Inhalte in einer fremden Sprache haben in China eine geringere Verbreitung.

Jedes öffentliche WeChat-Konto kann auch drei selbst definierte Menüs haben, die ganz unten auf der Startseite (Chatseite) des öffentlichen WeChat-Kontos angezeigt werden. Sie bieten dem Nutzer des öffentlichen WeChat-Kontos leichten Zugang zu seinen Produkten und Angeboten. Abb. 1.14 zeigt die Menüs des öffentlichen WeChat-Kontos von McDonald's China (WeChat-ID: mcdonalds888).

Über das Menü „优惠福利" (deutsch „Vergünstigung und Glück") (s. Abb. 1.14 links) bietet das Unternehmen seinen Kunden u. a. digitale Rabattkarten, die man online erwerben (s. Abb. 1.14 rechts) und offline einlösen kann. Die kostspieligen Gutscheine in Papierform haben ihre Bedeutung in China weitgehend verloren.

Alle digitalen Rabattkarten und andere Coupons wie Gutscheine, egal wo und bei welchen Anbietern sie online erworben wurden, werden zusammen unter dem Register „Karten & Angebote" (chinesisch „卡包") aufbewahrt, die innerhalb der Gültigkeit jederzeit eingelöst werden können (s. Abb. 1.15 links). Das ist für Nutzer sehr komfortabel, da man

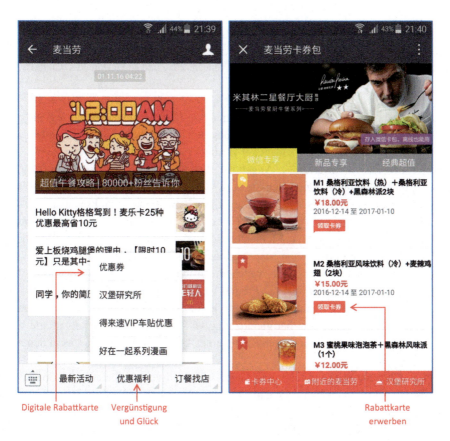

Abb. 1.14 Marketingkampagnen mit digitalen Rabattkarten auf dem öffentlichen WeChat-Konto von McDonald's China (WeChat-ID: mcdonalds888). (© Tencent 2017 und © McDonald's (China) 2017)

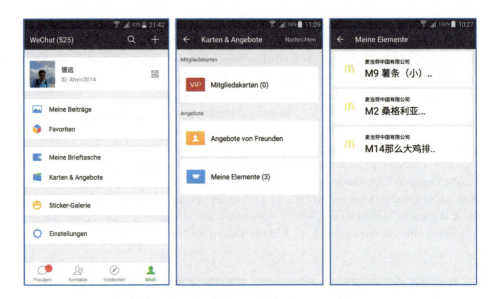

Abb. 1.15 Alle digitalen Rabattkarten werden auf WeChat unter „Karten & Angebote" aufbewahrt und können jederzeit eingelöst warden. (© Tencent 2017 und © McDonald's (China) 2017)

sich nicht mehr darum kümmern muss, wo man die Rabattkarten abgelegt hat. Sie gehen auch nicht verloren. WeChat erinnert den Besitzer daran, wenn eine bestimmte Rabattkarte demnächst ungültig wird, sodass der Besitzer rechtzeitig handeln kann.

Unter der Rubrik „Karten & Angebote" befinden sich drei Ordner (s. Abb. 1.15 Mitte): Unter „Mitgliedskarten" sind die vom WeChat-Nutzer online erworbene WeChat-Mitgliedskarten (VIP-Karten) gespeichert. Unter „Angebote von Freunden" sind die digitalen Rabattkarten, die der WeChat-Nutzer von seinen WeChat-Freunden erhalten hat, gespeichert. Unter „Meine Elemente" sind schließlich die digitalen Rabattkarten gespeichert, die man selbst online erworben hat (s. Abb. 1.15 rechts).

Wenn man eine Rabattkarte aus welchem Grund auch immer nicht einlösen kann, ist es möglich, sie an einen WeChat-Freund weiterzugeben („Einladung senden") (vgl. Abb. 1.16). Dadurch kann man nicht nur die Freundschaft mit seinen WeChat-Freunden aufrechterhalten, sondern man hat gleichzeitig das Unternehmen der Rabattkarte weiter empfohlen, was zu den vorrangigsten Zielen eines Unternehmens zählt, das in den sozialen Netzwerken präsent ist.

Ein WeChat-Nutzer kann auch das Angebot einer digitalen Rabattkarte, ähnlich wie beim Teilen von Content, auf seinem „Momente" mit allen WeChat-Freunden teilen, indem er auf das Dreipunkte-Menü, das sich ganz rechts oben auf der Angebotsseite der Rabattkarte befindet (vgl. Abb. 1.17), klickt und den Menüpunkt „Auf Momente teilen" auswählt. Das anbietende Unternehmen wird sich freuen, wenn WeChat-Nutzer so etwas tun.

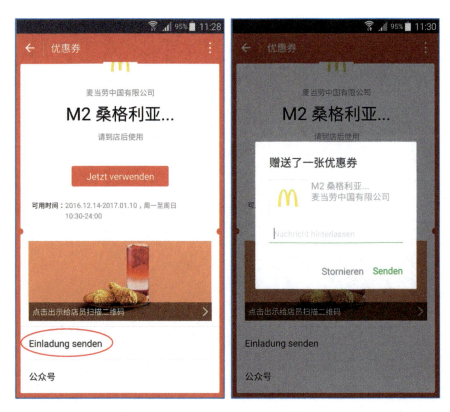

Abb. 1.16 Digitale Rabattkarte kann auch an WeChat-Freunden verschenkt warden. (© Tencent 2017 und © McDonald's (China) 2017)

Die Rabattkarte von McDonald's kann man überall bei McDonald's in China einlösen. Wie dies geschieht, wird nachfolgend am Beispiel von McDonald's in der Wangfujing Straße 200 in Peking gezeigt. Wir werden auch sehen, wie WeChat den Geschäftsablauf von McDonald's China verändert.

Man geht in diesen McDonald's hinein und hat mehrere Möglichkeiten, Essen zu bestellen und zu bezahlen. Eine Möglichkeit ist es, bei einem Automaten über dessen Touchscreen einen Burger selbst zusammenzustellen (s. Abb. 1.18 links). Nach der Zusammenstellung des Menüs kann man dann über seine WeChat App bargeldlos bezahlen, indem man auf die Funktion „Quick Pay" von WeChat App klickt. Daraufhin werden auf dem Handy-Display ein QR-Code und ein Barcode angezeigt. Wenn man sein Handy unter das für „Quick Pay" vorgesehene Scangerät legt, wird einer der Codes automatisch gescannt (s. Abb. 1.18 rechts). Dadurch wird die Bankverbindung für die bargeldlose Zahlung ohne Eintippen in den Automaten erfasst.

Nach der Überprüfung im Hintergrund wird der zu zahlende Betrag auf dem Handy-Display des WeChat-Nutzers zur Bestätigung angezeigt. Wenn dieser wiederum bestätigt, wird der Betrag sofort von seinem „WeChat Pay"-Konto „Guthaben" abgebucht. Die

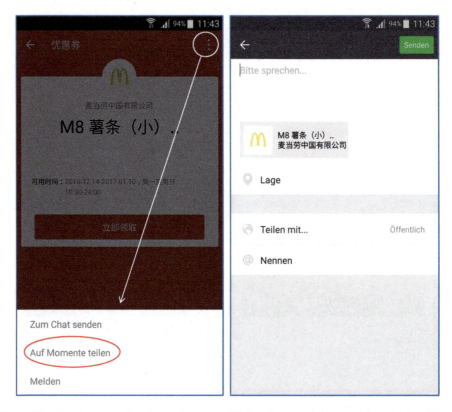

Abb. 1.17 Angebotsseite einer Rabattkarte auf WeChat kann auf „Momente" unter dem Freundeskreis des WeChat-Nutzers verbreitet warden. (© Tencent 2017 und © McDonald's (China) 2017)

Abb. 1.18 Kunden können in einem McDonald's in Peking über einen Automaten Burger selbst zusammenstellen und über WeChat bezahlen. (© McDonald's (China) 2017)

Bestellung nach der Bezahlung wird automatisch in die Küche des Restaurants weitergeleitet, wo der Burger entsprechend zubereitet wird.

„Quick Pay" ist eine der Funktionen des WeChat-Bezahldienstes „WeChat Pay", die sich unter der Rubrik „Meine Brieftasche" befindet (s. Abschn. 7.1, Abb. 7.1 Mitte).

Wenn man lieber zuerst einen Platz aufsuchen und sich das Essen bringen lassen möchte, ist das auch kein Problem. Auf jedem Tisch klebt ein Zettel, auf dem ein QR-Code zu sehen ist. Über die WeChat-Funktion von „QR-Code scannen" (s. Abb. 1.19 links) kann man diesen Code mit der Kamera seines Smartphones scannen. Daraufhin wird die Auswahlseite des öffentlichen WeChat-Kontos von McDonald's angezeigt, in der man die Zutaten auswählen und seinen Burger selbst zusammenstellen kann. Am Ende kann man über die Funktion „WeChat Pay" von WeChat bezahlen. Die Bestellung wird in die Küche des Restaurants weitergeleitet. Man braucht nur auf seinen Burger zu warten, der dann gebracht wird.

In einem McDonald's kann man die zuvor online erworbene digitale Rabattkarte einlösen, indem man die Karte aus dem Register „Karten & Angebote" auswählt und anschließend auf „Jetzt verwenden" klickt (s. Abb. 1.20 links). Daraufhin werden ein QR-Code und ein 12-stelliger Zahlencode angezeigt (s. Abb. 1.20 rechts). Man braucht diesen Code nur dem Servicemitarbeiter zu zeigen, der ihn in seinem System eingibt bzw. scannt. Dadurch wird die digitale Rabattkarte eingelöst und man bekommt das entsprechende Essen zum vergünstigten Preis.

In den Räumlichkeiten von McDonald's in Peking sind auch iBeacons (vgl. Abschn. 11.9.2) installiert. Kinder haben dort die Möglichkeit, über die WeChat-Funktion

Abb. 1.19 Essen durch „QR-Code scannen" bei McDonald's in Peking über WeChat bestellen. (© Tencent 2017 (linkes Bild) und © McDonald's (China) 2017 (rechtes Bild))

Abb. 1.20 Einlösen der online erworbenen digitalen Rabattkarte in einem realen McDonald's China. (© Tencent 2017 und © McDonald's (China) 2017)

„Schütteln in der Umgebung mit WeChat" (chinesisch 微信摇一摇周边) durch das Schütteln ihrer Handys im Raum nach Schätzen zu suchen. Dabei handelt es sich um WeChat-Spiele. Die Orte der versteckten Spiele werden über unterschiedliche iBeacons festgelegt und können über diese gefunden werden. Dabei muss die Bluetooth-Funktion der Handys eingeschaltet sein. Die Spiele sind geeignet für Kinder im Alter zwischen drei und neun Jahren. Die Kinder können dabei auch Punkte sammeln, die dann gegen Essen als Belohnung eingelöst werden können. Mit solchen Ausgestaltungen soll die Attraktivität der McDonald's-Filialen erhöht werden, um zu weiteren Besuchen zu motivieren.

Können es sich nur große Unternehmen wie McDonald's leisten, solche Anwendungen von WeChat einzusetzen? Keineswegs! In der Folge der Realisierung des Konzepts „Internet+" ist heutzutage in China praktisch jeder kleine Laden beispielsweise in der Lage, ohne Fremdhilfe ein eigenes öffentliches WeChat-Konto einzurichten und den WeChat-Bezahldienst „WeChat Pay" in Anspruch zu nehmen, von Imbissbuden bis Kiosken (vgl. Scheuer 2016). So zeigt Abb. 1.21 beispielsweise einen kleinen Verkaufsstand in der Stadt Dalian, der seinen Kunden den Bezahldienst „WeChat Pay" über einen QR-Code anbietet.

Abb. 1.21   „WeChat Pay" bei einem kleinen Verkaufsstand in der Stadt Dalian

1.8   WeChat verändert den Business-Prozess von Unternehmen

Wie das Beispiel von McDonald's China zeigt, hat WeChat das Marketingkonzept und den Business-Prozess von Unternehmen grundlegend verändert. Das öffentliche WeChat-Konto bietet Unternehmen die Möglichkeit, Content Marketing über den IM-Dienst WeChat zu betreiben. Durch Veröffentlichung von Inhalten, die für Kunden/Follower relevant sind, können Unternehmen die bestehenden Kunden langfristig halten und neue Kunden gewinnen.

Über das öffentliche WeChat-Konto können Unternehmen außerdem mit digitalen Rabattkarten, Gutscheinen oder sonstigen Coupons Marketingkampagnen betreiben, um Kunden zum Kauf von Produkten online oder offline in stationären Shops zu motivieren. Mit diesen Marketingtools und den Funktionen wie Weiterempfehlung und Teilen von Contents werden Unternehmen immer bekannter. Sie können dadurch neue Kunden bzw. Follower für die öffentlichen WeChat-Konten gewinnen und „Virales Marketing" entfachen.

Da WeChat im Grunde genommen ein Instant-Messaging-Dienst ist, sind die meisten Kontakte auf WeChat Klassenkameraden (88,2 %), reale Freunde (87,6 %), Familienmitglieder und Verwandte (86,3 %) und Kollegen (83 %), wie Abb. 1.22 zeigt. Das Weiterempfehlen und Teilen von Contents wird auf WeChat deswegen als sehr glaubhaft empfunden. Im Zeitalter der Massenmedien mit der damit einhergehenden

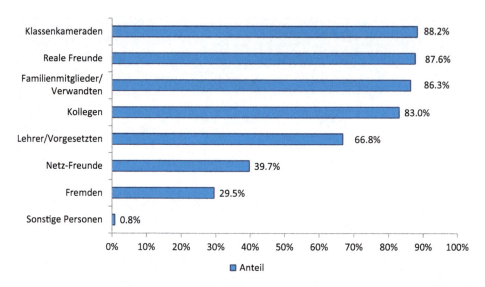

Abb. 1.22   Die meisten Kontakte auf WeChat. (Quelle: in Anlehnung an CNNIC 2016a, S. 30)

Informationsüberflutung ist das Marketing auf WeChat vergleichsweise effektiver, weil die Botschaften meist gelesen und verarbeitet werden.

WeChat-Nutzer können dem öffentlichen WeChat-Konto eines Unternehmens folgen, indem sie QR-Codes über die Funktion „QR-Code scannen" von WeChat scannen.Die QR-Codes befinden sich meistens auf den Produktverpackungen, die Verkaufsinformationen der Produkte wie beispielsweise den Preis oder Informationen über die Hersteller enthalten. Sie können über Marketingkampagnen bekannt gemacht werden.

Wenn WeChat-Nutzer den QR-Code scannen, dann wird im Fall von Herstellerinformationen das öffentliche WeChat-Konto des Herstellers geöffnet. Dieses ermöglicht dem WeChat-Nutzer, sich über den Hersteller zu informieren und dem öffentlichen WeChat-Konto zu folgen.

Mit der Preisfunktion werden die Zahlungsinformationen über das Produkt angezeigt, wenn der QR-Code gescannt wird. WeChat-Nutzer können über die Funktion „Quick Pay" das Produkt auf einfachste Weise bezahlen und es kaufen. Zugleich können WeChat-Nutzer dem öffentlichen WeChat-Konto des Herstellers folgen, um sich als Follower günstige Angebote, Rabatte oder Gutscheine etc. zu sichern.

Normalerweise müssen WeChat-Nutzer dem öffentlichen WeChat-Konto eines Unternehmens folgen, bevor sie die angebotenen Gutscheine/Coupons erwerben und einlösen können. Dadurch bekommen Unternehmen immer mehr Follower. Zusätzlich können Unternehmen ihre Attraktivität über die Funktion „iBeacon" erhöhen, um mehr Follower anzuziehen.

Das Gute dabei ist, dass Produkthersteller über die zuvor genannten Funktionen heutzutage auf einfache Weise Kundeninformationen wie z. B. demografische Daten,

Geschlecht und Alter sowie geografische Daten wie Wohnort oder Kaufverhalten der Kunden (z. B. meistgekaufte Arten von Produkten) kostengünstig erhalten und analysieren können. Das wäre mit traditionellen Marketingmethoden unmöglich bzw. sehr schwierig und äußerst kostspielig.

Kunden müssen bestimmte Daten preisgeben, wenn sie Gutscheine/Coupons erwerben, Zahlungen über „WeChat Pay" erledigen oder einfach dem öffentlichen WeChat-Konto eines Unternehmens folgen. Obwohl WeChat-Nutzer selbst bestimmen können, ob sie gewisse private Daten offenlegen oder nicht, kennen Produktanbieter immerhin mindestens die OpenID von WeChat-Nutzern. Wenn ein WeChat-Nutzer einem öffentlichen WeChat-Konto folgt, wird seine OpenID bei dem öffentlichen WeChat-Konto registriert (vgl. Abschn. 4.8). Wenn ein WeChat-Nutzer mehreren öffentlichen WeChat-Konten eines Produktanbieters folgt bzw. sich bei anderen mobilen Anwendungen desselben Produktanbieters anmeldet, weiß der Produktanbieter, dass es sich um denselben WeChat-Nutzer handelt. Viele WeChat-Nutzer offenbaren auch ihre privaten Daten wie Geschlecht, Standort und Telefonnummer. „Bereitwillig geben sie im Land der Zensur ihre Daten preis", so bestätigt auch Spiegel Online (2016).

Dadurch sind Unternehmen heute in der Lage, Kunden gezielt mit ihren Produkten und Dienstleistungen anzusprechen. WeChat macht ein individualisiertes und automatisiertes Angebot für den Einzelkunden möglich. Diese Vorgehensweise ist den meisten Amazon-Kunden bekannt: *„Kunden, die diesen Artikel gekauft haben, kaufen auch …"*. Manche wundern sich vielleicht, wie Amazon wissen kann, was sie eventuell auch kaufen würden. Amazon-Empfehlungen basieren auf vielen verschiedenen Faktoren: eigene Einkäufe, Produkte auf dem Wunschzettel, Rezensionen und „Gefällt mir"-Angaben etc. Voraussetzung dafür ist es natürlich, dass man sich beim Kauf auf Amazon als Kunde anmeldet. Amazon kennt somit die persönlichen Daten des Käufers. Jede Spur eines Käufers wie Mausklick, Bewertungen etc. wird von Amazon verfolgt.

Über das WeChat-Konto können Unternehmen nicht nur Content Marketing betreiben, sie können auch Kunden-Services anbieten, was die meisten WeChat-Nutzer sehr begrüßen. Anfragen, Reklamationen etc. können über WeChat schnellstmöglich beantwortet bzw. bearbeitet werden. Die Bearbeitung dieser Anfragen in Papierform oder über SMS ist in China heutzutage nicht mehr State of the Art.

Vor allen Dingen verursacht der Service über WeChat außer Internetgebühren, die meistens durch eine Flatrate sowieso abgedeckt sind, keine zusätzlichen Kosten. Die Informationen auf WeChat werden häufiger gelesen als Informationen auf Papier. Ein Autohaus kann z. B. aufgrund der gespeicherten Reparatur- oder Verkaufsdaten Kunden über WeChat informieren, dass der TÜV ihres Autos demnächst fällig ist, und ihnen den entsprechenden Service für die Inspektion anbieten. Kunden fühlen sich durch die WeChat-Nachrichten individuell angesprochen und nehmen die Serviceangebote gerne an. Mit Kunden chatten heißt Kunden binden (vgl. Liu 2016b).

WeChat bietet Unternehmen auch die Möglichkeit, einen eigenen Onlineshop auf WeChat einzurichten. Ein Warenverwaltungssystem läuft im Hintergrund, und so kann der Warenverkauf über „WeChat Pay" abgewickelt werden.

Über die Funktionen „WeChat Pay", „Gutscheine/Coupons", „QR-Code scannen", „iBeacon", etc. können O2O-Geschäfte (online-to-offline oder offline-to-online) über WeChat einfach realisiert werden. Das O2O-Business-Modell ist ein beliebtes Geschäftsmodell in China, welches in den letzten Jahren sehr populär geworden ist. Dabei werden Produkte und Dienstleistungen online angeboten, meistens auch auf WeChat. Über Content Marketing werden die Angebote verbreitet, und über verschiedene WeChat-Marketingtools wie Gutscheine/Coupons und Rabatte sowie Marketingkampagnen wird die Aufmerksamkeit der Kunden erlangt. Die Waren können online bestellt und über „WeChat Pay" bezahlt werden. Die Abholung der Waren erfolgt in einem stationären Shop in der Nähe des Kunden. Dadurch genießen Kunden einen doppelten Vorteil: Online erzielen sie Kostenvorteile durch Preisvergleich und Rabatte und offline erhalten sie realen Service und können Waren einfach aus- oder umtauschen.

Selbst wenn man sich gerade in einem stationären Shop befindet, kann man über WeChat die Angebote vor Ort ausfindig machen. Die Funktion „iBeacon" des Shops oder der Filiale macht es möglich, Kunden einfach zu den Angeboten zu führen, wenn sie auf ihrem Smartphone die Funktion „Schütteln in der Umgebung mit WeChat" aktiviert haben. Die Funktion „iBeacon" hilft Kunden auch, die richtige Ware schnell zu finden und dient zugleich als Indoor-Navigationssystem für den Kunden. Kundennutzen und -zufriedenheit werden dabei in höchstem Maße erfüllt. Kundenzufriedenheit ist in der heutigen globalisierten Businesswelt sehr wichtig, da Produkte immer austauschbarer werden. Folglich ist der Preisdruck extrem hoch. Selbst Apple's iPhone hat mittlerweile auch mit ernst zu nehmender Konkurrenz zu kämpfen. Marketing und Service stehen deshalb auf der Unternehmensagenda ganz oben.

Durch die Funktion des WeChat-Bezahldienstes „WeChat Pay" ist es möglich, mit WeChat ein Business-Ökosystem (vgl. Wikipedia 2016g) zu bilden, in dem sowohl Kunden als auch anbietende Unternehmen alles über WeChat erledigen können, ohne das System zwischendurch verlassen zu müssen. Abb. 1.23 veranschaulicht den kompletten Business-Prozess mit WeChat.

Wie man erkennen kann, brauchen Unternehmen heutzutage prinzipiell keine eigenen Apps für ihre mobilen Marketing- und Geschäftätigkeiten mehr. WeChat macht alles für die Unternehmen möglich. Für Unternehmen bringt dies einerseits große Kostenvorteile, anderseits versetzt WeChat jedes Unternehmen aber auch in die Lage, Geschäfte über die WeChat App abzuwickeln, was in der Vergangenheit für viele Unternehmen, besonders für kleine Unternehmen oder Ich-AGs, kaum infrage kam.

Westliche Unternehmen denken zuerst darüber nach, wie sie eigene Produkte/Dienstleistungen mit eigenen Apps aufsetzen und dadurch komfortablen Kundennutzen anbieten können. Viele Unternehmen schrecken aber genau vor diesen hohen technischen Hürden zurück. In China denken Unternehmen in der Regel zuerst daran, wie sie die WeChat App in ihre Geschäftätigkeiten integrieren können. Neben Kosten- und technischen Vorteilen,

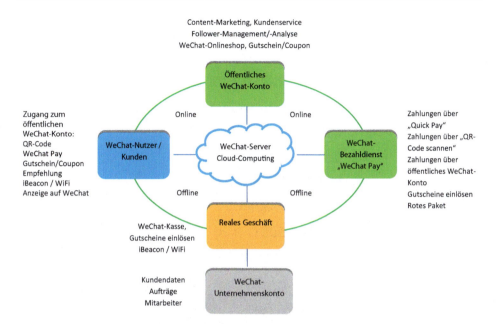

Abb. 1.23 Bilden eines Business-Ökosystems mit WeChat

stellt auch die Nutzerzahl der App von über 900 Mio. einen unschlagbaren Faktor dar, der mit einer eigenen App nie erreicht werden könnte.

In China wird die Fähigkeit eines Unternehmens sogar danach beurteilt, ob es WeChat für die Kundenkommunikation einsetzt oder nicht. Wie kann ein Unternehmen, das WeChat noch nicht kennt, erfolgreich in China sein? Diese Frage scheint hierzulande in Europa merkwürdig, ist aber durchaus eine berechtige Frage in China.

1.9   WeChat ist der meistgenutzte Online-Marketingkanal

Für Europäer ist es kaum vorstellbar, dass 65,5 % der Unternehmen, die 2016 Online-Marketing in China betrieben haben, Instant-Messaging-Dienste als die hauptsächlichen Online-Marketingkanäle nutzten (vgl. Abb. 1.24) und 75,5 % der Unternehmen, die 2016 mobiles Online-Marketing in China betrieben, den Instant-Messaging-Dienst WeChat als der hauptsächliche Online-Marketingkanal nutzten (vgl. Abb. 1.25). Marketing mit mobilen Instant-Messaging-Diensten, vorrangig mit WeChat, stellt in China den absoluten Trend dar.

Diese Entwicklung hat natürlich ihre Gründe. China ist mittlerweile eine Internetnation geworden. Bis Ende 2016 gab es in Festlandchina über 731 Mio. Internetnutzer (vgl. CNNIC 2016b, S. 39), eine Steigerung von 6,2 % im Vergleich zum Vorjahr. Trotzdem

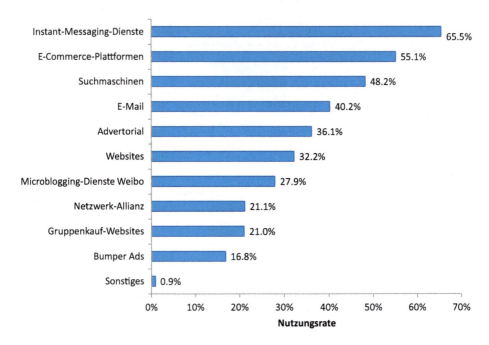

Abb. 1.24 Nutzungsrate der Online-Marketingkanäle durch die Unternehmen 2016 in China. (Quelle: in Anlehnung an CNNIC 2016b, S. 25)

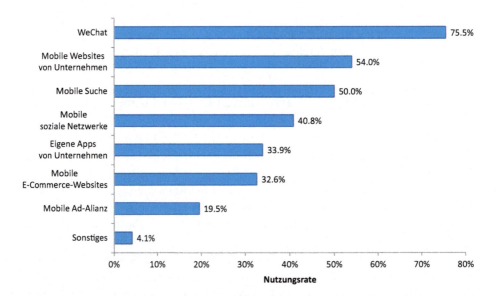

Abb. 1.25 Nutzungsrate der mobilen Online-Marketingkanäle durch die Unternehmen 2016 in China. (Quelle: in Anlehnung an CNNIC 2016b, S. 29)

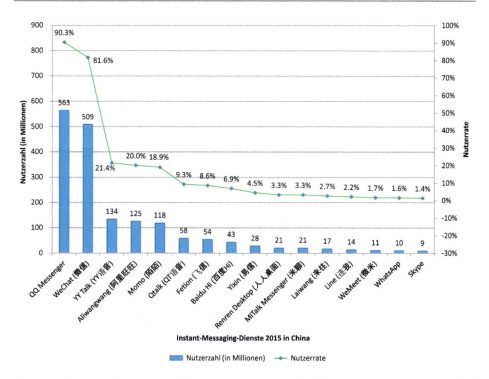

Abb. 1.26 Nutzung der IM-Dienste 2015 in China. (Quelle: in Anlehnung an CNNIC 2016a, S. 12)

lag die gesellschaftliche Durchdringungsrate[2] des chinesischen Internets nur bei 53,2 %. Die Nutzerzahl des chinesischen Internets wird in den nächsten Jahren weiter steigen.

Unter den 731 Mio. Internetnutzern Ende 2016 waren über 666 Mio. Nutzer von Instant-Messaging-Diensten (91,1 %) (vgl. CNNIC 2016b, S. 55), was einem Wachstum von 6,8 % gegenüber dem Vorjahr entspricht. Es gab bis Ende 2016 mehr als 695 Mio. mobile Internetnutzer (95,1 % der gesamten Internetnutzer), das ist ein Zuwachs von 12,2 % im Vergleich zum Vorjahr (vgl. CNNIC 2016b, S. 41). 91,8 % der mobilen Internetnutzer (das entspricht mehr als 638 Mio.) nutzten mobile Instant-Messaging-Dienste. Damit sind die Instant-Messaging-Dienste die meistgenutzten Internetanwendungen in China. Die Nutzung von IM-Diensten über das mobile Internet wird immer populärer.

Wie die Abb. 1.26 zeigt, sind die beiden IM-Dienste QQ (90,3 %) und WeChat (81,6 %) des chinesischen Internetkonzerns Tencent die meistgenutzten IM-Dienste in China.

Wie auch bei anderen Instant-Messaging-Diensten üblich, nutzen die meisten WeChat-User die Text-Chat-Funktionen (88 %) und Sprach-Chat-Funktionen (83,9 %), um sich mit Familienmitgliedern und Freunden zu unterhalten. 80,5 % der WeChat-Nutzer teilen

---

[2]Die gesellschaftliche Durchdringungsrate wird auch Penetrationsrate genannt, also die Verbreitung der Internetnutzung in der gesamten Bevölkerung.

ihre schönen Momente des Tages oder Informationen und Erfahrungen, die sie für wertvoll halten, gerne mit ihren WeChat-Freunden. Das können Berichte über topaktuelle Themen, Erfahrungen mit Produkten oder Dienstleistungen, gute Ratschläge oder Informationen über Veranstaltungen etc. sein. 64,5 % der User nutzen WeChat zum Gruppenchat, z. B. mit ehemaligen Klassenkameraden oder innerhalb einer Businessgruppe über bestimmte Produkte. 57,8 % der WeChat-Nutzer haben mindestens ein öffentliches WeChat-Konto als Follower abonniert. Dies entspricht einer Nutzerzahl von über 294 Mio.! Öffentliche WeChat-Konten von Unternehmen und Organisationen gewinnen somit immer mehr an Aufmerksamkeit.

Die Anwendung von QR-Code (vgl. Abschn. 5.4), besonders QR-Code mit Parameter wie Standort des QR-Codes, ist in China sehr weit verbreitet. QR-Code dient auch als ein Zugangspunkt für das öffentliche WeChat-Konto und für Marketingkampagnen. Bezahlen über die WeChat-Funktion „QR-Code scannen" ist in China äußerst populär. Im Jahr 2015 haben 48,1 % der WeChat-Nutzer diese Funktion genutzt (vgl. CNNIC 2016a, S. 29).

WeChat ist in China unverzichtbarer Teil des alltäglichen Lebens geworden. Viele Chinesen checken ständig ihre Handys auf neue WeChat-Nachrichten, und zwar jeden Tag. CNNIC hat auch festgestellt, dass 53,3 % der WeChat-User WeChat täglich unzählige Male nutzten. 53,3 % der WeChat-Nutzer entsprechen einer Nutzerzahl von über 271 Mio. Menschen! Immerhin verwenden fast neun von zehn WeChat-Nutzern die App täglich mehr als zehn Mal (vgl. Abb. 1.27). Sie sind die Zielgruppe, die ein Unternehmen beim Marketing mit WeChat erreichen sollte.

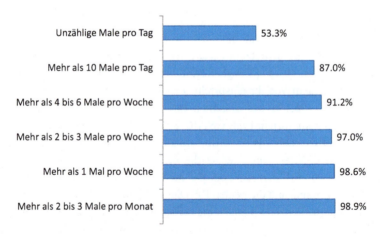

Abb. 1.27 Häufigkeit der Nutzung von WeChat 2015 in China. (Quelle: in Anlehnung an CNNIC 2016a, S. 30)

Literatur

Ankenbrand, H. 2016. China hat seinen ersten Milliarden-Wohltäter. Frankfurter Allgemeine. http://www.faz.net/aktuell/finanzen/tencent-gruender-ma-huateng-spendet-von-vermoegen-anstiftung-14186510.html. Zugegriffen: 29. Okt. 2016.

Brandt, M. 2016. Deutsche Behörden lassen 554 Inhalte sperren. Statista. https://de.statista.com/infografik/4769/gesperrte-inhalte-auf-facebook/. Zugegriffen: 25. Okt. 2016.

CNNIC, Hrsg. 2016a. Studienbericht über das Nutzerverhalten der chinesischen sozialen Netzwerke in 2015 (2015 年中国社交类应用用户行为研究报告), April 2016. http://www.cnnic.net.cn/hlwfzyj/hlwxzbg/sqbg/201604/P020160722551429454480.pdf. Zugegriffen: 28. Dez. 2016.

CNNIC, Hrsg. 2016b. Statistical report on internet development in China, Januar 2017. http://cnnic.com.cn/IDR/ReportDownloads/201706/P020170608523740585924.pdf. Zugegriffen: 01. Juli 2017.

Eleanor, T. J. 2014. WeChat demonstrates commitment to consumer privacy with TRUSTe certification. TRUSTe Blog. http://www.truste.com/blog/2014/01/06/wechat-demonstrates-commitment-to-consumer-privacy-with-truste-certification. Zugegriffen: 10. Juli 2016.

Gardt. M. 2015. Wetten, das ist die Zukunft? WeChat aus China ist die heißeste Marketingplattform Asiens. Online Marketing Rockstars. http://www.onlinemarketingrockstars.de/wechat-strategien/. Zugegriffen: 01. Nov. 2016.

Gordon, S. Methodology for Global Brands 2016. How the research arrived at its ranking of the 100 most valuable global brands. Financial Times. https://www.ft.com/content/44c254a0-21af-11e6-aa98-db1e01fabc0c. Zugegriffen: 28. Okt. 2016.

Hellmann, N. 2016. Der wahre chinesische Internet-Star. Neue Zürcher Zeitung. http://www.nzz.ch/finanzen/aktien/tencent-der-wahre-chinesische-internet-star-ld.112704. Zugegriffen: 27. Okt. 2016.

iResearch, Hrsg. 2016. 艾瑞:微信信息安全体系获国际认证 企业自治推动行业良性发展. http://report.iresearch.cn/content/2016/05/261038.shtml. Zugegriffen: 28. März 2017.

Kollmann, T. 2016. Viral Marketing. Springer Gabler Wirtschaftslexikon. http://wirtschaftslexikon.gabler.de/Definition/viral-marketing.html. Zugegriffen: 29. Mai 2016.

Liu, Y. 2016a. Social Media in China. Wie deutsche Unternehmen soziale Medien im chinesischen Markt erfolgreich nutzen können. http://www.springer.com/de/book/9783658112301. Wiesbaden: Springer Gabler.

Liu, Y. 2016b. Mit Kunden chatten heißt Kunden binden. AUTOHAUS, Ausgabe 17/2016. http://www.autohaus.de/heftarchiv/mit-kunden-chatten-heisst-kunden-binden-1827603.html.

Meyer, D. 2016. Tencent is now the most valuable company in Asia. Fortune. http://fortune.com/2016/09/05/tencent-most-valuable/. Zugegriffen: 28. Okt. 2016.

Mörsch, T. 2015. China veröffentlicht Aktionsplan „Internetplus" für mehr Wirtschaftswachstum. Bundesministerium für Bildung und Forschung. http://www.kooperation-international.de/detail/info/china-aktionsplan-internetplus-fuer-mehr-wirtschaftswachstum.html. Zugegriffen: 30. Okt. 2016.

N.TV, Hrsg. 2016. „Historischer Meilenstein". Chinas Yuan kommt in den Währungskorb. http://www.n-tv.de/wirtschaft/Chinas-Yuan-kommt-in-den-Waehrungskorb-article18766211.html. Zugegriffen: 29. Okt. 2016.

Scheuer, S. 2016. Was China Deutschland voraus hat. Handelsblatt. http://www.handelsblatt.com/politik/international/weltgeschichten/imbissbuden-paketboten-und-smartphones-was-china-deutschland-voraus-hat/14474258.html?share=linkedin. Zugegriffen: 30. Okt. 2016.

Spiegel Online, Hrsg. 2014. Kampagne gegen Pornografie. China sperrt 1,8 Millionen Nutzerkonten im Netz. http://www.spiegel.de/netzwelt/netzpolitik/qq-wechat-weibo-china-sperrt-1-8-millionen-nutzerkonten-im-netz-a-992748.html. Zugegriffen: 27. Dez. 2016.

Spiegel Online, Hrsg. 2016. Das totale Netzwerk. https://magazin.spiegel.de/SP/2016/41/147238342/index.html. Zugegriffen: 28. Dez. 2016.

Tencent, Hrsg. 2016a. Financial reports. http://www.tencent.com/en-us/achievement_timeline.
    html. Zugegriffen: 20. Mai 2017.
Tencent, Hrsg. 2016b. 腾讯微信软件许可及服务协议. https://weixin.qq.com/agreement?lang=zh_
    CN. Zugegriffen: 24. Okt. 2016.
Tencent, Hrsg. 2016c. WeChat – Acceptable use policy. https://www.wechat.com/en/acceptable_
    use_policy.html. Zugegriffen: 24. Okt. 2016.
Tencent, Hrsg. 2016d. Produkts & services. http://www.tencent.net.cn/en-us/system.html. Zuge-
    griffen: 29. Okt. 2016.
Tencent, Hrsg. 2016e. 2016 Annual report. https://www.tencent.com/en-us/articles/17000341491
    836558.pdf. Zugegriffen: 01. Juli 2017.
Tencent, Hrsg. 2016f. „微信"影响力报告". http://tech.qq.com/a/20160321/007049.htm#p=10.
    Zugegriffen: 19. Nov. 2016.
Wang, H. H. 2016. It's time for facebook to copy WeChat. Forbes. http://www.forbes.com/sites/
    helenwang/2016/08/11/its-time-for-facebook-to-copy-wechat/#7dfda98827a4. Zugegriffen: 23.
    Okt. 2016.
Wikipedia, Hrsg. 2015. ISO/IEC 27001. https://de.wikipedia.org/wiki/ISO/IEC_27001. Zugegrif-
    fen: 28. März 2017.
Wikipedia, Hrsg. 2016a. Mobile app. https://de.wikipedia.org/wiki/Mobile_App. Zugegriffen: 23.
    Okt. 2016.
Wikipedia, Hrsg. 2016b. Tencent. https://de.wikipedia.org/wiki/Tencent. Zugegriffen: 27. Okt. 2016.
Wikipedia, Hrsg. 2016c. Near field communication. https://de.wikipedia.org/wiki/Near_Field_
    Communication. Zugegriffen: 29. Okt. 2016.
Wikipedia, Hrsg. 2016d. Content delivery network. https://de.wikipedia.org/wiki/Content_Deli-
    very_Network. Zugegriffen: 29. Okt. 2016.
Wikipedia, Hrsg. 2016e. Renminbi. https://de.wikipedia.org/wiki/Renminbi. Zugegriffen: 29. Okt.
    2016.
Wikipedia, Hrsg. 2016f. Industrie 4.0. https://de.wikipedia.org/wiki/Industrie_4.0. Zugegriffen: 30.
    Okt. 2016.
Wikipedia, Hrsg. 2016g. Business ecosystem. https://en.wikipedia.org/wiki/Business_ecosystem.
    Zugegriffen: 27. Mai 2016.

Grundlegende Funktionen von WeChat 2

Zusammenfassung

In diesem Kapitel werden die grundlegenden Funktionen von WeChat aus der Sicht der Endnutzer kurz erläutert. Dabei werden zuerst die Oberfläche und die Einstellungen vorgestellt. Anschließend werden die Methoden zur Herstellung von Kontakten beschrieben. Zudem wird ein Blick auf die Besonderheit von Chatten sowie Teilen von Momentaufnahmen auf WeChat geworfen. Schließlich wird die Funktion von „WeChat für Windows" vorgestellt.

Der Schwerpunkt dieses Buches liegt nicht darin, die konkrete Nutzung von WeChat aufzuzeigen. Dafür bräuchte man noch ein weiteres Buch. Der Schwerpunkt dieses Buches liegt darin zu erklären, welche Marketingtätigkeiten von WeChat für europäische Unternehmen in China angeboten werden. Dafür müssen zuerst die grundlegenden Funktionen von WeChat aus der Sicht der Endnutzer kurz erläutert werden.

2.1 Oberfläche und Einstellungen

Nach der Installation und Registrierung wird auf dem Handy-Bildschirm ein WeChat-Symbol erzeugt. Durch einen Klick auf dieses Symbol wird die WeChat App gestartet (s. Abb. 2.1 links). Nach dem Start bleibt sie so lange aktiv, bis man sich absichtlich abmeldet.

Die Startseite zeigt standardmäßig die Chatseite des „Plaudern"-Menüs, wo der aktuelle Chat-Verlauf chronologisch angezeigt wird, wobei die letzten Chats ganz oben

---

Die Verwendung der Abbildungen und Screenshots von WeChat erfolgt mit freundlicher Genehmigung von © Tencent 2017. All Rights Reserved.

© Springer Fachmedien Wiesbaden GmbH 2018   39
Y. Liu, *Social Media Marketing in China mit WeChat*,
https://doi.org/10.1007/978-3-658-17497-2_2

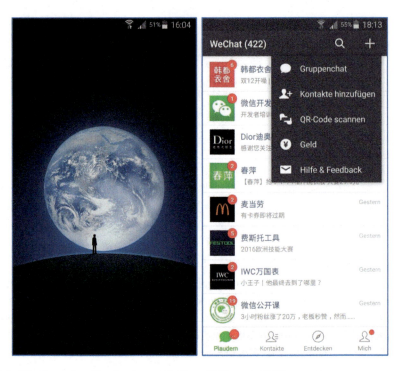

Abb. 2.1   Die Startseite „Plaudern" von WeChat. (© Tencent 2017)

stehen (s. Abb. 2.1 rechts). Zu den Chats gehören nicht nur die Chats zwischen WeChat-Freunden. Auch Rundsendungen der abonnierten öffentlichen WeChat-Konten gehören dazu. Zusätzlich zum „Plaudern"-Menü gibt es ganz unten drei weitere Navigationsmenüs: „Kontakte", „Entdecken" und „Mich".

Unter dem Menü „Kontakte" sind alle WeChat-Freunde gespeichert, die in alphabetisch steigender Reihenfolge sortiert sind.

Unter dem Menü „Entdecken" befinden sich die wertvollsten Funktionen von WeChat (vgl. Abb. 2.2): „Momente", „QR-Code scannen", „Schütteln", „Personen in der Nähe", „Flaschenpost" und „Spiele", die in den nachfolgenden Abschnitten kurz vorgestellt werden.

Unter dem Menü „Mich" befinden sich u. a. die Einstellungen des persönlichen Profils und die allgemeinen Einstellungen (s. Abb. 2.3 links). Durch Klick auf die oberste ID-Zeile gelangt man auf die „Mein Profil"-Seite (s. Abb. 2.3 rechts), wo man optional sein Profilfoto hochladen bzw. ändern, Geschlecht sowie Region eintragen oder seinen vollständigen Namen (Pseudonym) ändern kann. Diese Informationen, zusammen mit der WeChat-ID, dienen dazu, dass der WeChat-Nutzer von anderen WeChat-Nutzern leichter gefunden wird. Sie liefern natürlich auch wertvolle Informationen für das Unternehmensmarketing.

Abb. 2.2 Das „Entdecken"-Menü von WeChat. (© Tencent 2017)

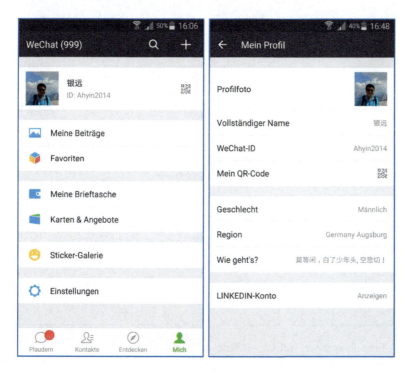

Abb. 2.3 „Mich"- und „Mein Profil"-Seite von WeChat. (© Tencent 2017)

Unter dem Untermenü „Einstellungen" innerhalb des Menüs „Mich" sind die wichtigen Einstellungen für die „Benachrichtigungen", „Nicht stören", „Plaudern", „Datenschutz", „Allgemein" und „Mein Konto" untergebracht (s. Abb. 2.4 links). Von dieser Seite aus kann man sich auch von der WeChat App abmelden („Abmelden"). Unter dem Menü „Allgemein" kann u. a. die Sprache der WeChat-Oberfläche geändert werden (s. Abb. 2.4 rechts).

Außerdem erscheint ganz rechts oben auf jeder Menüseite ein „+"-Symbol. Wenn man darauf klickt, wird ein Dropdown-Menü angezeigt (s. Abb. 2.1 rechts). Dieses Menü dient einem schnellen Zugriff auf die wichtigen Funktionen wie „Gruppenchat", „Kontakte hinzufügen", „QR-Code scannen", „Geld Transfer" und „Hilfe & Feedback", die an anderer Stelle ebenfalls gefunden werden können.

Die meisten WeChat-Funktionen können durch den Button „Einstellung" deaktiviert bzw. wieder aktiviert werden. Der Button befindet sich unter dem Untermenü „Funktionen" (s. Abb. 2.4 rechts). Die aktivierten Funktionen werden oben und die deaktivierten Funktionen unten angezeigt (s. Abb. 2.5 links). Durch Klick auf eine Funktion kann diese aktiviert (s. Abb. 2.5 Mitte) oder deaktiviert (s. Abb. 2.5 rechts) werden. Wenn eine Funktion deaktiviert wurde, wird diese nicht mehr in dem entsprechenden WeChat-Menü angezeigt.

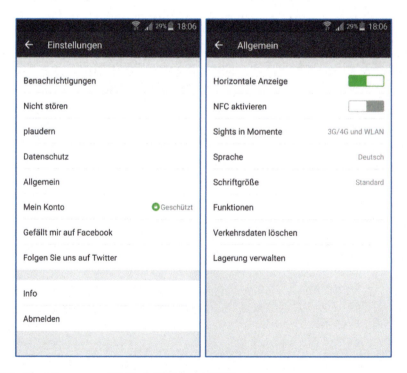

Abb. 2.4 Einstellungen von WeChat. (© Tencent 2017)

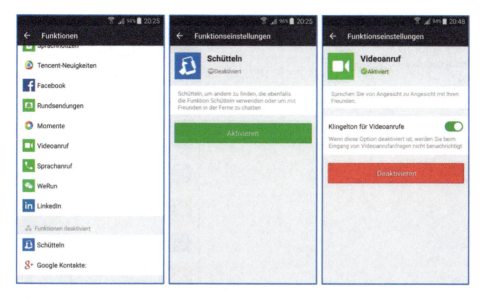

Abb. 2.5 Aktivieren und Deaktivieren von WeChat-Funktionen. (© Tencent 2017)

2.2   Kontaktherstellung

Im Grunde genommen ist WeChat ein Instant-Messaging-Dienst. Die typische Eigenschaft von IM-Diensten ist es, einen Informationsaustausch zwischen zwei Individuen stattfinden zu lassen, wobei es sich um eine Person, eine Gruppe von Personen oder eine Organisation und ein Unternehmen handeln kann. Das heißt, dass die Informationen immer zwischen den bekannten Personen/Organisationen/Unternehmen ausgetauscht werden. Das ist ein großer Unterschied zu den Blog- und Microblogging-Diensten, mit welchen Informationen an Fremde verbreitet werden können.

Für jedes WeChat-Konto ist es erforderlich, zuerst Kontakte zu haben, mit denen Nachrichten ausgetauscht werden können. Die WeChat-Kontakte sind privat. Das heißt, dass ein WeChat-Nutzer keinen Zugriff auf die Kontaktliste eines anderen WeChat-Nutzers hat, egal ob er in der Kontaktliste (WeChat-Freunde) des WeChat-Nutzers steht oder nicht.

Bei WeChat gibt es mehrere Möglichkeiten, Kontakte mit anderen WeChat-Nutzern herzustellen. Im Folgenden werden diese kurz vorgestellt.

2.2.1   Freundsuche über WeChat-ID oder Handynummer

Wie bereits in Abschn. 1.2 erläutert wurde, hat jeder WeChat-Nutzer eine eindeutige WeChat-ID. Wenn diese WeChat-ID eines WeChat-Nutzers bekannt ist, kann man sie im Suchfeld von „Kontakte hinzufügen" (vgl. Abb. 2.6) eingeben. WeChat kann mit der

Abb. 2.6 Herstellung
von Kontakten bei WeChat
über WeChat-ID oder
Handynummer. (© Tencent
2017)

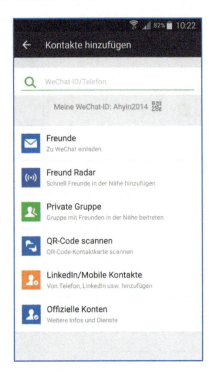

WeChat-ID diese Person finden und dadurch kann eine Kontaktanfrage an diese Person
gesendet werden.

Alternativ kann man auch mit der Handynummer nach einem WeChat-Nutzer suchen,
da jeder WeChat-Nutzer bei der Registrierung seine Handynummer angegeben haben
muss.

▶ Obwohl mit der WeChat-ID oder der Handynummer ein WeChat-Nutzer ein-
    deutig identifiziert werden kann, findet man ihn nicht unbedingt. Es hängt
    auch von seinen Datenschutzeinstellungen (vgl. Abb. 1.9) ab. WeChat-Nut-
    zer können z. B. zum Schutz der eigenen Privatsphäre die Einstellung „Mich
    anhand der Telefonnummer finden" ausschalten, sodass sie nicht über die
    Handynummer gefunden werden können.

2.2.2   Kontaktherstellung über QR-Code

Jedem WeChat-Nutzer wurde ein eindeutiger QR-Code zugewiesen. Wenn sich zwei
Freunde treffen und sie noch keine WeChat-Freunde sind, kann einer seinen QR-Code
dem anderen zeigen, indem er auf den Menüpunkt „Mein QR-Code" (s. Abb. 2.3 rechts)
klickt. Dadurch zeigt er seinen WeChat-QR-Code auf seinem Handybildschirm an. Sein

Freund kann dann diesen mit der Funktion „QR-Code scannen" (vgl. Abb. 2.2) scannen. Danach werden die zwei sofort WeChat-Freunde und die Namen werden jeweils der Kontaktliste des anderen hinzugefügt.

Wenn zwei Freunde nicht direkt nebeneinander stehen, kann eine Person trotzdem ihren QR-Code zuerst auf dem Handy speichern, indem sie auf das Dreipunkte-Menü der Seite „Mein QR-Code" klickt (s. Abb. 2.7 links). Daraufhin wird ein Menü unten auf der Seite angezeigt. Durch die Auswahl des Menüpunktes „Im Telefon speichern" kann der QR-Code auf dem Smartphone gespeichert werden. Man kann dann diesen QR-Code beispielsweise per E-Mail an Freunde senden.

Freunde können dann die Funktion „QR-Code scannen" von WeChat aufrufen. Statt den QR-Code direkt zu scannen, kann man auf das Dreipunkte-Menü der Seite „QR-Code" klicken (s. Abb. 2.7 rechts). Daraufhin wird unten auf der Seite ein Menü angezeigt. Wenn man den Menüpunkt „QR-Code aus Album wählen" wählt, kann man den vorher erhaltenen und gespeicherten QR-Code im Fotoalbum des Smartphones auswählen. Dieser wird dann automatisch von WeChat eingescannt. Der Kontakt zwischen den zwei Freunden ist somit hergestellt.

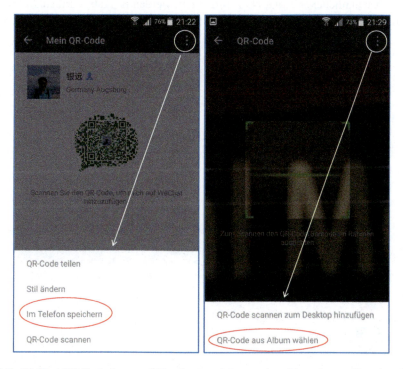

Abb. 2.7 WeChat-QR-Code kann auf Handy gespeichert und an Freunde zur Kontaktaufnahme gesendet werden. (© Tencent 2017)

2.2.3 Freunde-Radar

Über die Suchfunktion „Freund Radar" (vgl. Abb. 2.6) wird nach WeChat-Nutzern gesucht, die sich in der Nähe (innerhalb von 1000 Metern) befinden und gerade auch diese Funktion nutzen. Die gefundenen Personen werden auf dem Handybildschirm (Radarschirm) angezeigt. Durch Klick auf eine Person kann eine Kontaktanfrage an diese gesendet werden.

2.2.4 Personen in der Nähe

Mit der Funktion „Personen in der Nähe" (vgl. Abb. 2.2) können WeChat-Nutzer in der nahen Umgebung, z. B. ein Nachbar, gefunden werden, die ebenfalls WeChat nutzen. Dies ist ein LBS-Service (Location Based Service) von WeChat und erfordert die Frei-gabe der Standortinformationen der Smartphones von allen beteiligten WeChat-Nutzern (s. Abb. 2.8 links).

Die gefundenen Personen werden in einer Liste angezeigt. Es kann gezielt nach weib-lichen oder männlichen WeChat-Nutzern gesucht werden (s. Abb. 2.8 rechts). Man kann den gefundenen Personen einen Gruß senden und dadurch Kontakt mit ihnen herstellen.

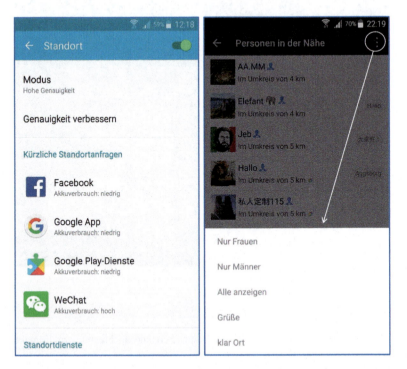

Abb. 2.8 Suche nach WeChat-Freunden mit der Funktion „Personen in der Nähe". Links: Freigabe der Standortinformation. Rechts: „Personen in der Nähe". (© Tencent 2017)

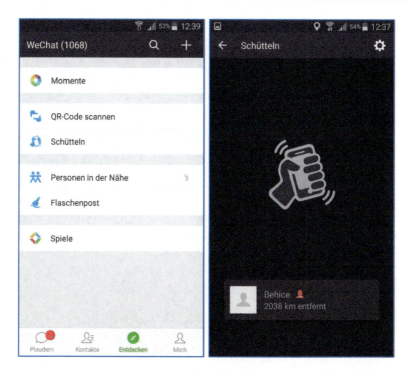

Abb. 2.9   Suche nach WeChat-Nutzern mit der „Schütteln"-Funktion. (© Tencent 2017)

2.2.5   Personensuche durch Schütteln

Mit der Funktion „Schütteln" kann man durch Schütteln seines Smartphones andere WeChat-Nutzer rund um den Globus finden, die gerade ebenfalls ihre Smartphones mit der „Schütteln"-Funktion schütteln (vgl. Abb. 2.9). Man kann der gefundenen Person einen Gruß senden und dadurch mit dieser einen Kontakt herstellen.

2.2.6   Flaschenpost

Jeder WeChat-Nutzer kann eine Nachricht schreiben bzw. eine Sprachnachricht aufnehmen und diese über die Funktion „Flaschenpost" in den virtuellen „Ozean" werfen. Andere WeChat-Nutzer rund um den Globus können diese „Flaschen" sammeln und dem Inhaber der Flasche eine Antwort schicken. Dadurch können sie miteinander Kontakt aufnehmen (vgl. Abb. 2.10).

Diese Funktion können Unternehmen nutzen, um ihre Produkte und Dienstleistungen global zu vermarkten.

Abb. 2.10 Suche nach WeChat-Nutzern mit der „Flaschenpost"-Funktion. (© Tencent 2017)

2.2.7 Empfehlung von WeChat-Freunden

Jeder WeChat-Nutzer kann seinen WeChat-Freunden Kontakte aus der eigenen Kontaktliste empfehlen, indem er einen Kontakt auswählt und ihn über das Menü „Kontakt
teilen" (vgl. Abb. 2.11) einem anderen zuschickt. Dieser erhält eine Nachricht mit dem
jeweiligen Link zu dem Kontakt. Durch einen Klick auf den Link kann eine Kontaktanfrage an die empfohlene Person gesendet werden.

Empfehlungen über WeChat-Freunde schaffen mehr Vertrauen und die auf einer Empfehlung basierende Kontaktanfrage wird meistens bestätigt.

2.3 Chatten

Chatten (auf Deutsch auch „Plaudern" genannt) ist die grundlegende Funktion jedes
Instant-Messaging-Dienstes. Dabei werden Nachrichten in Echtzeit übermittelt. Auf
WeChat kann man unter Freunden in Text, Sprache und Video chatten.

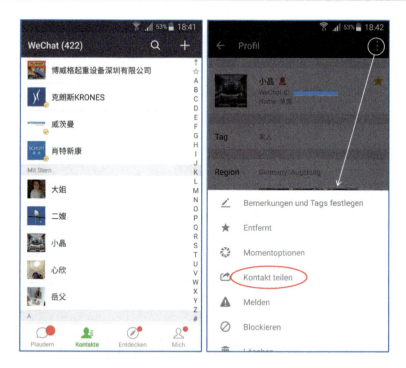

Abb. 2.11 Kontakt-Empfehlung durch WeChat-Freunde. Links: Auswahl eines Freundes aus der Kontaktliste. Rechts: Das Menü „Kontakt teilen". (© Tencent 2017)

Emoji, Smiley, Sticker und mehr
Zur Darstellung von Emotionen bietet WeChat eine Vielzahl von Emoji, Smiley und Sticker (meist animiert, teils kostenpflichtig) (s. Abb. 2.12). Außerdem können beim Chatten Bilder, kurze Videos (Sight) und Standortinformation (Lage) zum Chatpartner gesendet werden (s. Abb. 2.12 links).

Privater Chat
Unterschieden wird zwischen privatem Chat und Gruppenchat. Beim privaten Chat findet der Informationsaustausch zwischen zwei WeChat-Freunden statt. Die Nachrichten werden verschlüsselt gesendet und keine andere Person kann den Dialog der beiden Chatpartner sehen.

Gruppenchat
Beim Gruppenchat kann eine Gruppe von Personen, z. B. Schulfreunde oder Mitglieder eines Projektteams, miteinander plaudern. Die Nachrichten sind für alle Mitglieder der Gruppe sichtbar (vgl. Abb. 2.13). Mit der „@"-Funktion können bestimmte Mitglieder daran erinnert werden, bestimmte Nachrichten zu lesen.

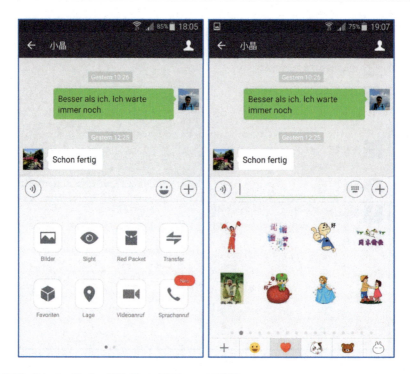

Abb. 2.12 Privater Chat auf WeChat. (© Tencent 2017)

Übersetzungsfunktion

Für internationale WeChat-Nutzer bietet WeChat eine Übersetzungsfunktion. Zum Übersetzen einer eingegangenen Textnachricht wird auf sie gedrückt und solange gehalten,
bis ein Menü erscheint (s. Abb. 2.14 links). Wenn man den Menüpunkt „Übersetzen"
auswählt, wird die Eingangsnachricht in die eingestellte Systemsprache übersetzt. Die
Übersetzung wird unterhalb der ursprünglichen Nachricht angezeigt. Abb. 2.14 (rechts)
zeigt beispielsweise die Übersetzung einer chinesischen Nachricht in die Systemsprache
Deutsch.

2.4   Teilen von Momentaufnahmen

Jeder WeChat-Nutzer hat die Möglichkeit, seine schönen Momente des Tages, z. B.
Fotos oder kurze Videos, auf WeChat mit allen seinen WeChat-Freunden zu teilen. Zum
Teilen einer persönlichen Momentaufnahme mit Freunden im WeChat-Freundeskreis
wählt man den Menüpunkt „Meine Beiträge" unter dem Menü „Mich" aus (s. Abb. 2.15
links). Daraufhin wird die „Meine Beiträge"-Seite geöffnet, wo alle eigenen Beiträge
chronologisch angezeigt werden, wobei die aktuellen Beiträge oben stehen (s. Abb. 2.15
rechts).

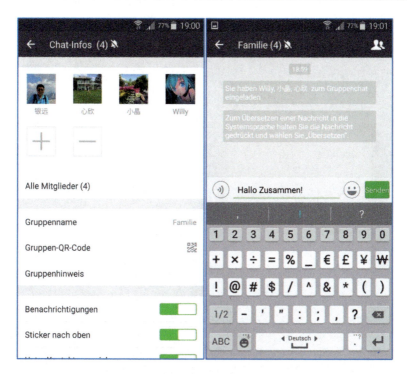

Abb. 2.13 Gruppenchat. Links: Personen zur Gruppe einladen. Rechts: Nachricht an alle Mitgliedern der Gruppe senden. (© Tencent 2017)

Durch einen Klick auf das Kamerasymbol des aktuellen Datums werden die zwei
Optionen „Kamera verwenden" und „Bild wählen" angezeigt. Mit der Option „Kamera
verwenden" kann man ein Foto oder ein kurzes Video aufnehmen und veröffentlichen.
Mit der Option „Bild wählen" kann man ein oder mehrere Fotos, maximal neun, aus dem
Album des Smartphones auswählen und sie veröffentlichen.

Dabei kann ein kurzer Text als Beschreibung oder zur Darstellung der Emotion zu den
Fotos oder Videos geschrieben werden. Wer will, kann auch seinen Standort freigeben.
Man kann auch mit „@" (Nennen) eine Erinnerungsnachricht an einen WeChat-Freund
senden, damit dieser nicht verpasst, sich die Nachricht anzuschauen (s. Abb. 2.16 links).

Außerdem kann auch festgelegt werden, wer diese Nachricht sehen darf. Standardmäßig ist die Option „Öffentlich" ausgewählt worden (s. Abb. 2.16 rechts). Mit dieser
Option dürfen sich alle WeChat-Freunde die Nachricht anschauen. Alternativ kann man
auch festlegen, dass die Veröffentlichung nur „Privat" ist. Das heißt, dass keiner der
WeChat-Kontakte den Beitrag sehen kann.

Die anderen Optionen sind „Liste freigeben" und „Liste nicht freigeben". Mit der
ersten Option kann man die WeChat-Freunde aus der Kontaktliste auswählen, die den
Beitrag sehen dürfen. Mit der zweiten Option kann man die WeChat-Freunde aus der
Kontaktliste auswählen, die den Beitrag nicht sehen dürfen. Sonstige WeChat-Freunde in
der WeChat-Kontaktliste dürfen den Beitrag sehen.

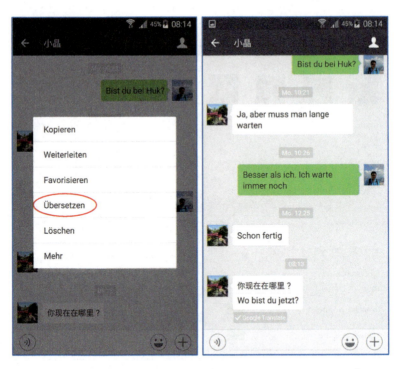

Abb. 2.14 Übersetzungsfunktion von WeChat. Links: das Menü. Rechts: Die Übersetzung von Chinesisch in die Systemsprache Deutsch. (© Tencent 2017)

Eigene Beiträge werden unter „Meine Beiträge" nach Datum gespeichert. Wenn ein Beitrag nicht „Privat" ist, wird er gleichzeitig auch auf der „Momente"-Seite veröffentlicht (vgl. Abb. 2.17). Wenn die Veröffentlichung auf „Öffentlich" eingestellt ist, wird der Beitrag gleichzeitig auch an alle WeChat-Freunde gesendet, der auch auf der „Momente"-Seite (auch „Freundeskreis" genannt, chinesisch „朋友圈") der WeChat-Freunde chronologisch angezeigt wird. Wenn die Einstellung „Liste freigeben" und „Liste nicht freigeben" ist, wird der Beitrag nur an die Freunde gesendet, die die Berechtigung haben.

Damit man auch im Nachhinein noch erkennen kann, ob ein Beitrag „Privat", „Öffentlich", „Liste freigeben" oder „Liste nicht freigeben" ist, wird dieser mit einem Symbol in der „Meine Beiträge"-Seite versehen (s. Abb. 2.15 rechts).

WeChat-Freunde können einem Beitrag ein „Gefällt mir" (das Herz-Symbol) geben oder diesen kommentieren (s. Abb. 2.17 rechts). Diese werden unterhalb des Beitrags angezeigt. Bei jeder Interaktion mit dem Beitrag wird der Autor über eine WeChat-Nachricht informiert. Dadurch weiß man auch, dass die eigenen WeChat-Freunde den Beitrag gelesen haben. Daraus resultierend steigt die Motivation, weitere Beiträge auf „Momente" mit WeChat-Freunden zu teilen. Das ist der eigentliche Sinn des sozialen Netzwerks.

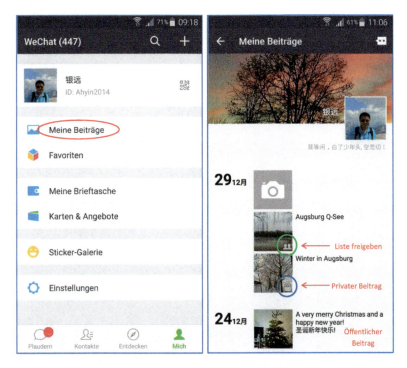

Abb. 2.15 Eigene Beiträge auf WeChat. (© Tencent 2017)

Auch hier hält WeChat die Privatsphäre-Regeln ein. Nur die Personen können die „Gefällt mir"-Aktionen und Kommentare sehen, die sowohl WeChat-Freunde des Autors als auch WeChat-Freunde des „Gefällt-mir"-Gebers bzw. der kommentierenden Person sind.

Häufig werden auf „Momente" Artikel zu aktuellen Themen oder hilfreiche Informationen mit Hyperlinks zu den Originalquellen geteilt. Abb. 2.18 zeigt ein Beispiel, in dem der Artikel „Die erste deutsche Tourismusregion auf WeChat: ‚WeChat'-App bringt chinesische Touristen nach Berchtesgaden" von BGlang24.de auf WeChat „Momente" geteilt wird.

„Momente" ist die am meisten genutzte Funktion von WeChat. Hier teilen die Nutzer Ratschläge, Produktbewertungen, Empfehlungen etc. mit ihren WeChat-Freunden. Auch Unternehmen können diesen Platz nutzen, um ihr Unternehmensimage zu verbessern, ihren Bekanntheitsgrad zu erhöhen und Produktinformationen zu verbreiten.

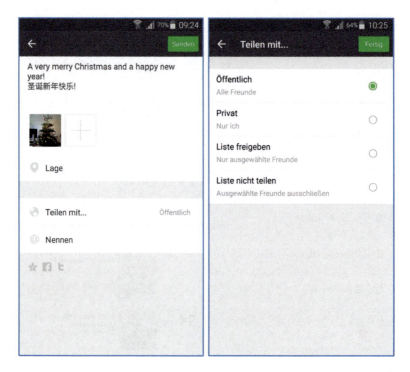

Abb. 2.16 Erstellen eines Beitrages und Festlegen der Teilen-Option auf WeChat. (© Tencent 2017)

2.5   Nutzung von WeChat-Funktionen

Die Nutzung von WeChat-Funktionen ist unterschiedlich. Eine Umfrage von Tencent zufolge (vgl. Tencent 2016) wurde die Funktion „Teilen von Momentaufnahmen" am häufigsten benutzt. 58 % der befragten WeChat-Nutzer nutzten diese täglich (vgl. Abb. 2.19), gefolgt von der Funktion „Senden und Empfangen von Nachrichten (Chatten)" (53,5 %). 39,8 % der befragten WeChat-Nutzer gaben an, dass sie sich täglich auch über die Neuigkeiten von öffentlichen WeChat-Konten informieren.

Viele WeChat-Nutzer nutzten auch die Funktionen „WeChat Rotes Paket" und „Überweisung über WeChat" (insgesamt 33,9 %). Fast der gleiche Anteil nutzte auch den WeChat-Bezahldienst „WeChat Pay" (32,5 %).

Diese Statistik ist für das Unternehmensmarketing sehr wichtig, da man hier die Informationen findet, womit sich die meisten WeChat-Nutzer täglich beschäftigen und welche Interessen sie haben.

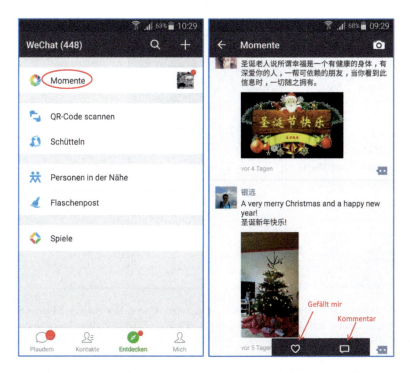

Abb. 2.17 Beiträge können von WeChat-Freunden gelikt und kommentiert werden. (© Tencent 2017)

2.6   WeChat für Windows

WeChat kann auch auf einem Desktop-PC installiert werden. Der Funktionsumfang ist logischerweise auf stationären PCs eingeschränkt. Außerdem unterstützt WeChat für Windows (auch Web WeChat genannt) zurzeit nur Chinesisch und Englisch (Stand November 2016).

Das Programm „WeChat für Windows" muss zuerst heruntergeladen (unter http://wei-xin.qq.com/cgi-bin/readtemplate?t=win_weixin&platform=wx&lang=en) und auf dem PC installiert werden. Die Voraussetzung für die Nutzung von „WeChat für Windows" ist die Installation der WeChat App.

Beim erstmaligen Starten von „WeChat für Windows" wird ein QR-Code angezeigt (s. Abb. 2.20 links). Über die Funktion „QR-Code scannen" von WeChat App kann man diesen Code mit seinem Smartphone scannen. Nach der Bestätigung auf dem Smartphone (s. Abb. 2.20 rechts) hat man sich in „WeChat für Windows" erfolgreich einge-loggt.

Im Vergleich zur WeChat App gibt es bei „WeChat für Windows" auch nützliche ergänzende Funktionen wie „File Transfer", mit der man Dateien zwischen einem Smartphone und einem Desktop-PC austauschen kann. Dabei können alle Arten von Dateien in beiden Richtungen synchronisiert werden. Eine andere nützliche Funktion

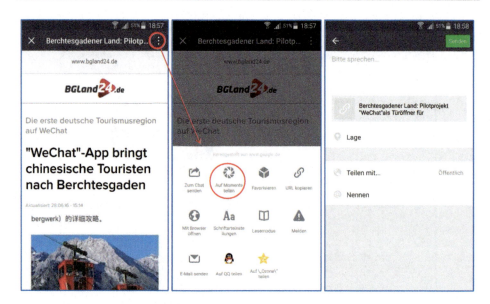

Abb. 2.18 Teilen von Artikeln auf WeChat „Momente". Links: Der Artikel. Mitte: Das Teilen-Menü. Rechts: Teilen auf WeChat „Momente". (Quelle: Petra Sobinger/be-outdoor.de 2016. © Tencent 2017)

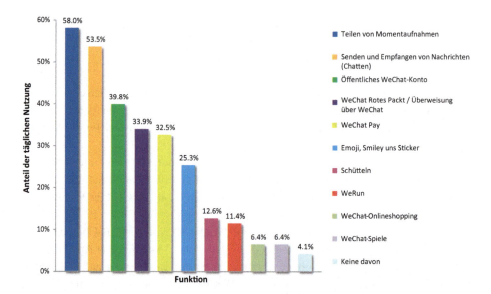

Abb. 2.19 Tägliche Nutzungsrate der WeChat-Funktionen. (Quelle: in Anlehnung an Tencent 2016)

Abb. 2.20 Einloggen in „WeChat für Windows" über die mobile WeChat App. (© Tencent 2017)

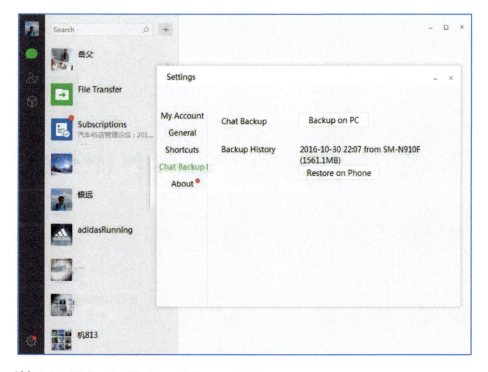

Abb. 2.21 WeChat für Windows. (© Tencent 2017)

von „WeChat für Windows" ist, dass man seinen Chatverlauf sichern und wiederherstellen kann (vgl. Abb. 2.21). Das ist auch nützlich, wenn man ein neues Smartphone hat und der vorherige Chatverlauf auf dieses übertragen werden soll.

Literatur

Sobinger, S. 2016. Die erste deutsche Tourismusregion auf WeChat, „WeChat"-App bringt chi-
    nesische Touristen nach Berchtesgaden. BGLand24.de. https://www.bgland24.de/bgland/
    region-berchtesgaden/berchtesgaden-ort28361/berchtesgaden-pilotprojekt-we-chat-app-bglt-
    erste-tourismusregion-6522332.html. Zugegriffen: 22. Apr. 2017.
Tencent, Hrsg. 2016. „微信"影响力报告. http://tech.qq.com/a/20160321/007049.htm#p=18.
    Zugegriffen: 19. Nov. 2016.

Internetplattformen von WeChat

3

Zusammenfassung

WeChat ist nicht nur ein reiner IM-Dienst. Es bietet Unternehmen und Organisationen auch Internetplattformen an, die sie für verschiedene Marketingaktivitäten nutzen können. In diesem Kapitel werden die verschiedenen Internetplattformen von WeChat und deren Nutzen vorgestellt.

3.1 Einführung

WeChat ist nicht nur ein reiner Instant-Messaging-Dienst, sondern bietet auch unterschiedliche Internetplattformen mit verschiedenen Werkzeugen für mobile Anwendungen. Speziell für Unternehmen und Organisationen sind die wichtigsten Internetplattformen:

- WeChat öffentliche Plattform (chinesisch 微信公众平台)
- Plattform für „WeChat Pay"-Unternehmensnutzer (chinesisch 微信支付商户平台)
- Plattform für WeChat-Werbedienstleister (chinesisch 微信广告服务商平台)
- WeChat Hardware-Plattform (chinesisch 微信硬件平台)
- WeChat offene Plattform (chinesisch 微信开放平台)

Jede Plattform verfügt über verschiedene Funktionen bzw. Berechtigungen für die jeweiligen Marketingtätigkeiten. Um eine Plattform nutzen zu können, muss ein Unternehmen sich als Nutzer bei dieser registrieren. Mit den erteilten Zugangsdaten kann es sich dann

---

Die Verwendung der Abbildungen und Screenshots von WeChat erfolgt mit freundlicher Genehmigung von © Tencent 2017. All Rights Reserved.

© Springer Fachmedien Wiesbaden GmbH 2018
Y. Liu, *Social Media Marketing in China mit WeChat*,
https://doi.org/10.1007/978-3-658-17497-2_3

in die Plattform einloggen und dort Einstellungen vornehmen sowie Rundsendungen für Content Marketing etc. vorbereiten und verschicken. Eine Ausnahme ist die Hardware-Plattform von WeChat. Sie ist zurzeit nur eine Informationsplattform.

3.2   WeChat öffentliche Plattform

WeChat öffentliche Plattform ist eine Internetplattform für WeChat-Nutzer, hauptsächlich für Unternehmen und Organisationen sowie Personen des öffentlichen Lebens, bei welchen eine Kommunikation mit der breiten Öffentlichkeit im Vordergrund steht. Diese WeChat-Nutzer wollen dadurch z. B. ihre Persönlichkeit oder Marken/Brands bekannt machen sowie ihr Image verbessern. Unternehmen können über diese Plattform Marketingkampagnen betreiben und sogar Produkte verkaufen.

WeChat öffentliche Plattform ist seit August 2012 offiziell online. Mit dem Motto „再小的个体,也有自己的品牌", übersetzt auf Deutsch: „Egal, wie klein ein Individuum ist, hat es auch eigene Marke", ist WeChat öffentliche Plattform für jeden WeChat-Nutzer zugänglich und damit eine soziale Medienplattform.

Es gibt zwei Arten von WeChat öffentliche Plattform: Chinesische öffentliche Plattform (chinesisch 微信公众平台) (vgl. Abb. 3.1) und Internationale öffentliche Plattform (englisch WeChat Official Account Admin Platform, vgl. Abb. 3.2). Chinesische WeChat-Nutzer, definiert als jedermann, der sich mit einer chinesischen Handynummer (+86-Nummer) bei WeChat als Nutzer registriert hat, können nicht auf die öffentlichen Konten auf der internationalen öffentlichen Plattform von WeChat zugreifen. Nichtchinesische Nutzer haben hingegen die Möglichkeit, auf die öffentlichen Konten beider Plattformen zuzugreifen (vgl. Tencent 2016). Da WeChat hauptsächlich in China genutzt wird, ist es für ausländische Unternehmen sehr ratsam, WeChat öffentliche Konten auf der chinesischen öffentlichen Plattform von WeChat zu beantragen, da sie schließlich chinesische WeChat-Nutzer erreichen wollen.

3.3   Plattform für „WeChat Pay"-Unternehmensnutzer

Mit bestimmten Voraussetzungen können Unternehmen mit öffentlichen WeChat-Konten bei Tencent zusätzlich die Funktion von „WeChat Pay" (chinesisch 微信支付) beantragen. „WeChat Pay" für Unternehmen bietet einen Online-Bezahldienst an, mit dem Zahlungen für die Geschäftstätigkeiten über WeChat abgewickelt werden können. „WeChat Pay" kann auch als ein wirkungsvolles Marketinginstrument eingesetzt werden.

Für die Nutzung der Funktionen von „WeChat Pay" bietet WeChat eine Plattform für „WeChat Pay"-Unternehmensnutzer (chinesisch 微信支付商户平台) (vgl. Abb. 3.3). Jeder „WeChat Pay"-Unternehmensnutzer erhält von Tencent eine Kontonummer und Zugangsdaten für diese Plattform. Auf dieser Plattform können alle Einstellungen für die Zahlungstätigkeiten durchgeführt werden.

Abb. 3.1   Chinesische WeChat öffentliche Plattform. (Quelle: https://mp.weixin.qq.com; zugegriffen am 06.02.2016)

WeChat und „WeChat Pay" können auch im Ausland genutzt werden. Für das internationale Business bietet WeChat internationalen Kunden eine englische Plattform für die „WeChat Pay"-Unternehmensnutzer außerhalb von Festlandchina (vgl. Abb. 3.4).

Die Funktionsweise von „WeChat Pay" und die Benutzung der beiden Plattformen werden in Kap. 7 beschrieben.

3.4   Plattform für WeChat-Werbedienstleister

Unternehmen können Werbung auf WeChat schalten (vgl. Kap. 9). Für diese Aufgabe, inklusiv der Verwaltung der Werbung, kann ein Unternehmen einen Dienstleister beauftragen, der sich mit WeChat gut auskennt und über Erfahrungen in der digitalen Werbebranche verfügt.

Ein Werbedienstleistungsunternehmen kann bei WeChat ein Konto zur Ausübung des Anzeigedienstes auf WeChat beantragen und Anzeigen auf WeChat für seine Kunden

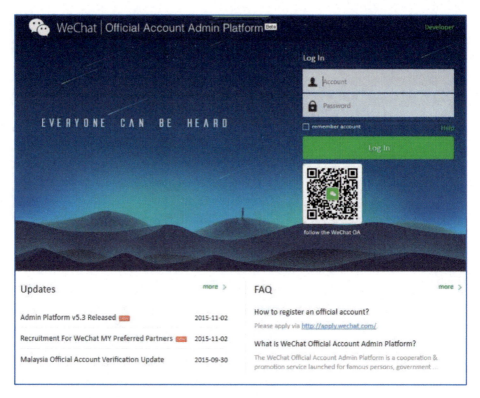

Abb. 3.2 Internationale WeChat öffentliche Plattform. (Quelle: https://admin.wechat.com; zuge-griffen am 06.02.2016)

erstellen und verwalten. Dafür muss das Unternehmen auf der Plattform für WeChat-Werbedienstleister (chinesisch 微信广告服务商平台) (vgl. Abb. 3.5) ein Konto beantra-gen. Auf dieser Plattform kann es dann die Werbetätigkeiten für seine Kunden erledigen.

3.5 WeChat Hardware-Plattform

WeChat Hardware-Plattform ist zurzeit (Stand Februar 2017) eine reine Informations-plattform für die Entwickler von WeChat-fähiger Hardware (vgl. Kap. 11). Die Plattform bietet Hardware-Entwicklern alle Dokumentationen und Beispiele über die WeChat-APIs und deren Anwendungsmöglichkeiten (vgl. Abb. 3.6). Auf dieser Plattform können sich Hardware-Entwickler über die laufenden Neuigkeiten von WeChat-APIs informieren.

Abb. 3.3 Plattform für „WeChat Pay"-Unternehmensnutzer in Festlandchina. (Quelle: https://pay.
weixin.qq.com; zugegriffen am 27.02.2016)

3.6 WeChat offene Plattform

Viele Funktionen können auf der jeweiligen Plattform durch einfache Eingabe von Daten
oder durch Einstellungen von Parametern realisiert werden, z. B. das Kundenmenü auf
dem öffentlichen WeChat-Konto. WeChat bietet darüber hinaus mehr Flexibilität und
Möglichkeiten sowie Funktionen für die Nutzer von öffentlichen Konten an, die Programmierkenntnisse wie JavaScript haben und selbst Anpassungen an das System bzw.
Funktionserweiterungen vornehmen wollen. Hierfür stellt WeChat eine offene Plattform
für Entwickler zur Verfügung (chinesisch 微信开放平台) (vgl. Abb. 3.7). Diese offene
Plattform kann für die folgenden vier Aktivitäten genutzt werden.

3.6.1 Integrieren von WeChat-Funktionen in fremde Apps

Über die offene Programmierschnittstelle von WeChat können WeChat-Funktionen von
„Zum Chat senden", „Auf Momente teilen", „Favorisieren" und „WeChat Pay" in fremden Apps integriert werden. Dadurch können Nutzer der fremden Apps Informationen

Abb. 3.4   Plattform für „WeChat Pay"-Unternehmensnutzer außerhalb von Festlandchina. (Quelle: https://pay.weixin.qq.com/index.php/public/wechatpay; zugegriffen am 26.08.2016)

auf den Seiten der fremden Apps, z. B. Produktinformationen, mit ihren Freunden auf WeChat teilen oder diese Informationen zu den eigenen WeChat-Favoriten zum späteren Lesen hinzufügen.

Anbietende Unternehmen können über ihre Apps die Massennutzer von WeChat erreichen und ihren Bekanntheitsgrad oder Umsatz steigern. Über die Funktion „Favorisieren" bietet eine native App ihren Kunden auch die Möglichkeit, direkt von WeChat aus in die Angebote der App zu gelangen und beispielsweise die gleichen Produkte wieder zu kaufen.

Eine weitere Funktion ist das Integrieren von „WeChat Pay" in fremden Apps. Dadurch können z. B. Onlineshop-Apps die Funktion des WeChat-Bezahldienstes „WeChat Pay" benutzen, um Zahlungen über WeChat abzuwickeln. Die Funktionsweise von „WeChat Pay" wird in Kap. 7 beschrieben.

Abb. 3.5 Plattform für WeChat Werbedienstleister. (Quelle: https://a.weixin.qq.com/#/login-0; zugegriffen am 17.09.2016)

3.6.2 Einloggen über WeChat-Zugangsdaten in eine andere Website

Diese Funktion ermöglicht es WeChat-Nutzern, sich mit ihren WeChat-Zugangsdaten auf einer anderen Website (Desktop- oder Mobilwebsite) einzuloggen, ohne sich vorher bei dieser als Nutzer registrieren zu müssen. Dadurch können die Dienste der Website, z. B. ein Onlineshop, auf einfache Weise genutzt werden. Auf der anderen Seite kann sich ein Nutzer mit seinen WeChat-Zugangsdaten in die verschiedenen Anwendungen eines Anbieters, z. B. ein öffentliches WeChat-Konto und Onlineshop, einloggen. Auf diese Weise können Unternehmen die Kunden identifizieren und ihr Kaufverhalten analysieren. Infolgedessen können sie den Kunden auch gezielt Produkte oder Dienstleistungen anbieten.

WeChat stellt Entwicklern eine Programmierschnittstelle zur Verfügung, mit der der Einloggen-Dienst von WeChat in einer fremden Anwendung integriert werden kann. Diese Funktion von WeChat basiert auf dem OAuth 2.0-Protokoll, das eine standardisierte, sichere API-Autorisierung für Desktop-, Web- und Mobile-Applikationen erlaubt

Abb. 3.6   WeChat Hardware-Plattform. (Quelle: http://iot.weixin.qq.com; zugegriffen am 17.09.2016)

(vgl. Wikipedia 2016). Ein Endnutzer (in unserem Fall WeChat-Nutzer) kann mithilfe dieses Protokolls einer Anwendung, z. B. dem Onlineshop eines Produktanbieters, den Zugriff auf seine Daten (in unserem Fall die Zugangsdaten von WeChat) erlauben (Autorisierung), die von einer anderen Anwendung (in unserem Fall WeChat) verwaltet werden, ohne alle Details seiner Zugangsberechtigung zu dieser Anwendung (Authentifizierungsdaten) preiszugeben.

3.6.3   Funktionserweiterung des öffentlichen WeChat-Kontos

Nutzer der WeChat offenen Plattform können erweitere Funktionen von WeChat in ihre öffentlichen WeChat-Konten durch die API integrieren, z. B. Integrieren von „WeChat Pay" (vgl. Kap. 7) in eigenen WeChat-Onlineshops. Nutzer von verifizierten öffentlichen WeChat-Abonnementkonten (vgl. Kap. 4) sind berechtigt, statt Standardmenüs selbst definierte Kundenmenüs zu erstellen. Nutzer von verifizierten öffentlichen WeChat-Servicekonten können auf alle von WeChat zur Verfügung gestellten erweiterten APIs zugreifen.

Abb. 3.7   WeChat offene Plattform. (Quelle: https://open.weixin.qq.com; zugegriffen am 24.03.2016)

3.6.4   Funktionserweiterung des öffentlichen WeChat-Kontos durch dritte Entwickler

Häufig sind Unternehmen wegen fehlender Programmierkenntnisse wie von JavaScript nicht in der Lage, selbst über API die Funktionalität von WeChat zu erweitern oder die Funktionen von WeChat in eigenen Apps zu integrieren. Auf der anderen Seite wollen viele Unternehmen auch keine speziellen Ressourcen für die Entwicklung bereitstellen, aus welchem Grund auch immer. Stattdessen outsourcen sie diese Aufgabe an einen Dienstleister aus, der das erforderliche Fachwissen und Erfahrungen auf diesem Gebiet besitzt und auch von Tencent dafür qualifiziert ist.

Nicht jedes IT-Unternehmen darf Aufträge für die Anpassung von öffentlichen WeChat-Konten annehmen. Um die Qualität zu gewährleisten, überprüft Tencent sorgfältig die Qualifikation des IT-Unternehmens, das sich auf WeChat offener Plattform registrieren will und dadurch Aufträge von anderen Nutzern der öffentlichen WeChat-Konten zur Erweiterung deren Funktionen annehmen möchte. Die genehmigten IT-Unternehmen haben den Zugriff auf die WeChat-API und die erforderliche Berechtigung für die Entwicklung.

Nutzer von öffentlichen WeChat-Konten können solche IT-Unternehmen damit beauftragen, bestimmte Funktionen für ihre öffentlichen WeChat-Konten durch die WeChat-API zu erweitern oder Einstellungen ihrer öffentlichen Konten für sie vorzunehmen. Dadurch werden die Unternehmen entlastet oder in die Lage versetzt, bestimmte Geschäftstätigkeiten über WeChat überhaupt erst durchführen zu können. Da ein beauftragendes Unternehmen sein Passwort des öffentlichen WeChat-Kontos dem beauftragten IT-Unternehmen gar nicht bekannt zu geben braucht, wird gewährleistet, dass sensible Unternehmensdaten, wie beispielsweise Bankdaten, geheim gehalten werden können.

Literatur

Tencent, Hrsg. 2016. WeChat official account admin platform. Q&A. https://admin.wechat.com/cgi-bin/readtemplate?t=ibg_en/en_faq_tmpl&type=info&lang=en_US. Zugegriffen: 30. Dez. 2016.
Wikipedia, Hrsg. 2016. OAuth. https://de.wikipedia.org/wiki/OAuth. Zugegriffen: 11. Nov. 2016.

Öffentliches WeChat-Konto und Unternehmenskonto

4

Zusammenfassung

In diesem Kapitel werden die wichtigsten Features von WeChat, nämlich das öffentliche WeChat-Konto und das Unternehmenskonto, erläutert. Es gibt zwei Typen von öffentlichem WeChat-Konto (Abonnementkonto und Servicekonto) mit unterschiedlichen Funktionen und Einsatzmöglichkeiten. Die grundlegenden Funktionen des öffentlichen WeChat-Kontos werden in diesem Kapitel beschrieben und am Schluss wird das Unternehmenskonto kurz vorgestellt.

4.1 Was ist öffentliches WeChat-Konto?

Um die Funktionen von WeChat öffentliche Plattform nutzen zu können, muss man vorher auf dieser Plattform mindestens ein sogenanntes öffentliches WeChat-Konto (chinesisch 微信公众平台帐号) beantragen. Das ist überhaupt kein Problem, da jeder WeChat-Nutzer dazu berechtigt ist, neben seinem normalen WeChat-Konto auch ein oder mehrere öffentliche WeChat-Konten zu haben.

Mit den erteilten Zugangsdaten kann man sich dann auf WeChat öffentliche Plattform in sein öffentliches WeChat-Konto einloggen. Dort kann man verschiedene Einstellungen wie Menüs vornehmen und Rundsendungen für Content Marketing veröffentlichen.

Diese Einstellungen erfolgen normalerweise auf einem Desktop-PC und sind auf dem WeChat-Server gespeichert. Die Inhalte werden dann auf den Smartphones der Follower des öffentlichen WeChat-Kontos angezeigt.

Die Verwendung der Abbildungen und Screenshots von WeChat erfolgt mit freundlicher Genehmigung von © Tencent 2017. All Rights Reserved.

© Springer Fachmedien Wiesbaden GmbH 2018
Y. Liu, *Social Media Marketing in China mit WeChat*,
https://doi.org/10.1007/978-3-658-17497-2_4

Ein öffentliches WeChat-Konto hat eine Startseite (s. Abb. 4.1 links). Das ist die Seite, welche erscheint, wenn sich WeChat-Nutzer/Follower erstmals in das öffentliche WeChat-Konto einloggen. Auf dieser Seite befinden sich die Titelseiten aller Rundsendungen (vgl. Abschn. 4.8) sowie die benutzerdefinierten Menüs (vgl. Abschn. 5.4) ganz unten auf der Startseite.

Durch Klick auf das Männchen-Symbol, das sich rechts oben befindet, gelangt man zu der Profilseite des öffentlichen WeChat-Kontos (s. Abb. 4.1 Mitte), wo die wichtigen Informationen über das öffentliche WeChat-Konto angezeigt werden, z. B. Name und WeChat-ID des Kontos, Funktionsbeschreibung (Einführung) sowie das Kennzeichen und Informationen über die Verifizierung des öffentlichen WeChat-Kontos (vgl. Abschn. 4.4).

Dem Finanzbericht von Tencent zufolge wurden bis zum Ende des zweiten Quartals 2016 über 20 Mio. solcher öffentlichen WeChat-Konten registriert (vgl. Tencent 2016a, S. 4). Viele deutsche Unternehmen, wie beispielsweise Adidas, ABB, BMW, Kärcher, Siemens, VW und ZF Friedrichshafen AG, haben auf dieser Plattform öffentliche WeChat-Konten.

Es gibt viele Einflussfaktoren für geschäftlichen Erfolg in China. Die Trends des Social Media Marketing in China rechtzeitig zu erkennen und sie für die eigenen Zwecke zu nutzen, wie chinesische Unternehmen es auch tun, ist einer davon. Der deutsche Automobilzulieferer ZF Friedrichshafen AG ist in dieser Hinsicht vorbildlich. Kein Wunder also, dass das Unternehmen in China erfolgreich ist. 2016 erwirtschaftete ZF

Abb. 4.1 Bestandteile eines öffentlichen WeChat-Kontos auf Smartphone. Beispiel: ZF After-Sales-Service China (WeChat-ID: ZFSERVICES). (© Tencent 2017 und © ZF Friedrichshafen AG 2017)

in China sechs Milliarden Euro. Das entspricht knapp einem Sechstel des gesamten Umsatzes des Unternehmens. Mit der Lokalisierungsstrategie eröffnete das Unternehmen 2017 in Shanghai ein neues Entwicklungszentrum mit einer Gesamtinvestition von 50 Mio. EUR (vgl. B4B 2017).

4.2 Kommunikationsstruktur

Das öffentliche WeChat-Konto ist deshalb „öffentlich", weil eine Kontaktanfrage im Vergleich zum normalen WeChat-Konto nicht erforderlich ist. WeChat-Nutzer können von sich aus ein öffentliches WeChat-Konto abonnieren (ihm „folgen") und somit „Follower" des öffentlichen WeChat-Kontos werden. Das ist logisch, weil ein öffentliches WeChat-Konto normalerweise von einer Person des öffentlichen Lebens, einem Unternehmen oder einer Organisation betrieben wird und mehrere Tausend oder sogar Millionen von Followern hat. Eine Bestätigung für jede Kontaktanfrage wäre einfach ineffizient.

Selbstverständlich hat der Administrator eines öffentlichen WeChat-Kontos volle Kontrolle über sein öffentliches Konto. So kann er jemanden aus dem Konto entfernen oder auch die Berechtigung einschränken.

Die Kommunikation zwischen einem öffentlichen WeChat-Konto (einem Unternehmen) und einem normalen WeChat-Konto (einem WeChat-Nutzer) erfolgt standardmäßig über Rundsendungen (vgl. Abschn. 4.8), die auf der Startseite jedes öffentlichen WeChat-Kontos erscheinen. Diese Art der Rundsendung ist ähnlich wie das Teilen von Beiträgen jedes normalen WeChat-Nutzers auf seinen „Momente".

Obwohl ein öffentliches WeChat-Konto in den Kontaktlisten der Follower gespeichert ist (vgl. Abb. 4.4), kann dies nicht wie ein normaler WeChat-Nutzer behandelt werden. Follower eines öffentlichen WeChat-Kontos können zwar Nachrichten/Rundsendungen von diesem empfangen, jedoch keine Beiträge über die „Momente" mit dem öffentlichen WeChat-Konto teilen. Das ist auch logisch, denn sonst würde das öffentliche WeChat-Konto jeden Tag Millionen von Nachrichten von seinen Followern erhalten.

Das heißt, dass die Kommunikation eines Unternehmens mit seinen Followern meistens in der Art und Weise von „One to Many" stattfindet. Diese Art der Kommunikation erinnert an die Microblogging-Dienste wie Twitter. Nur „Many" beschränkt sich vergleichsweise auf die Follower des öffentlichen WeChat-Kontos. Bei Twitter kann hingegen eine Nachricht theoretisch jedes Mitglied erreichen.

Selbstverständlich kann ein Dialog zwischen einem normalen WeChat-Nutzer und einem öffentlichen WeChat-Konto wie gewohnt stattfinden. Follower eines öffentlichen WeChat-Kontos können auf der Startseite des öffentlichen WeChat-Kontos Nachrichten an das Konto senden (s. Abb. 4.1 rechts), von dem aus auch normale private Nachrichten als Antworten an die WeChat-Nutzer zurückgeschrieben werden können.

Das heißt, dass die Kommunikation hier in der Art „One to One" stattfindet. Das liegt daran, dass WeChat im Grunde genommen ein Instant-Messaging-Dienst ist und die Kommunikation zwischen WeChat-Mitgliedern, egal ob private Nutzer oder

Unternehmensnutzer, privat ist. Keine anderen Personen können den Inhalt eines Dialoges zwischen einem normalen WeChat-Nutzer und einem WeChat-Unternehmensnutzer sehen oder hören.

Auch WeChat-Nutzer, die keine Follower eines öffentlichen WeChat-Kontos sind, können dessen Rundsendungen öffnen und lesen. Nur bekommen solche WeChat-Nutzer keine Rundsendungen von diesem Konto. Die Rundsendungen muss man selbst auf WeChat suchen oder sie müssen beispielsweise von WeChat-Freunden empfohlen werden.

4.3   Typen des öffentlichen WeChat-Kontos

WeChat bietet seinen Nutzern zwei Typen von öffentlichem WeChat-Konto an: **Abonnementkonto** und **Servicekonto.** Jedes Unternehmen kann mehrere unterschiedliche öffentliche WeChat-Konten beantragen. Die Registrierung und der Betrieb von öffentlichen WeChat-Konten sind völlig kostenfrei.

Jeder Typ des öffentlichen WeChat-Kontos hat unterschiedliche Funktionen bzw. Einschränkungen. Unternehmen müssen sich vor der Registrierung entscheiden, welchen Kontotyp sie für die eigenen Marketingtätigkeiten auswählen, denn eine nachträgliche Änderung des Kontotyps ist entweder nicht mehr möglich oder mit sehr viel Aufwand verbunden.

Abonnementkonto
Abonnementkonto (chinesisch 订阅号) oder auf Englisch **„Subscription Account"** ist hauptsächlich für Medienunternehmen und Personen des öffentlichen Lebens gedacht, die ihre öffentlichen WeChat-Konten hauptsächlich dazu nutzen, um Informationen zu verbreiten und dadurch beispielsweise ihren Bekanntheitsgrad zu erhöhen. Das Ziel ist die Erhöhung der Anzahl der Follower. So kann ein Abonnementkonto beispielsweise jeden Tag eine Rundsendung von Nachrichten an alle Follower oder einen Teil der ausgewählten Follower verschicken. Im Vergleich zum Servicekonto kann man mit diesem Konto den Followern/Kunden keinen Service wie den WeChat-Bezahldienst oder den WeChat-Onlineshop anbieten. Für Privatpersonen steht nur das Abonnementkonto zur Verfügung.

Servicekonto
Das Servicekonto (chinesisch 服务号) oder auf Englisch **„Service Account"** eignet sich für Unternehmen und Organisationen, die ihren vorhandenen Kunden/Followern einen bestmöglichen Service anbieten wollen. So stellt das WeChat-Servicekonto den Nutzern u. a. die Funktionen vom WeChat-Bezahldienst und außerdem vom WeChat-Onlineshop zur Verfügung. Wenn Unternehmen beispielsweise über WeChat ihre Produkte verkaufen wollen, sollten sie diesen Typ des öffentlichen WeChat-Kontos auswählen. Einschränkungen für das Servicekonto sind beispielsweise die Anzahl der Rundsendungen, denn es dürfen maximal nur vier Rundsendungen im Monat ausgegeben werden. Daher ist

das Servicekonto nicht für die Verbreitung von Informationen geeignet, sondern eher für Kundenservice und Vertrieb.

4.4 Verifiziertes öffentliches WeChat-Konto

Sowohl Abonnementkonten als auch Servicekonten eines Unternehmens oder einer Organisation können sich durch Tencent verifizieren lassen. Persönliche öffentliche WeChat-Konten haben seit 26. August 2014 diese Möglichkeit nicht mehr. Ein von Tencent verifiziertes öffentliches WeChat-Konto scheint für WeChat-Nutzer authentisch und schafft Vertrauen für Kunden.

Das Unternehmen Tencent gibt die Aufträge der Verifizierung an Dienstleistungsunternehmen weiter. Diese überprüfen anhand von Personalausweis und aktuellem Foto die Echtheit der beantragenden Person. Unternehmen müssen den Prüfstellen zudem ihre Betriebserlaubnis vorlegen.

Verifizierte öffentliche WeChat-Konten haben auf der Profilseite eine zusätzliche Zeile namens „Kontotyp", die mit einem Haken versehen ist (s. Abb. 4.1 Mitte). Dadurch signalisieren sie Authentizität und Sicherheit der Konten und dienen ebenfalls als Vertrauensbasis für die Follower.

Durch Klick auf die Zeile „Kontotyp" wird die Seite mit den Informationen der Verifizierung über das Unternehmen geöffnet. Die Informationen beinhalten Bemerkungen zur Verifizierung, den vollständigen Namen des Unternehmens und die von der chinesischen Industrie- und Handelskammer erteilte Registernummer der Betriebserlaubnis. Außerdem sind Informationen über den Bereich der Geschäftstätigkeiten, die rechtliche Form des Unternehmens (GmbH, AG), das Gründungsdatum, die Gültigkeit der Betriebserlaubnis, das Datum der Verifizierung und die Anleitung zur Lösung von rechtlichen Problemen und Auseinandersetzungen wie Copyright, Markenrechte oder Verstoß gegen die Persönlichkeitsrechte vorhanden (vgl. Abb. 4.2).

Tencent motiviert öffentliche WeChat-Konten, sich verifizieren zu lassen, indem es mehr Funktionen zur Verfügung stellt. So kann ein verifiziertes öffentliches WeChat-Abonnementskonto beispielsweise ein spezifisches Kundenmenü haben. Ein verifiziertes Servicekonto kann darüber hinaus die Funktionen wie WeChat-Bezahldienst „WeChat Pay" und WeChat-Onlineshop nutzen. Wenn ein Unternehmen auf WeChat Waren verkaufen will, ist es unbedingt erforderlich, das öffentliche WeChat-Konto durch Tencent verifizieren zu lassen.

Die Gültigkeit der Verifizierung beträgt ein Jahr. Jedes Jahr müssen verifizierte Unternehmen erneut einen Antrag auf Verifizierung bei Tencent stellen. Sonst verlieren sie den Status des verifizierten öffentlichen WeChat-Kontos. Die Verifizierung ist zwar nicht kostenfrei, sie kostet nur einmal 300 Yuan (ca. 40 EUR). Der konkrete Prozess der Beantragung der Verifizierung wird in Abschn. 5.2 detailliert beschrieben.

Ein durch Tencent verifiziertes Abonnementkonto kann man einmalig kostenlos zu einem Servicekonto upgraden. Umgekehrt geht es leider nicht.

Abb. 4.2 Verifiziertes öffentliches WeChat-Konto. Informationen über die Verifizierung eines Unternehmens sind für jeden WeChat-Nutzer sichtbar. Beispiel: ZF After-Sales-Service China. WeChat-ID: ZFSERVICES. (© Tencent 2017 und © ZF Friedrichshafen AG 2017)

4.5   Wo findet man öffentliche WeChat-Konten?

Im Grunde genommen ist ein öffentliches WeChat-Konto das gleiche wie ein normales privates WeChat-Konto mit einer WeChat-ID und einem WeChat-Namen. Wenn man die WeChat-ID eines öffentlichen WeChat-Kontos im Suchfeld von WeChat „Offizielle Konten"[1] eingibt, findet man das öffentliche WeChat-Konto, das man abonnieren (ihm „folgen") kann.

Die WeChat-ID des öffentlichen WeChat-Kontos von ZF After-Sales-Service China heißt beispielsweise „ZFSERVICES". Es hat einen chinesischen WeChat-Namen „采埃孚销售服务". Wie die Abb. 4.3 zeigt, erhält man bei der Suche mit der WeChat-ID „ZFSERVICES" nur ein Ergebnis (s. Abb. 4.3 links), da eine WeChat-ID einzigartig ist. Wenn man aber nach dem Namen des öffentlichen WeChat-Kontos „采埃孚销售服务" sucht, findet man möglicherweise viele Ergebnisse (s. Abb. 4.3 rechts), da ein WeChat-Name nicht zwangsläufig einzigartig sein muss.

---

[1]In der deutschen Version von WeChat lautet die Übersetzung für ein öffentliches WeChat-Konto „Offizielles Konto". Es ist aber eine ungenaue Übersetzung.

Abb. 4.3 Suche nach öffentlichen WeChat-Konten am Beispiel von ZF After-Sales-Service China. Links: Suche mit WeChat-ID. Rechts: Suche mit WeChat-Name. (© Tencent 2017 und © ZF Friedrichshafen AG 2017)

Normalerweise muss ein Unternehmen sein öffentliches WeChat-Konto zuerst bekannt machen, z. B. über Content Marketing oder über Marketingkampagnen. Die konkrete Vorgehensweise wird in Kap. 6 beschrieben.

Alle abonnierten öffentlichen WeChat-Konten sind in der Kontaktliste unter der Gruppe „Offizielle Konten" gespeichert. Wenn ein öffentliches WeChat-Konto seinen Followern private Nachrichten bzw. Rundsendungen sendet, wird das Menü „Plaudern" rechts oben mit einem roten Kreis versehen. Dies signalisiert, dass es neue ungelesene Nachrichten gibt (vgl. Abb. 4.4).

Die Platzierung und die Art der Signalisierung sind für Abonnementkonten und Servicekonten jedoch unterschiedlich. Wenn Nachrichten von einem Servicekonto ankommen, wird ein roter Kreis mit der Anzahl der Nachrichten neben dem Namen des Kontos unter dem Menü „Plaudern" der ersten Ebene angezeigt (s. Abb. 4.5 links). Außerdem gibt es einen Signalton, sofern dieser eingeschaltet ist. Wenn Nachrichten von einem Abonnementkonto ankommen, wird hingegen nur ein roter Kreis neben dem Sammelordner „Abonnementkonten" unter dem Menü „Plaudern" der ersten Ebene angezeigt (s. Abb. 4.5 links oben). Man weiß also auf den ersten Blick nicht, von welchen öffentlichen WeChat-Konten die Nachrichten stammen. Es gibt auch keinen Signalton.

Abb. 4.4 Gruppe der
öffentlichen WeChat-Konten
(„Offizielle Konten") unter
dem Menü „Kontakte".
(© Tencent 2017)

Durch einen Klick auf den Sammelordner „Abonnementkonten" muss man diesen zuerst
auf der zweiten Ebene öffnen und sich dann die einzelnen Konten ansehen (s. Abb. 4.5
rechts).

4.6   Wofür nutzen Unternehmen das öffentliche WeChat-Konto?

Unternehmen können mit einem öffentlichen WeChat-Konto viele Marketingtätigkeiten erledigen. Einer Umfrage von Tencent zufolge nutzen die meisten Unternehmen ihr
öffentliches WeChat-Konto zur Verbreitung von Informationen, Nachrichten und Unter-
nehmensneuigkeiten (84,7 %) (vgl. Abb. 4.6). 64,1 % der Unternehmen nutzen das
öffentliche WeChat-Konto als ein Online-Marketingtool für Marketingkampagnen und
Produktwerbungen, 45,8 % als eine Dialogplattform mit Kunden, auf der sie Kunden bei
Problemlösungen behilflich sind. Das öffentliche WeChat-Konto wird bereits von 21 %
der Unternehmen auch für die Kundenberatung vor dem Kauf eines Produkts genutzt.

Über das öffentliche Konto können Unternehmen auch auf einfache Weise einen
WeChat-Onlineshop einrichten und Kunden dort Produkte oder Dienstleistungen anbie-
ten. Deswegen nutzen 18,2 % der Unternehmen das öffentliche Konto als E-Commerce-
Plattform.

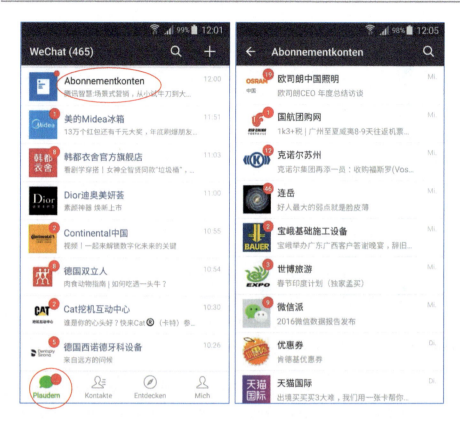

Abb. 4.5 Platzierung und Art der Signalisierung der angekommenen Nachrichten von öffentlichen WeChat-Konten. (© Tencent 2017)

Da WeChat in China so populär ist und fast jeder chinesische Internetnutzer ein WeChat-Konto hat, sind Kunden eines Unternehmens meistens auch Follower des entsprechenden öffentlichen Kontos, was Unternehmen die Möglichkeit bietet, das öffentliche Konto auch zur Verwaltung von Kundendaten (17,1 %) zu verwenden.

Ein anderer sinnvoller Anwendungsaspekt ist der After-Sales-Service (12,4 %), der viele Vorteile bietet. Zum einen ist dieser schnell und unkompliziert und zum andern fühlen sich die Kunden individuell angesprochen, was Kundennähe schafft und Kostenvorteile bietet. Mit Kunden chatten heißt Kunden binden (vgl. Liu 2016a).

Ein anderer sehr nützlicher Vorteil des öffentlichen Kontos für Unternehmen ist die Möglichkeit, mit WeChat auf einfache Weise eine Big-Data-Analyse durchführen zu können, um Herkunft der Nutzer/Follower, Demografie und das Kaufverhalten genauer zu untersuchen. Solche Daten können dann wiederum für Marketingzwecke verwendet werden. 12,2 % der befragten Unternehmen haben das öffentliche WeChat-Konto zu diesem Zweck eingesetzt.

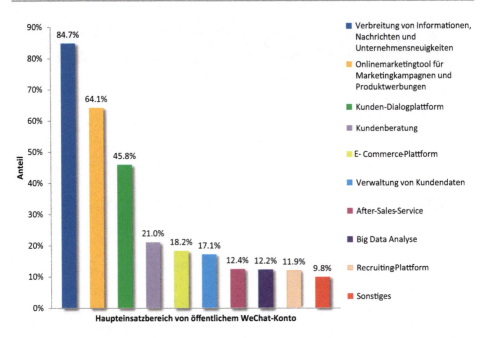

Abb. 4.6 Haupteinsatzbereich von öffentlichem WeChat-Konto. (Quelle: in Anlehnung an Tencent 2016b)

Das öffentliche WeChat-Konto kann auch als Recruiting-Plattform zum Einsatz kommen (11,9 %), da die meisten Follower eines öffentlichen WeChat-Kontos auch großes Interesse an dem Unternehmen zeigen. Entweder kann diese Funktion in einem Menüpunkt eines öffentlichen WeChat-Kontos untergebracht werden oder wird sie komplett mit einem öffentlichen WeChat-Konto realisiert (vgl. Abschn. 12.5).

4.7   Verwaltung des öffentlichen WeChat-Kontos

Öffentliche WeChat-Konten eines Unternehmens können grundsätzlich auf zwei Arten verwaltet werden. Man kann die Konten auf WeChat öffentliche Plattform, dem WeChat-Server, durch verschiedene Einstellungen und die Eingabe von Parametern sowie das Hochladen von Material konfigurieren und verwalten (s. Abb. 4.7 links). Alternativ können die öffentlichen WeChat-Konten eines Unternehmens aber auch über einen eigenen IT-Server oder über den Server eines Drittanbieters verwaltet werden. Die Kommunikation zwischen dem Fremdserver und dem WeChat-Server erfolgt über die Nachrichten-API von WeChat (s. Abb. 4.7 rechts). WeChat-Nutzer kommunizieren mit dem öffentlichen WeChat-Konto über den WeChat-Server, welcher die Nachrichten an den Fremdserver weiterleitet und vice versa.

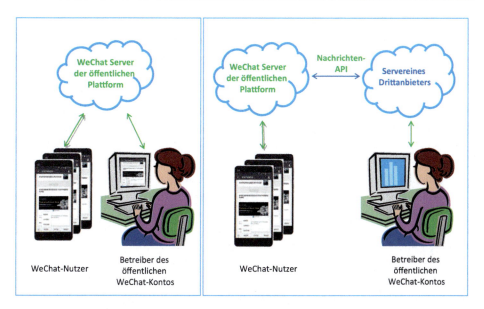

Abb. 4.7   Verwaltungsarten des öffentlichen WeChat-Kontos

4.8   Grundlegende Funktionen des öffentlichen WeChat-Kontos

Je nach Typ des ausgewählten öffentlichen WeChat-Kontos stehen unterschiedliche Funktionen zur Verfügung. In der Literatur Liu (2016b, S. 105–110) und der Funktionsbeschreibung der öffentlichen WeChat-Konten (vgl. Tencent 2016c) sind die kompletten Funktionen und die Berechtigung des jeweiligen Kontotyps beschrieben.

Rundsendung von Nachrichten
Mit der Funktion „Rundsendung" (chinesisch 群发消息) kann ein öffentliches WeChat-Konto Nachrichten gleichzeitig an alle seine Follower oder einen Teil der Follower nach den Auswahlkriterien Geschlecht, Ländern/Regionen oder Kundengruppe gefiltert, senden. Der Inhalt einer Rundsendung kann in Form einer reinen Textnachricht, Sprachnachricht, nur als Bild/Foto, einem Video oder einer Kombination aus einer Textnachricht und einem Bild/Foto oder auch aus mehreren Textnachrichten und mehreren Bildern/Fotos bestehen. Nachrichten lassen sich auch vorab vorbereitet in die Content-Management-Datenbank des öffentlichen WeChat-Kontos hochladen und können bei Bedarf abgerufen werden. Mit dem Abonnementkonto kann der Administrator des Kontos jeden Tag eine solche Rundsendung aussenden, dagegen sind bei einem Servicekonto nur vier Rundsendungen pro Monat erlaubt. Da die Nachrichten eines Servicekontos auf der ersten Ebene von WeChat in der Plaudern-Liste der Follower erscheinen (vgl. Abb. 4.5), sind diese im Vergleich zu den Nachrichten des Abonnementkontos höchstmöglich platziert, damit sie auch tatsächlich von den Followern gelesen werden.

Automatische Willkommensnachricht an neue Follower

Auf WeChat öffentlicher Plattform kann der Administrator eines öffentlichen WeChat-Kontos sein Konto so einstellen, dass neue Follower nach dem Abonnieren (Folgen) automatisch eine Willkommensnachricht erhalten.

Die Nachricht kann Text, Fotos, Sprachnachrichten oder Videos enthalten. Gewöhnlich wird in dieser Nachricht die Anweisung über die automatischen Antworten von Schlüsselwortanfragen gegeben. Wenn man beispielsweise dem öffentlichen WeChat-Konto des deutschen Unternehmens Kärcher (WeChat-ID: Karcher_China) folgt, erhält man eine Willkommensnachricht mit der Anweisung, wichtige Informationen über das Unternehmen, Tochtergesellschaften und Dienstleistungen abzurufen: Durch Eintippen der Nummer „1" können WeChat-Nutzer beispielsweise Informationen über das Unternehmen erhalten. Weitere automatische Schlüsselwortreaktionen sind: „2" – Informationen über die Abteilung der Branchenentwicklung; „3" – Informationen über die Tochtergesellschaften in China; „4" – After-Sales-Service.

Automatische Antwort auf Schlüsselwortanfragen

Wie zuvor erläutert wurde, können Follower durch Eintippen eines vom Administrator eines öffentlichen WeChat-Kontos vorgesehenen Schlüsselworts entsprechende Informationen erhalten. Selbstverständlich können solche Informationen auch in den Menüs des öffentlichen Kontos (s. Kap. 5) untergebracht werden. Aber für neue Follower, die sich mit den Menüs noch nicht genügend auskennen, ist es sinnvoll, ihnen zuerst über die Schlüsselwortanfragen allererste Informationen über das öffentliche Kontos anzubieten.

Automatische Nachricht bei Follower-Fragen

Wenn ein Follower eine Nachricht an ein öffentliches Konto sendet, für die kein passendes Schlüsselwort gefunden wird, wird diese, beispielsweise aus einem Satz bestehende, automatische Nachricht an den Follower gesendet (natürlich in Chinesisch):

Beispiel

„Wir sind zurzeit leider nicht erreichbar. Wir werden Ihre Fragen aber so schnell wie möglich beantworten. Vorläufig können Sie sich die Fragen unter dem Menü ‚FAQ‘, das sich unten auf diesem öffentlichen WeChat-Konto befindet, ansehen. Vielleicht finden Sie die Antwort auf Ihre Frage."

Durch eine automatische Nachricht wird Kundennähe geschaffen, allerdings nur, wenn das Unternehmen sich auch tatsächlich bemüht, Follower-Fragen schnellstmöglich zu beantworten.

Nachrichten-Management

Die letzten Nachrichten von Followern an ein öffentliches Konto können von dessen Administrator gesehen und direkt beantwortet werden. Nachrichten, die älter als fünf

Tage sind, werden standardmäßig automatisch gelöscht. Wichtige oder wertvolle Nachrichten können mit einem Sternchen markiert und dadurch dauerhaft aufbewahrt werden.

Content-Management

Bild-, Sprach-, Videodateien und Bild-/Text-Nachrichten können vorab erstellt und auf
den WeChat-Server hochgeladen werden, damit sie für Rundsendungen als Vorlagen
schnell abgerufen und geändert werden können. Unternehmen können diese Funktion
effizient nutzen, indem sie zu veröffentlichende Inhalte zu einer Art Content-Datenbank
mit Branchen- und Fachwissen aufbauen. Eine solche Content-Datenbank kann von
internationalen Experten des Unternehmens gepflegt werden. Sie stellt Social-Media-
Managern des Unternehmens sozusagen Expertenwissen zur Verfügung.

Follower-Management

Über diese Funktion können Grundprofildaten der Follower angesehen (sofern diese von
Followern freigegeben sind) werden. Follower können zu Marketingzwecken gruppiert
oder Alias zugewiesen werden. Unerwünschte Follower können in eine Schwarzliste ver-
schoben (blockiert) werden. Wichtige Follower können dagegen mit einem Sternchen
zum schnelleren Auffinden markiert werden.

4.9 Analysefunktionen des öffentlichen WeChat-Kontos

Mit diesen Funktionen des öffentlichen Kontos kann eine detaillierte Analyse der Nutzung des öffentlichen WeChat-Kontos durchgeführt werden (vgl. Abb. 4.8). Folgende
Analysen sind möglich:

Follower-Analyse (chinesisch 用户分析)
Dabei wird analysiert, wie viele neue Follower in einem Zeitraum von 30 Tagen hin-
zugekommen sind und wie viele Follower in diesem Zeitraum dem öffentlichen Konto
nicht mehr folgten („Folgen deaktivieren"). Auch die Eigenschaften der Follower können
analysiert werden: Anzahl der Follower nach Geschlecht, Sprache, geografischer Vertei-
lung (Provinz, Stadt), benutzte mobile Betriebssysteme wie Android oder iOS und Typen
der sonstigen genutzten Geräte wie iPad.

Analyse der Reichweite von Rundsendungen (chinesisch 图文分析)
Für die ersten sieben Tage nach der Veröffentlichung kann die Reichweite einer einzelnen Rundsendung/Nachricht analysiert werden. Dabei wird angezeigt, wie viele Nutzer
diese Rundsendung gesehen, wie viele davon die Rundsendung auch gelesen sowie wie
viele Nutzer diese Rundsendung mit ihren Freunden geteilt haben. Auch die Quellen
der Leser können analysiert werden, also woher Leser den Zugang zu der Rundsendung
haben. Quellen können sein: Direkte Rundsendung des öffentlichen WeChat-Kontos,
Dialoge mit dem öffentlichen WeChat-Konto und WeChat-„Momente" (Freundeskreis).

Abb. 4.8 Analysefunktionen des öffentlichen WeChat-Kontos. (© Tencent 2017)

Hintergrundwissen

Ohne Bekanntmachung durch die Follower kann die WeChat-ID nicht ermittelt werden. Die WeChat-ID ist das private Eigentum des WeChat-Nutzers. Darüber hinaus
gibt es die sogenannte OpenID. Jeder WeChat-Nutzer, der eine Interaktion mit einem
öffentlichen WeChat-Konto hatte, z. B. diesem folgt oder eine Nachricht an dieses
sendet, wird von diesem Konto registriert. Das öffentliche WeChat-Konto kann dabei
die OpenID des WeChat-Nutzers erhalten (vgl. Tencent 2016d).

Eine OpenID ist eine verschlüsselte Form der WeChat-ID. Diese OpenID gilt
jedoch nur für das öffentliche WeChat-Konto, dem man folgt. Wenn der gleiche
WeChat-Nutzer einem anderen öffentlichen WeChat-Konto folgt, hat er eine andere
OpenID, die innerhalb dieses öffentlichen Kontos einmalig ist.

OpenID ist für die Marketingzwecke eines Unternehmens sehr bedeutsam, da die
Basisdaten der Follower (s. Tab. 4.1) über die WeChat-API durch den Parameter „OpenID" abgefragt, analysiert und bewertet werden können, sofern diese von Followern
freigegeben sind.

Wenn ein Unternehmen mehrere öffentliche WeChat-Konten, mobile Anwendungen und Websites hat und einzelne WeChat-Nutzer identifizieren möchte, müssen alle
öffentlichen WeChat-Konten und mobilen Anwendungen des Unternehmens auf der
offenen WeChat-Plattform (vgl. Abb. 3.7) registriert werden. Ein WeChat-Nutzer hat

Tab. 4.1 Abfrage der Basisdaten von Followern über WeChat-API mit dem Parameter „OpenID". (Quelle: in Anlehnung an Tencent 2016d)

Subscribe	Kennzeichet, ob der WeChat-Nutzer Follower des öffentlichen WeChat-Kontos ist. subscribe = 0 bedeutet, dass er kein Follower des öffentlichen WeChat-Kontos ist. In diesem Fall können keine weiteren Daten über den WeChat-Nutzer abgefragt werden
Openid	Eindeutige Identifizierung des WeChat-Nutzers innerhalb des öffentlichen WeChat-Kontos
Nickname	Name des WeChat-Nutzers (Vollständiger Name)
Sex	Geschlecht: sex = 1 männlich, sex = 2 weiblich, sex = 0 keine Angabe
City	Stadt, Standortangabe des WeChat-Nutzers
Country	Land, Standortangabe des WeChat-Nutzers
Province	Provinz, Standortangabe des WeChat-Nutzers
Language	Sprache des WeChat-Nutzers.
Headimgurl	URL (Uniform Resource Locator) des Profilfotos des WeChat-Nutzers. Kein Wert, wenn es kein Profilfoto gibt
Subscribe_time	Datum, wo der WeChat-Nutzer dem öffentlichen WeChat-Konto folgte
Unionid	Eindeutige Identifizierung des WeChat-Nutzers bei verschiedenen öffentlichen WeChat-Konten, mobilen Anwendungen und Websites des Unternehmens, wenn die Quellen bei WeChat offener Plattform registriert worden sind
Remark	Bemerkung zu dem WeChat-Nutzer. Der Administrator des öffentlichen WeChat-Kontos kann Bemerkungen zu seinen Followern schreiben und speichern
Groupid	ID der Gruppe des WeChat-Nutzers, wenn er auf dem öffentlichen WeChat-Konto gruppiert worden ist

eine einzige UnionID auf allen registrierten öffentlichen WeChat-Konten und Anwendungen sowie Websites des Unternehmens, sodass das Unternehmen an verschiedenen Stellen einen identischen WeChat-Nutzer identifizieren und beispielsweise sein Kaufverhalten analysieren kann.

Analyse der Menü-Nutzung (chinesisch 菜单分析)
Für die Analyse kann ein einzelnes Menü oder alle ausgewählt werden. Dabei werden die folgenden Daten für einen festgelegten Zeitraum analysiert: Anzahl der Klicks, Anzahl der WeChat-Nutzer, die die Menüs geklickt haben und die durchschnittliche Anzahl der Klicks pro WeChat-Nutzer.

Analyse der ankommenden Nachrichten (chinesisch消息分析)
Dabei wird eine Statistik über die Nachrichten von Followern erstellt: Anzahl der Nachrichtensender, Anzahl der Nachrichten und durchschnittliche Anzahl der Nachrichten pro WeChat-Nutzer.

Analyse der API-Nutzung (chinesisch接口分析)
Es werden die Abrufe der WeChat-API für einen bestimmten Zeitraum analysiert: Anzahl der Abrufe, Fehlrufrate, durchschnittlicher Zeitgebrauch (in Millisekunde) und der maximale Zeitgebrauch (in Millisekunde).

Analyse der offiziellen WeChat-Website (chinesisch网页分析)
Die offizielle WeChat-Website wird in Kap. 10 erläutert. Die Nutzung einer solchen Website kann hier analysiert werden: Besuchsvolumen der Website und die Abrufe der JSSDK-Funktionen wie onMenuShareQQ, onMenuShareWeibo, startRecord etc.

▶ **API-Schnittstelle für Entwickler** WeChat bietet öffentlichen WeChat-Konten API-Schnittstellen an, mit denen die Funktionalität von WeChat kundenspezifisch erweitert oder die Funktionen von WeChat in fremden Anwendungen integriert werden können (vgl. Abschn. 3.6). So können beispielsweise Nachrichten von WeChat-Followern auf einem eigenen Server empfangen werden.

4.10   Unternehmenskonto

Das Unternehmenskonto (chinesisch 微信企业号) oder auf Englisch „Enterprise Account" ist hauptsächlich für die unternehmensinterne Kommunikation in Verbindung mit WeChat gedacht. Im eigentlichen Sinne handelt es sich dabei nicht um ein öffentliches Konto. Um einem Unternehmenskonto zu folgen, muss man vorher über den Administrator des Unternehmenskontos den Zugang verifizieren lassen. In der Regel ist man ein Mitarbeiter des Unternehmens oder ein Berechtigter, z. B. jemand aus der Unternehmenslieferkette. Das Unternehmenskonto dient deswegen dem Zweck, interne Aufgaben und Kommunikation in Verbindung mit WeChat effizient zu organisieren. Für externe Kommunikation wie Marketing oder Public Relations Management ist ein Unternehmenskonto nicht geeignet.

WeChat stellt eine Plattform für die Nutzung des Unternehmenskontos zur Verfügung (vgl. Abb. 4.9). Um die Funktionen des Unternehmenskontos zu nutzen, muss sich ein Unternehmen bei dieser Plattform registrieren.

Nicht nur Unternehmen können ein Unternehmenskonto beantragen, sondern auch Organisationen und öffentliche Einrichtungen wie Schulen oder Bibliotheken.

Das Unternehmenskonto von WeChat bietet unterschiedliche Datensicherheitsmethoden, z. B. Verifizierung der Mitglieder, verschlüsselte Datenübertragung, Kennzeichnung der Nachricht mit „Vertraulich". Mit der letzten Methode wird eine Nachricht gesendet, die nur von den ausgewählten Mitgliedern des Unternehmenskontos geöffnet werden kann. Selbst wenn man diese Nachricht an eine dritte Person weiterleitet, die kein Mitglied des Unternehmens ist, kann sie die Nachricht nicht lesen. Um zu vermeiden, dass man stattdessen jemandem einen Screenshot schickt, wird die vertrauliche Nachricht mit einem digitalen Wasserzeichen versehen. Standardmäßig ist die Konto-ID

Abb. 4.9 WeChat Plattform für Unternehmenskonto. (Quelle: https://qy.weixin.qq.com/; zugegriffen am 12.11.2016)

des Empfängers als Wasserzeichen auf dem Screenshot, sodass man im Fall einer unerlaubten Weiterleitung in gewissem Maße nachvollziehen kann, wer diese Nachricht versendet hat.

Wie die Abb. 1.23 zeigt, kann ein Unternehmen über ein Unternehmenskonto seine Geschäftstätigkeiten nahtlos mit seinem WeChat-Business-Ökosystem verbinden. Dabei unterstützt das Unternehmenskonto mit seinen Geschäftsdaten wie Kundendaten, Aufträge oder Daten der Mitarbeiter das WeChat-Business-Ökosystem im Hintergrund.

Literatur

B4B, Hrsg. 2017. ZF Friedrichshafen erweitert Entwicklungs-Zentrum in China. http://www.
b4bschwaben.de/b4b-nachrichten/lindau-bodenseeregion_artikel,-zf-friedrichshafen-erweitert-entwicklungszentrum-in-china-_arid,251101.html. Zugegriffen: 14. Mai 2017.

Liu, Y. 2016a. Mit Kunden chatten heißt Kunden binden. AUTOHAUS, Ausgabe 17/2016. http://
www.autohaus.de/heftarchiv/mit-kunden-chatten-heisst-kunden-binden-1827603.html.

Liu, Y. 2016b. Social Media in China. Wie deutsche Unternehmen soziale Medien im chinesischen Markt erfolgreich nutzen können. http://www.springer.com/de/book/9783658112301. Wiesbaden: Springer Gabler.

Tencent, Hrsg. 2016a. Tencent announces 2016 second quarter and interim results. http://www.tencent.net.cn/en-us/articles/803131473318310.pdf. Zugegriffen: 19. Nov. 2016.

Tencent, Hrsg. 2016b. ·"微信"影响力报告. http://tech.qq.com/a/20160321/007049.htm#p=44. Zugegriffen: 19. Nov. 2016.

Tencent, Hrsg. 2016c. 公众平台接口权限列表说明. http://kf.qq.com/faq/120911VrYVrA141 2052y2yu6.html. Zugegriffen: 8. Jan. 2017.

Tencent, Hrsg. 2016d. 微信公众平台开发者文档, 获取用户基本信息(UnionID机制). https://mp.weixin.qq.com/wiki?t=resource/res_main&id=mp1421140839. Zugegriffen: 1. Jan. 2017.

Zusammenfassung

In diesem Kapitel wird beschrieben, wie man sich auf der öffentlichen Plattform von WeChat registrieren lassen und dadurch ein öffentliches WeChat-Konto erhalten kann. Auch der Prozess der Verifizierung des öffentlichen WeChat-Kontos wird erläutert. Es werden auch Hinweise gegeben, wie Unternehmen außerhalb von Festlandchina ein öffentliches WeChat-Konto beantragen können. Bevor das öffentliche WeChat-Konto eingesetzt wird, sollten grundlegende Einstellungen für das Konto festgelegt werden. Die Vorgehensweise und die wichtigsten Einstellungen werden in diesem Kapitel beschrieben.

Um die umfangreichen Funktionen des öffentlichen WeChat-Kontos nutzen zu können, müssen sich Unternehmen, Organisationen oder Personen bei der öffentlichen Plattform von WeChat registrieren. Wie in Abschn. 3.2 erwähnt, gibt es zwei unterschiedliche öffentliche Plattformen für Unternehmen und Personen in Festlandchina und außerhalb von Festlandchina. Die unterschiedlichen Verfahren der Registrierung werden in diesem Kapitel erläutert.

5.1 Registrierung für Unternehmen und Personen in Festlandchina

Unternehmen und Personen in China, die eine chinesische Betriebserlaubnis bzw. einen chinesischen Personalausweis besitzen, können auf der öffentlichen Plattform der chinesischen Version von WeChat ein öffentliches Konto beantragen (vgl. Abb. 3.1).

Die Verwendung der Abbildungen und Screenshots von WeChat erfolgt mit freundlicher Genehmigung von © Tencent 2017. All Rights Reserved.

© Springer Fachmedien Wiesbaden GmbH 2018   87
Y. Liu, *Social Media Marketing in China mit WeChat*,
https://doi.org/10.1007/978-3-658-17497-2_5

Abb. 5.1 Registrierungsformular von öffentlichem WeChat-Konto. (© Tencent 2017)

Folgende Unterlagen werden für die Registrierung benötigt:

1. Betriebserlaubnis (chinesisch „营业执照") bzw. einheitlicher sozialer Kreditwürdigkeitscode (chinesisch 统 – 社会信用代码)
2. Personalausweis des Kontobetreibers (chinesisch „身份证")
3. Handynummer des Kontobetreibers

Für private Personen oder Personen des öffentlichen Lebens werden nur der chinesische Personalausweis und die chinesische Handynummer benötigt.

Im Folgenden wird das Verfahren kurz erläutert. Eine konkrete Anleitung für die Registrierung findet man unter http://kf.qq.com/faq/120911VrYVrA130620y6fAjI.html in chinesischer Sprache.

Durch Klick auf den Text-Link „立即注册" (auf Deutsch „sofort registrieren"), der sich ganz oben auf der rechten Seite der öffentlichen Plattform der chinesischen Version von WeChat befindet, gelangt man zu dem Registrierungsformular (vgl. Abb. 5.1). Der Anmeldeprozess erfolgt in fünf Schritten:

Schritt 1: Eintragung der Basisinformationen
Als erstes müssen die Basisinformationen zum beantragten öffentlichen WeChat-Konto eingetragen werden: E-Mail-Adresse und Kennwort für das spätere Einloggen sowie die Zustimmung der Vereinbarungen für die Nutzung der öffentlichen Plattform von WeChat.

Jedes Unternehmen kann bis 50 öffentliche WeChat-Konten für sich registrieren lassen. Für jede Registrierung wird eine unterschiedliche E-Mail-Adresse benötigt. Sie darf weder auf der öffentlichen noch auf der offenen Plattform von WeChat bereits verwendet werden und auch nicht mit einer privaten WeChat-ID verbunden sein.

Schritt 2: Aktivierung des Kontos über E-Mail
WeChat sendet dem Antragsteller des öffentlichen Kontos per E-Mail einen Link zur Aktivierung des Kontos, um die Identität des Antragstellers sicherzustellen. Durch Klick auf diesen Link kann das Konto aktiviert werden. Dies muss innerhalb von 48 h erfolgen.

Schritt 3: Auswahl des Typs des öffentlichen WeChat-Kontos
Im dritten Schritt der Registrierung muss ein Typ des öffentlichen WeChat-Kontos ausgewählt werden. Der Unterschied zwischen den verschiedenen Kontotypen wurde bereits in Kap. 4 beschrieben. Wie schon erwähnt, muss man sich an dieser Stelle genau überlegen, was man mit dem öffentlichen WeChat-Konto erreichen will, denn eine nachträgliche Änderung des Kontotyps ist entweder nicht mehr möglich oder mit hohem Aufwand verbunden.

Schritt 4: Informationen über Unternehmen/Kontobetreiber
Im vierten Schritt der Registrierung werden alle Informationen über das Unternehmen und den Kontobetreiber gefragt. Zuerst muss eine Kategorie für das öffentliche WeChat-Konto ausgewählt werden. Es stehen fünf Kategorien zur Auswahl: Behörde (chinesisch „政府"), Medien (chinesisch „媒体"), Unternehmen (chinesisch „企业"), Sonstige Organisation (chinesisch „其他组织") und private Person (chinesisch „个人").

Zur Identifikation des Antragstellers/Kontobetreibers werden je nach Kategorie unterschiedliche Angaben verlangt. Für eine private Person sind sie der Name der Person, Personalausweisnummer und Handynummer, wobei der Name mit dem Namen auf dem Personalausweis identisch sein muss.

Für Unternehmen müssen die folgenden Angaben gemacht bzw. eine entsprechende Auswahl getroffen werden:

- **Name des Unternehmens:** Der Name des Unternehmens muss identisch sein mit der Bezeichnung auf der Betriebserlaubnis und mit dem Namen des Inhabers des Unternehmensgeschäftskontos bei einer Bank. Nach der Registrierung und Verifizierung durch Tencent kann dieser Name nicht mehr geändert werden.
  Wenn ein Betrieb keinen eigenen Namen hat, z. B. ähnlich wie eine Ich-AG in Deutschland, wird hier der Name der juristischen Person eingetragen.
- **Registernummer der Betriebserlaubnis:** Diese Nummer muss identisch sein mit der Registernummer der Betriebserlaubnis (15-stellig) (chinesisch „营业执照注册码") oder im Fall einer juristischen Person mit deren einheitlichem sozialen Kreditwürdigkeitscode (18-stellig) (chinesisch 统一社会信用代码) (vgl. Fischer-Schreiber 2013).

- **Auswahl eines Verfahrens zur Verifizierung des öffentlichen WeChat-Kontos:** Die Authentizität des beantragenden Unternehmens muss verifiziert werden. Dabei bietet Tencent dem Unternehmen zwei Verfahren zur Auswahl an:

  a. Verifizierung durch automatische Überweisung eines kleinen Betrags auf das Unternehmensgeschäftskonto durch Tencent

  b. Manuelle Verifizierung (siehe Abschn. 5.2).

  Bei dem ersten Verfahren überweist Tencent auf das Unternehmensgeschäftskonto des beantragenden Unternehmens ein Fen (die kleinste Einheit der chinesischen Währung, vgl. Abschn. 1.5) mit der Zuweisung eines Verifizierungscodes. Das Unternehmen muss in diesem Fall bei der Registrierung seine Kontoinformationen angeben und die Bankfiliale sowie den Standort aus einer vorgegebenen Liste auswählen. Wenn sich die Bank des Unternehmensgeschäftskontos nicht in der Liste befindet, kann dieses Verfahren nicht angewendet werden und das zweite Verfahren „Manuelle Verifizierung" muss ausgewählt werden.

▶ Es dauert standardmäßig drei Werktage, bis der Antragsteller den von Tencent überwiesenen kleinen Betrag mit sämtlichen Informationen erhält. Er kann sich dann seinen Kontoauszug ansehen, der den zugewiesenen Ziffer-Verifizierungscode enthält. Durch Einloggen auf der öffentlichen Plattform von WeChat kann er dort diesen Verifizierungscode innerhalb von zehn Tagen eingeben, danach ist die Gültigkeit des Codes abgelaufen. Abb. 5.2 veranschaulicht diesen Ablauf der Verifizierung des öffentlichen WeChat-Kontos.

- **Informationen über den Kontobetreiber des öffentlichen WeChat-Kontos:** Bei der Registrierung eines öffentlichen WeChat-Kontos muss eine Person als Betreiber (chinesisch „运营者") des öffentlichen Kontos angegeben werden. Diese Person kann die juristische Person wie auch ein bevollmächtigter Mitarbeiter des Unternehmens sein, die die Berechtigung hat, im Namen des Unternehmens das öffentliche WeChat-Konto sinngemäß zu betreiben, z. B. Einstellungen vorzunehmen oder zusätzliche Verwalter für das öffentliche WeChat-Konto einzustellen. Folgende Informationen werden von dieser Person benötigt:
  - der in seinem Personalausweis eingetragene Name
  - Nummer des Personalausweises
  - Handynummer

  Mit der Handynummer wird dem Kontobetreiber ein 6-stelliger Code zur Verifizierung der Handynummer per SMS zugesendet. Mit einer Handynummer kann man bis zu fünf öffentliche WeChat-Konten registrieren lassen.

- **Verifizierung des Kontobetreibers:** Auch die Authentizität des Kontobetreibers muss durch Tencent verifiziert werden. Am Ende des Antragsformulars wird ein QR-Code angezeigt, den der künftige Kontobetreiber über die WeChat-Funktion „QR-Code scannen" scannen kann. Um die Authentizität des Kontobetreibers zu verifizieren, muss dessen WeChat-Konto mit seinem Bankkonto verbunden gewesen

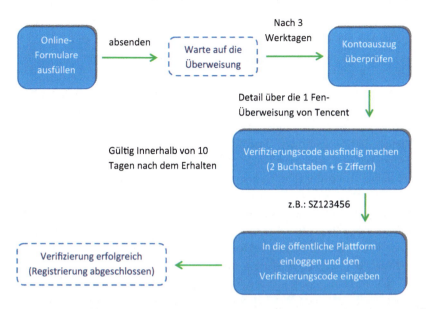

Abb. 5.2   Ablauf der Verifizierung eines öffentlichen WeChat-Kontos durch automatische Überweisung eines kleinen Betrags auf das Unternehmensgeschäftskonto durch Tencent

sein, da bei der Verbindung eines Bankkontos (eine Funktion von „WeChat Pay", vgl. Kap. 7) mit einem WeChat-Konto die Authentizität des Kontoinhabers verifiziert wird. Das Scannen des QR-Codes dient dem Zweck der Verifizierung der Authentizität des künftigen Betreibers des öffentlichen WeChat-Kontos. Es erfolgt keine Belastung dessen Kontos.

• Nach der erfolgreichen Verifizierung des künftigen Kontobetreibers wird die WeChat-ID des Betreibers automatisch zur WeChat-ID des Administrators des öffentlichen WeChat-Kontos gemacht. Die Administration eines öffentlichen WeChat-Kontos wird in Abschn. 5.3 beschrieben.

Schritt 5: Informationen über das öffentliche WeChat-Konto
Im letzten Schritt der Registrierung müssen die Informationen über das öffentliche WeChat-Konto eingetragen bzw. ausgewählt werden. Folgende Informationen sind erforderlich:

• **Name des öffentlichen WeChat-Kontos:** Jedes öffentliche WeChat-Konto hat einen einschlägigen Namen, der bei der Registrierung ausgesucht werden kann. Dieser Name muss nicht unbedingt mit dem Namen des Unternehmens identisch sein. Es macht aber durchaus Sinn, dem Namen des öffentlichen WeChat-Kontos die bekannte Abkürzung des Unternehmens zu geben. Der Name muss eindeutig sein und darf

noch nicht von anderen öffentlichen WeChat-Konten genutzt werden. WeChat überprüft dies bei der Registrierung. Er muss mindestens drei und maximal 30 Zeichen
haben, wobei ein chinesisches Wort zwei Zeichen entspricht.

▶   Der Name muss gut gewählt werden, denn dieser kann nach der Registrie-
     rung nur mit Einschränkungen geändert werden. Persönliche öffentliche
     WeChat-Konten dürfen ihre Namen zweimal im Jahr ändern. Unternehmen,
     Medien, Behörden sowie Organisationen und andere öffentlichen Einrich-
     tungen können den Namen ihrer öffentlichen WeChat-Konten nur einmal bei
     der Verifizierung der öffentlichen Konten durch Tencent ändern lassen (vgl.
     Tencent 2016a). Eine Verifizierung kostet 300 Yuan und gilt für ein Jahr. Wenn
     ein Unternehmen zwischenzeitlich den Namen seines öffentlichen WeChat-
     Kontos ändern möchte, muss es einen Antrag auf erneute Verifizierung seines
     öffentlichen WeChat-Kontos bei Tencent stellen. Auch die Gebühr in Höhe von
     300 Yuan fällt bei jeder Änderung an.

Der Name des öffentlichen WeChat-Kontos soll ein aussagekräftiger Name in Verbindung mit den Unternehmenstätigkeiten/Marken sein. Mit diesem Namen, zusammen mit
der WeChat-ID, kann das Unternehmen von anderen WeChat-Nutzern leicht gefunden
werden.

Deutsche Unternehmen in China geben meistens ihre Markennamen als Namen ihrer
öffentlichen WeChat-Konten entweder in reiner chinesischer Sprache wie „奥迪" (Audi),
„博世家电" (Bosch Hausgeräte) und „安联在线" (Allianz online) oder einer Kombination aus Chinesisch mit den ausländischen Namen, z. B. „德国美诺Miele" (Miele
aus Deutschland) „ABB中国" (ABB China), „阿乐斯Armacell" (Armacell), „妮维雅
NIVEA" (NIVEA) und „科乐收CLAAS" (CLAAS).

In seltenen Fällen verwenden manche deutschen Unternehmen ihre englischen Markennamen, z. B. „adidas". „adidas Running" oder „StaufenShanghai", wenn die Marken
oder Unternehmen in China sehr bekannt sind. Adidas hat z. B. auch andere öffentliche
WeChat-Konten, deren Namen aber in Chinesisch sind, z. B. „阿迪达斯官方网上商城"
(Adidas offizieller Onlineshop) oder „阿迪达斯校园招聘" (Adidas Campus Recruit-
ment), da diese keine bekannten Marken in China sind.

• **Funktionsbeschreibung/Einführung:** Im Fenster „Funktionsbeschreibung (chinesisch 功能介绍)" können die Zwecke des öffentlichen Kontos kurz beschrieben werden. Der Inhalt muss nicht zwangsläufig mit den Haupttätigkeiten des Unternehmens
  identisch sein, es ist aber empfehlenswert, an dieser Stelle die Tätigkeiten des Unternehmens so genau wie möglich in Form von Keywords vorzustellen.
     Die Keywords hier sind auch für die Suche auf WeChat begünstigt. Es dürfen aber
  keine geschützten Begriffe verwendet werden. Die Textlänge beschränkt sich auf
  max. 120, mindestens aber vier chinesische Wörter.

Diese Informationen sind unter der „Einführung" auf der Profilseite des öffentlichen WeChat-Kontos gespeichert und sichtbar, wenn man dem öffentlichen Konto folgt (s. Abb. 4.1 Mitte). Sie dienen deshalb als erste Informationen über das Unternehmen und tragen zum Erfolg des öffentlichen WeChat-Kontos bei.

Im Normalfall sind die ersten Schritte der Registrierung damit abgeschlossen. Dem Betreiber des öffentlichen WeChat-Kontos stehen ab sofort die Basisfunktionen zur Verfügung.

5.2   Manuelle Verifizierung von öffentlichem WeChat-Konto

Unternehmen können auch das Verfahren „Manuelle Verifizierung" bei der Registrierung wählen (dies kann jedoch auch nachträglich geschehen), um gleichzeitig den Status eines verifizierten öffentlichen WeChat-Kontos zu erhalten. Die Vorteile eines verifizierten öffentlichen WeChat-Kontos wurden bereits in Abschn. 4.4 erläutert.

Die manuelle Verifizierung ist aber im Vergleich zu dem genannten Verfahren durch die Überweisung eines kleinen Betrages durch Tencent nicht kostenfrei. Dafür muss einmalig ein Beitrag von 300 Yuan (ca. 40 EUR) vom Antragsteller bezahlt werden. Der Status eines manuellen verifizierten öffentlichen WeChat-Kontos gilt für ein Jahr. Abb. 5.3 veranschaulicht den Ablauf des Verfahrens der manuellen Verifizierung eines öffentlichen WeChat-Kontos.

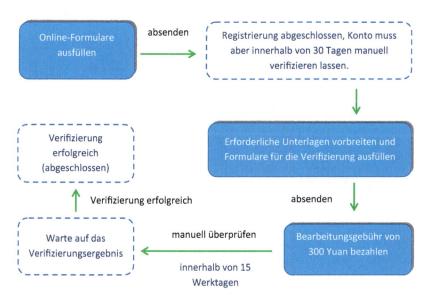

Abb. 5.3 Ablauf der manuellen Verifizierung eines öffentlichen WeChat-Kontos

5.3 Registrierung für Unternehmen außerhalb von Festlandchina

Unternehmen im Ausland (keine chinesische Betriebserlaubnis) können auf der internationalen öffentlichen Plattform von WeChat (vgl. Abb. 5.4) ein öffentliches WeChat-Konto beantragen. Der Registrierungsprozess ist ähnlich wie auf der chinesischen Version.

Für die Verifizierung des öffentlichen WeChat-Kontos müssen sich Unternehmen im Ausland, mit Ausnahme von Malaysia, direkt über die E-Mail bd@wechat.com mit dem Unternehmen Tencent in Verbindung setzen. Das internationale Geschäft von WeChat befindet sich noch in der Entwicklung. Zurzeit gibt es noch kein Onlineverfahren für die Verifizierung. Mit Ausnahme von Malaysia ist die Verifizierung für Unternehmen im Ausland kostenlos.

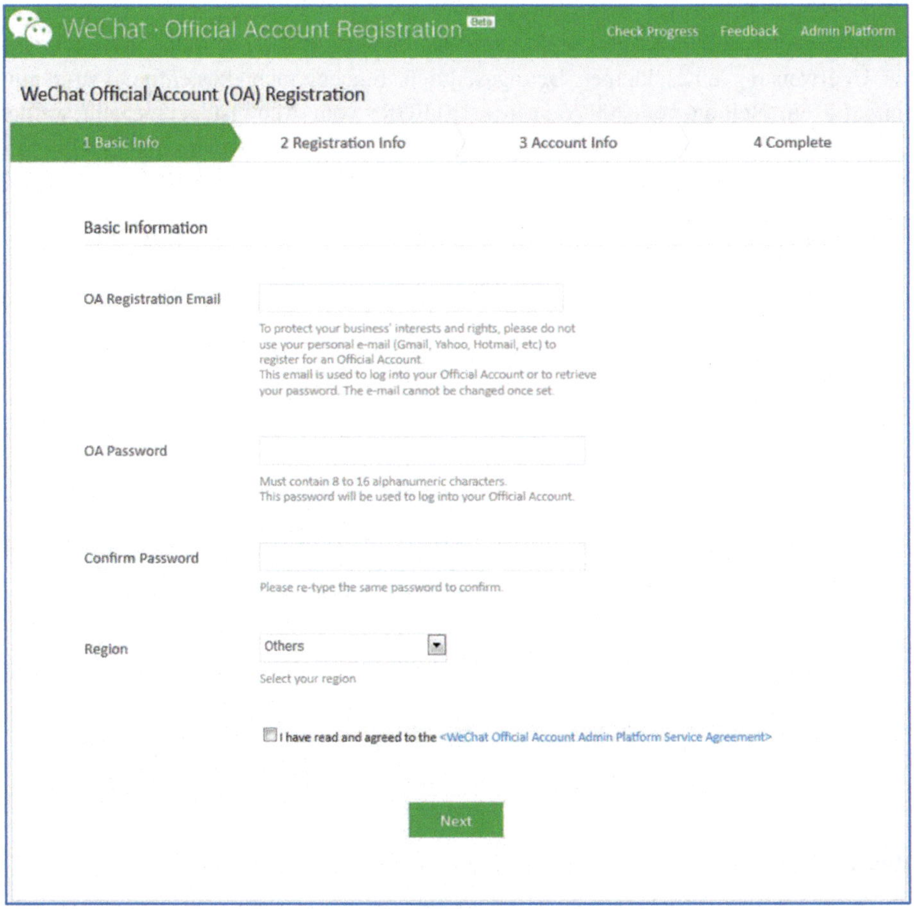

Abb. 5.4 Registrierung eines öffentlichen WeChat-Kontos im Ausland. (© Tencent 2017)

Wie bereits in Abschn. 3.2 erwähnt, können chinesische Nutzer nicht auf die öffentlichen WeChat-Konten auf der internationalen öffentlichen Plattform von WeChat zugreifen. Da WeChat hauptsächlich in China und anderen asiatischen Ländern wie Malaysia genutzt wird, macht es für europäische Unternehmen nicht unbedingt Sinn, ein öffentliches WeChat-Konto auf der internationalen Version zu beantragen, da man damit schließlich chinesische Kunden erreichen will.

▶   Ausländischen Unternehmen, die keine rechtliche Form wie z. B. eine Tochtergesellschaft in China haben und trotzdem Geschäfte mit Chinesen über WeChat machen bzw. chinesische Kunden erreichen wollen, bleibt nichts anders übrig, als einen zuverlässigen Partner in China zu suchen, der die Berechtigung, ein öffentliches WeChat-Konto für das ausländische Unternehmen zu beantragen, hat und dieses auch langfristig betreiben kann. Dieser Partner kann eine private Person wie auch ein Unternehmen sein, je nachdem, welchen Kontotyp man möchte. Private Personen können nur Abonnementkonten beantragen, die nicht verifiziert werden und somit Funktionseinschränkungen unterliegen.

   Die meisten Informationen eines öffentlichen WeChat-Kontos wie beispielsweise Angaben über das Unternehmen, können nach der Registrierung nicht mehr geändert werden (vgl. Tencent 2016b). Eine Kontoübertragung ist deswegen ausgeschlossen. Ausländische Unternehmen, die durch einen Geschäftspartner in China ein öffentliches WeChat-Konto beantragen, müssen sich der Gefahr bewusst sein, dass alle Informationen und Kunden/Follower verloren gehen werden, wenn die Geschäftsbeziehung mit dem Partner in die Brüche geht.

   Es bleibt auch abzuwarten, wie schnell oder ob Tencent den europäischen Markt erschließen und Unternehmen hierzulande wie in China gleich behandeln wird.

5.4   Grundeinstellungen des öffentlichen WeChat-Kontos

Das erste Einloggen auf der öffentlichen Plattform von WeChat erfolgt idealerweise auf einem Desktop-PC. Zunächst wird die Verwaltungsseite des öffentlichen WeChat-Kontos angezeigt (vgl. Abb. 5.5), wo man alle Einstellungen vornehmen kann.

   Unter dem Register „Einstellungen" (chinesisch 设置) auf der linken Seite befinden sich vier Menüpunkte: „Einstellungen des öffentlichen WeChat-Kontos" (chinesisch 公众号设置), „Verifizierung des öffentlichen WeChat-Kontos" (chinesisch 微信认证), „Sicherheitszentrum" (chinesisch 安全中心) und „Aufzeichnungen der Regelwidrigkeiten" (chinesisch 违规记录). Die rechte Spalte der Abb. 5.5 zeigt beispielsweise den Inhalt des Menüpunkts „Einstellungen des öffentlichen WeChat-Kontos".

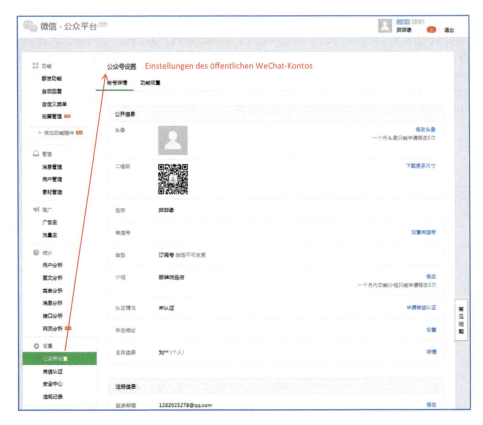

Abb. 5.5 Die Verwaltungsseite eines öffentlichen WeChat-Kontos. (© Tencent 2017)

Hochladen des Firmenlogos

Das Firmenlogo ist das wichtigste Merkmal der Corporate Identity (CI) für die Außen-welt. Das Logo erscheint auf der linken Seite der Liste (vgl. Abb. 4.5) und auf der Profil-seite (s. Abb. 4.1 Mitte). Es erscheint auch an anderen Stellen, z. B. bei Gutscheinen.

Das Hochladen des Logos ist im bmp-, jpeg-, jpg- und gif-Format möglich. Die Dat-eigröße darf zwei MB nicht überschreiten. Des Weiteren darf ein Logo keinen politisch sensiblen und pornografischen Inhalt haben. Deswegen überprüft Tencent das Logo, bevor es veröffentlicht wird.

QR-Code des öffentlichen WeChat-Kontos

WeChat weist jedem WeChat-Konto, inklusiv jedem öffentlichen WeChat-Konto, einen QR-Code mit den Kontoinformationen zu. Dateien dieses Codes im jpg-Format können in unterschiedlichen Grüßen heruntergeladen werden.

QR-Codes sind in China sehr weit verbreitet, insbesondere in Verbindung mit WeChat. Wenn WeChat-Nutzer diesen Code über die Funktion „QR-Code scannen"

scannen, werden sie beispielsweise zu der Profilseite des öffentlichen WeChat-Kontos geleitet. Dort können sie dem Konto durch einen einfachen Klick auf „folgen" folgen. Die vielfältigen Anwendungsmöglichkeiten von QR-Code werden in den weiteren Kapiteln beschrieben.

Festlegung von WeChat-ID

Nach der Registrierung eines öffentlichen WeChat-Kontos wird dem Konto eine ID, die sogenannte AppID (vgl. Tencent 2016c), zugewiesen, mit der sich das öffentliche WeChat-Konto von anderen Konten eindeutig unterscheidet. Außerdem besteht für jedes öffentliche WeChat-Konto einmalig die Chance, eine WeChat-ID auf der öffentlichen Plattform von WeChat festzulegen. Diese WeChat-ID wird zwar vom Betreiber des öffentlichen WeChat-Kontos festgelegt, sie muss aber einzigartig sein, da sie der eindeutigen Identifizierung des öffentlichen WeChat-Kontos dient und auf der Profilseite des öffentlichen WeChat-Kontos angezeigt wird. So hat ZF After-Sales-Service China beispielsweise die WeChat-ID ZFSERVICES (s. Abb. 4.1 Mitte).

Im Gegensatz zur WeChat-ID ist die AppID eines öffentlichen WeChat-Kontos für Nutzer/Follower unsichtbar. Sie dient hauptsächlich zur Identifizierung des öffentlichen WeChat-Kontos bei der Nutzung von anderen Diensten wie „WeChat Pay" und WeChat-fähiger Hardware. Die WeChat-ID eines öffentlichen WeChat-Kontos kann einmal geändert werden.

Benennen von zusätzlichen Kontobetreibern

Wie im Abschn. 5.1 erläutert wurde, ist die Person, die bei der Registrierung als Kontobetreiber verifiziert wurde, automatisch der Administrator des öffentlichen WeChat-Kontos. Der Administrator besitzt alle Rechte für das öffentliche Konto und verwaltet es im Namen des Unternehmens.

Andere Nutzer können sich nur in das öffentliche WeChat-Konto einloggen und beschränkte Einstellungen vornehmen, wenn sie zuvor vom Administrator die Berechtigung erhalten haben. Beim Versuch, sich in das Konto einzuloggen, wird dann ein QR-Code angezeigt, durch den mit der Aktivierung der Funktion „QR-Code scannen" eine Anfrage an den Administrator geschickt wird. Erst nach seiner Bestätigung ist das Einloggen erfolgreich.

Der Administrator kann bis zu vier zusätzliche Kontobetreiber für die Verwaltung des öffentlichen Kontos benennen. Diese sind dann berechtigt, sich ohne vorherige Genehmigung des Administrators in das öffentliche Konto einzuloggen, um z. B. Rundsendungen zusammenzustellen und sie zu versenden.

Einrichten automatischer Antwort-Nachrichten

Damit Kunden/Follower wissen, dass ihre Nachrichten angekommen sind, bietet die öffentliche Plattform die Funktion an, automatische Antworten zu versenden (vgl. Abschn. 4.8). Diese Nachricht sollte frühzeitig eingerichtet werden.

Benutzerdefiniertes Menü

Jedes öffentliche WeChat-Konto hat die Möglichkeit, auf der öffentlichen Plattform für sein Konto drei Menüs einzurichten, die ganz unten auf der Startseite des öffentlichen WeChat-Kontos angezeigt werden (s. Abb. 4.1 links). Jedes Menü kann wiederum bis zu maximal fünf Menüpunkte haben. Mit jedem Menü bzw. jedem Menüpunkt kann ein Link zu einer Textnachricht oder zu einer Website, z. B. Onlineshop, gebunden werden, der ausgelöst wird, wenn WeChat-Nutzer darauf klicken.

Die Einrichtung von benutzerdefinierten Menüs ist auf der öffentlichen Plattform relativ einfach und erfordert kein spezifisches Fachwissen. Wenn man unter der Funktion „Benutzerdefinierte Menüs" (chinesisch 自定义菜单) auf die Schaltfläche „Neues Menü erstellen" (chinesisch 添加菜单) klickt (vgl. Abb. 5.6), gelangt man zu der Seite, wo man den Inhalt des Menüs festlegen kann (vgl. Abb. 5.7).

Dabei kann man dem Menü einen Namen geben, der als Beschriftung angezeigt wird, und es kann zwischen „Nachricht senden" und „Hyperlink zu einer Website" ausgewählt werden.

Über die letzte Option „Hyperlink zu einer Website" können Nutzer über ein Menü direkt zu einer Website, z. B. einem Onlineshop, geleitet werden. Es kann sich dabei um

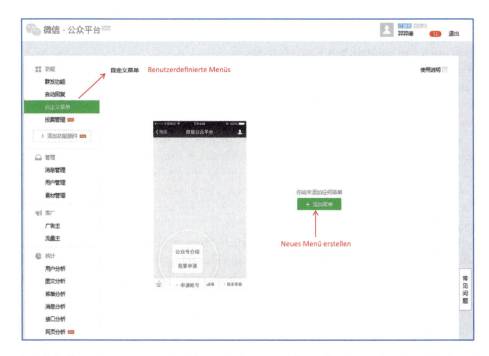

Abb. 5.6 Erstellen von benutzerdefinierten Menüs auf WeChat öffentlicher Plattform. (© Tencent 2017)

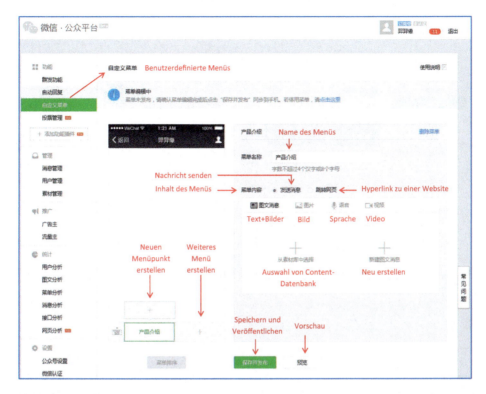

Abb. 5.7 Festlegen von Inhalt des benutzerdefinierten Menüs auf WeChat öffentlicher Plattform. (© Tencent 2017)

einen Hyperlink wie auch einen internen Link zu einem Artikel in der Content-Datenbank des öffentlichen WeChat-Kontos handeln. Voraussetzung für die Nutzung des externen Hyperlinks ist jedoch, dass das öffentliche WeChat-Konto vorher verifiziert wurde.

Mit der Option „Nachricht senden" kann der gleiche Inhalt wie die bei einer normalen Rundsendung (vgl. Abschn. 6.1) erstellt werden. Er kann aus einer Kombination aus Texten und Bildern, aus einem Bild, einem Video oder einer Sprachnachricht bestehen. Dabei kann ein Inhalt entweder aus der Content-Datenbank schnell ausgewählt oder neu erstellt werden.

Nachdem alle Menüs erstellt worden sind, kann man vor der Veröffentlichung noch eine Vorschau auf dem eigenen Smartphone betrachten. Wenn alles in Ordnung ist, können sie gespeichert und veröffentlicht werden.

Jedes Menü darf maximal fünf Menüpunkte (Untermenüs) haben. Durch Klick auf das „+"-Zeichen oberhalb eines Menüs (vgl. Abb. 5.7) wird die Inhaltseite des Menüpunktes angezeigt (vgl. Abb. 5.8). Die Festlegung des Inhaltes eines Menüpunktes erfolgt auf ähnliche Weise wie die für Menüs.

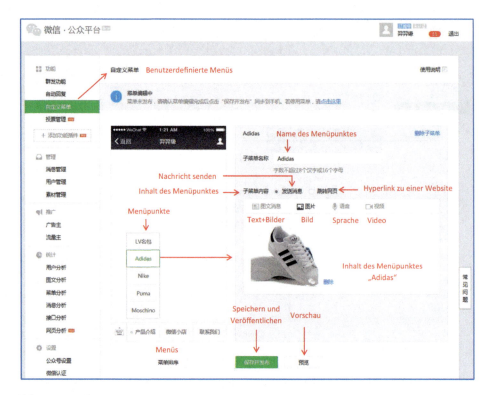

Abb. 5.8 Festlegen von Inhalt der Menüpunkte von benutzerdefinierten Menüs auf WeChat öffentlicher Plattform. (© Tencent 2017)

Wenn ein Menüpunkt zu einem Menü hinzugefügt wird, wird der Inhalt des Menüs mit Ausnahme des Namens gelöscht. Das Menü funktioniert logischerweise nur als Navigation zu den Menüpunkten.

Literatur

Fischer-Schreiber, I. 2013. Chinas Echtnamen-System: Informationstotalitarismus? http://yingeli. net/2013/04/2505/. Zugegriffen: 22. Juli 2016.

Tencent, Hrsg. 2016a. 公众平台名称修改规则汇总. http://kf.qq.com/faq/120911VrYVrA160 8102EnAFj.html. Zugegriffen: 2. Jan. 2017.

Tencent, Hrsg. 2016b. 公众平台主体/类型的修改方法. http://kf.qq.com/faq/161219n22uYn 1612192meEB3.html. Zugegriffen: 3. Febr. 2017.

Tencent, Hrsg. 2016c. 硬件平台ID体系. http://iot.weixin.qq.com/wiki/document-0_3_1.html. Zugegriffen: 30. Dez. 2016.

Bekanntmachung des öffentlichen WeChat-Kontos

6

Zusammenfassung

Die erste Aufgabe nach der Registrierung und der Auswahl der Grundeinstellungen eines öffentlichen WeChat-Kontos für ein Unternehmen ist es, dies nach außen zu kommunizieren. Deswegen behandelt dieses Kapitel die Methoden zur Bekanntmachung von öffentlichen WeChat-Konten. Ein öffentliches WeChat-Konto kann auf der traditionellen Website oder über Content Marketing kommuniziert werden. Eine bewährte Methode in China ist zudem das QR-Code-Marketing. Auch SEO-Marketing und die WeChat-Marketingtools wie Coupon/Gutschein und iBeacon sowie „WeChat Pay" können für die Bekanntmachung des öffentlichen WeChat-Kontos genutzt werden.

6.1 Einleitung

Wie in Abschn. 4.2 erläutert wurde, erfolgt die Kommunikation auf WeChat im Grunde genommen privat. Nachrichten können auf WeChat nicht wie bei Blogging-Diensten an unbekannte Personen verbreitet werden. Wenn, dann ist es nur dadurch möglich, dass diese über die WeChat-Kontakte weitergeleitet werden, die wiederum Nachrichten nur mit ihren Kontakten teilen können. Deswegen braucht jedes WeChat-Konto zuerst Kontakte, die „Follower" bei öffentlichen WeChat-Konten heißen.

Im Vergleich zu der Kontaktherstellung privater oder normaler WeChat-Konten kann ein öffentliches WeChat-Konto Follower nicht dadurch erwerben, das es sie zum Kontakt einlädt. WeChat-Nutzer müssen von sich aus dem öffentlichen Konto eines Unternehmens

---

Die Verwendung der Abbildungen und Screenshots von WeChat erfolgt mit freundlicher Genehmigung von © Tencent 2017. All Rights Reserved.

© Springer Fachmedien Wiesbaden GmbH 2018 101
Y. Liu, *Social Media Marketing in China mit WeChat*,
https://doi.org/10.1007/978-3-658-17497-2_6

„folgen" und dadurch „Follower" des Kontos werden. Um diesen Schritt zu machen, müssen WeChat-Nutzer von dem öffentlichen Konto überzeugt sein.

Jeder WeChat-Nutzer hat eine Zielsetzung bzw. eine Intention, wenn er einem öffentlichen WeChat-Konto folgt. Das öffentliche WeChat-Konto muss seine Bedürfnisse teilweise befriedigen können. Einer Umfrage von Tencent in 2016 über die Hauptzielsetzungen der Nutzer beim Folgen eines öffentlichen WeChat-Kontos zufolge (vgl. Abb. 6.1) gaben drei von vier der Befragten an, dass ihre Hauptzielsetzung die Informationsbeschaffung ist. WeChat-Nutzer wollen sich beispielsweise über die Produktinformationen eines Unternehmens informieren. 41,9 % der befragten Nutzer wollen sich über die aktuelle Entwicklung des Unternehmens und über die Rabattaktionen wie Gutscheine/Coupons oder Rabatte informieren. 30,9 % möchten den vom öffentlichen WeChat-Konto zur Verfügung gestellten Service in Anspruch nehmen.

Nach der Registrierung und der Auswahl der Grundeinstellungen des öffentlichen WeChat-Kontos steht ein Unternehmen vor einer großen Herausforderung, so viele qualitative Follower wie möglich zu werben. Das heißt, dass das Unternehmen sein öffentliches WeChat-Konto bekannt machen muss. Dies ist besonders für ein Abonnementkonto wichtig, da es hauptsächlich zur Verbreitung von Nachrichten und zur Erhöhung des Bekanntheitsgrads dient.

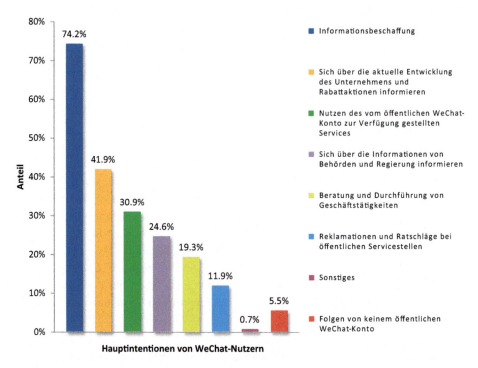

Abb. 6.1 Hauptintentionen von WeChat-Nutzern beim Folgen eines öffentlichen WeChat-Kontos. (Quelle: in Anlehnung an Tencent 2016)

Das Hauptziel der Bekanntmachung des öffentlichen WeChat-Kontos ist das Generieren vieler Follower. Besonders wenn ein Unternehmen Marketingkampagnen mit seinem öffentlichen WeChat-Konto betreiben will, ist eine Mindestmenge an Followern unabdingbare Voraussetzung. Der Bekanntheitsgrad eines öffentlichen WeChat-Kontos und der Erfolg einer Marketingkampagne sind stark von der Anzahl der Follower abhängig. Man spricht dabei von einer kritischen Masse der Follower oder von Netzwerkeffekt des Ergebnisses (vgl. Wikipedia 2016a). Wird eine kritische Masse erreicht, so steigt die Nutzerzahl exponentiell an.

6.2   WeChat-Konto auf der eigenen Website

Ausländische Unternehmen in China haben normalerweise eine chinesische Website, die ihren Kunden seit Jahren bekannt ist. Webseiten sind zweifellos der beste Platz für die vollständige Unternehmenspräsentation. Früher bemühten sich Unternehmen hauptsächlich bei Online-Marketing, ihre Website so zu optimieren, dass sie auf den bekannten Suchmaschinen einen höheren Rang hatten und dadurch von den Suchenden überhaupt und schnell gefunden wurden. Dieses Marketinginstrument heißt Suchmaschinenoptimierung (SEO – Search Engine Optimization) (vgl. Wikipedia 2016b).

Heute wird externe Unternehmenskommunikation in China weitgehend auf mobile Apps, vor allen Dingen auf WeChat, betrieben. Vorhandene Kunden oder Geschäftspartner, denen die Website des Unternehmens seit Jahren bekannt ist, sollen nun von dort aus auf das öffentliche WeChat-Konto des Unternehmens umgeleitet werden, denn Unternehmen können heutzutage auf WeChat ihre Kunden besser bedienen und einfacher mit diesen kommunizieren. Umgekehrt kann WeChat auch als ein Zugangsportal zur Website des Unternehmens dienen.

Eine weitverbreitete Methode für die Bekanntmachung des öffentlichen Kontos auf der eigenen Website ist die Platzierung des QR-Codes des öffentlichen WeChat-Kontos auf der Website, vorzugsweise auf der Homepage, und zwar an einer Stelle, wo er leicht zu erkennen und auffällig ist. So zeigt Abb. 6.2 beispielsweise die Homepage der chinesischen Website des deutschen Unternehmens ZF Friedrichshafen AG mit dem QR-Code des öffentlichen WeChat-Kontos ZF Recruiting-Plattform China (chinesischer Name 采埃孚中国招聘平台).

Wenn die Nutzer mit der Funktion „QR-Code scannen" diesen Code scannen, wird die Profilseite des öffentlichen WeChat-Kontos angezeigt. Durch Klick auf „Folgen" können sie dem öffentlichen WeChat-Konto folgen.

Abb. 6.2 Bekanntmachung vom öffentlichen WeChat-Konto über QR-Code auf eigener Website am Beispiel des deutschen Unternehmens ZF Friedrichshafen AG. (Quelle: https://www.zf.com/china/zh_cn/corporate/careers_corporate/hr_wechat/wechat_1.html; zugegriffen am 23.04.2017)

6.3   Content Marketing

6.3.1   Was ist Content Marketing?

Jedes Unternehmen, das soziale Medien als Marketinginstrumente nutzt, verwendet Content Marketing. In Wikipedia wird Content Marketing wie folgt definiert (vgl. Wikipedia 2016c):

▶ Content Marketing ist eine Marketingtechnik, die mit informierenden, beratenden und unterhaltenden Inhalten die Zielgruppe ansprechen soll, um sie vom eigenen Unternehmen und seinem Leistungsangebot oder einer eigenen Marke zu überzeugen und sie als Kunden zu gewinnen oder zu halten.

Content Marketing ist ein Teil des Inbound-Marketings (vgl. Kopp 2016), das das Ziel hat, potenziellen Kunden wertvolle Inhalte (Contents) anzubieten und sie zu Word-of-Mouth in Form von Empfehlungen zu bewegen und dadurch den Effekt des „virales Marketings" (vgl. Wikipedia 2016d) in Gang zu setzen.

Im Gegensatz zum traditionellen Marketing mit Printanzeigen, TV-Commercials oder E-Mail (sogenanntes Outbound-Marketing) suchen potenzielle Kunden durch das Content Marketing das Unternehmen und nicht umgekehrt. Mit einem öffentlichen WeChat-Konto kann ein Unternehmen durch das Content Marketing auf WeChat viele Follower anziehen oder die vorhandenen Follower langfristig binden.

Bei dem Content Marketing stehen die Inhalte der Informationen statt das Unternehmen und seine Produkte oder Dienstleistungen im Vordergrund. Um die eigenen Produkte oder Dienstleistungen letztendlich über Contents zu vermarkten, werden diese wie eine Produktplatzierung eingesetzt (vgl. Wikipedia 2016e), was gegenüber traditionellen Marketingmethoden allerdings keine zusätzlichen Kosten verursacht.

In den sozialen Medien kann heutzutage jeder Mensch sowohl Follower als auch Autor sein. Das bietet einerseits den Vorteil, dass jeder Internetnutzer auf eine Vielzahl an Informationen zugreifen kann und dass Berichte über die aktuellen Themen schnell verbreitet werden können. Anderseits werden die meisten Menschen heutzutage durch die Masseninformationen überfordert, insbesondere deshalb, weil viele Informationen ähnlich, sinnlos oder sogar betrügerisch sind. Wer heute glaubt, dass seine Informationen in den sozialen Medien gelesen werden, der irrt. In den Social Media sind Nutzer heutzutage König. Niemand kann sie zwingen, bestimmte Informationen zu lesen oder bestimmte Aktionen zu tätigen. Wenn ihnen Informationen irrelevant oder lästig erscheinen, können sie die Plattformen verlassen oder sich als Follower abmelden. Im schlimmsten Fall werden sie den Inhalt auch als störend melden.

Viele Unternehmen machen beim Content Marketing den entscheidenden Fehler, dass sie Contents nur zum Zweck der Unternehmenspräsentation und für die Werbung der eigenen Produkte erstellen. Aber so funktioniert das nicht.

Kunden oder Follower müssen von dem Content begeistert sein, und zwar auf Dauer. Nur so bleiben sie einem Unternehmen langfristig treu. Gerade wenn ein Unternehmen relativ neu auf WeChat ist und wenig Erfahrungen damit hat, muss es sich intensiv damit beschäftigen, (potenziellen) Kunden/Followern wertvolle Informationen anzubieten. Dabei geht es nicht um technische Daten oder wirtschaftliche Informationen über das Unternehmen. Ganz im Gegenteil! Viel wichtiger ist es, Informationen beispielsweise über aktuelle Themen, Lebenserfahrungen, Erfolgsgeschichten über bekannte Personen oder interessante Geschichten über andere Kulturen zu erzählen. Die Chinesen lesen solche Inhalte sehr gerne und mit großem Interesse, und wenn sie begeistert sind, teilen sie die gelesenen Inhalte auch mit ihren Freunden auf WeChat oder auf anderen sozialen Netzwerken.

Abb. 6.3 zeigt beispielsweise das Content Marketing des deutschen Unternehmens ZF China auf WeChat (WeChat-ID: ZF_China) mit dem Titel „ZF母亲节/直播妈妈的一天" (übersetzt auf Deutsch etwa „Muttertag bei ZF/Liveübertragung eines Tages einer Mutter"). In dieser kurzen Rundsendung wird die moderne Rolle einer erfolgreichen Mutter erklärt und am Schluss sehen die Leser des Artikels ein Video. Im Video wird die Arbeitsumgebung einer jungen Mutter, Managerin einer Abteilung, bei ZF China gezeigt. Dadurch will das Unternehmen ZF China den Lesern/Followern des öffentlichen WeChat-Kontos

Abb. 6.3 Content Marketing des deutschen Unternehmens ZF China auf WeChat (WeChat-ID: ZF_China). (© Tencent 2017 und © ZF Friedrichshafen AG 2017)

die Attraktivität seiner modernen Work-Life-Balance-Arbeitsumgebung, insbesondere für junge Mutter, auf unterhaltsame Weise aufmerksam machen und dadurch das Unternehmen positiv darstellen. Diese Rundsendung wurde am 12. Mai 2017, zwei Tage vor dem Muttertag, veröffentlicht.

Leser, die von diesem Artikel begeistert sind, teilen ihn auch mit ihren Freunden auf WeChat und auf anderen sozialen Netzwerken. Einer Umfrage von Tencent zufolge gaben 48,8 % der befragten WeChat-Nutzer an, dass sie Inhalte mit Freunden teilen, wenn sie diese für wertvoll halten (vgl. Abb. 6.4). 39,2 % der befragten Nutzer teilen Inhalte mit Freunden, wenn diese interessant sind. Fast der gleiche Anteil (38,6 %) teilt Inhalte, wenn sie emotional berührt sind. Das heißt, dass die WeChat-Nutzer von den Inhalten sehr begeistert oder sehr betroffen sind.

An dieser Stelle möchte ich ausdrücklich betonen, dass Content auf WeChat für die Leser in China selbstverständlich in Chinesisch verfasst sein muss. Content in Fremdsprachen hat in China keine Chance auf Erfolg. Die Verwendung der Landessprache ist auch in anderen Kulturen oberstes Gebot.

Content muss nicht nur aus Text bestehen, sondern kann auch in der Kombination von Sprache und Video angeboten werden. Ein sehr erfolgreiches öffentliches WeChat-Konto mit Sprachnachrichten ist das Konto „罗辑思维" (auf Deutsch „Logisches Denken") (WeChat-ID: luojisw). Das öffentliche WeChat-Konto wird von dem Medienexperten Zhenyu Luo (罗振宇) betrieben. Er gibt jeden Morgen eine einminütige Sprachnachricht zu einem aktuellen Thema aus. Die Sprachnachrichten sind so interessant, dass er damit

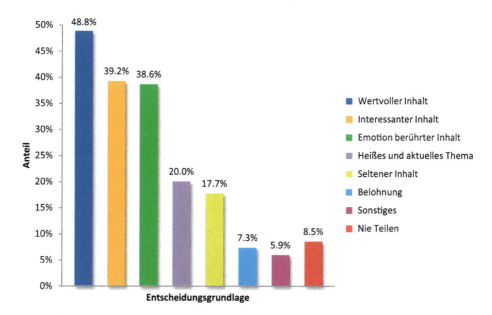

Abb. 6.4 Entscheidungsgrundlagen der WeChat-Nutzer zum Teilen eines bestimmten Inhaltes. (Quelle: in Anlehnung an Tencent 2016)

sehr viele Follower für sein öffentliches WeChat-Konto angezogen hat und sehr bekannt wurde.

Ein anderes gutes Beispiel ist der Deutsche Thomas Derksen, der in China zum Internet-Star wurde. Er veröffentlicht jede Woche ein lustiges Video auf seinem öffentlichen WeChat-Konto (WeChat-ID: AfuThomas) und hat es dadurch in China zur Internet-Berühmtheit gebracht.

6.3.2   Erstellen von Contents

Das Erstellen von Contents auf WeChat erfolgt über die Funktion „Rundsendung" (chinesisch 群发功能) auf der öffentlichen Plattform von WeChat (vgl. Abb. 6.5). Dabei kann ausgewählt werden, wer die Zielgruppe einer Rundsendung ist. Es können alle Follower oder eine Gruppe von Followern nach der zuvor zugewiesenen Kategorie ausgewählt werden. Des Weiteren kann diese Zielgruppe nach den Merkmalen „Geschlecht" (alle, nur Männer oder nur Frauen) und „Region" (eine Liste von Ländern und Regionen) weiter gefiltert werden.

Der Inhalt (Content) einer Rundsendung kann in Form von reiner Textnachricht, reiner Sprachnachricht, nur einem Bild/Foto, nur einem Video oder einer Kombination von allen sein. Die meistgenutzte Form ist die Kombination von Text und Bildern.

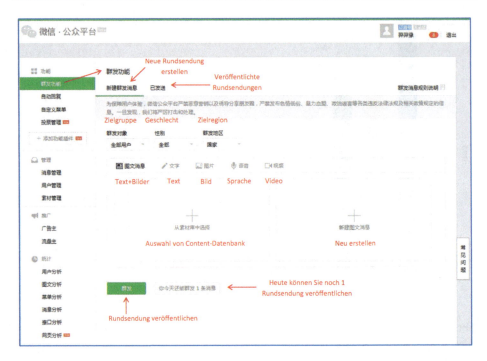

Abb. 6.5 Erstellen von Contents über die Funktion „Rundsendung" auf WeChat öffentlicher Plattform. (© Tencent 2017)

Inhalte für die Rundsendungen können auch vorab vorbereitet (über „Neu erstellen") und in die Content-Datenbank hochgeladen werden. Diese können dann bei Bedarf ausgewählt werden.

Jede Rundsendung hat einen Titel. Optional kann auch der Name des Autors angegeben werden. Der Textinhalt beschränkt sich auf 600 Zeichen. Jede Rundsendung kann ein Titelbild haben, das sich wahlweise auch im Inhalt der Rundsendung anzeigen lässt. Außerdem kann optional eine kurze Zusammenfassung für den Inhalt erstellt werden. Wenn diese nicht vorhanden ist, werden die ersten 54 Wörter des Inhaltes als Zusammenfassung angezeigt (vgl. Abb. 6.6).

Da der Textinhalt einer Rundsendung auf 600 chinesischen Zeichen beschränkt ist, gibt es für den längeren Text die Möglichkeit, einen Hyperlink zur Quelle des Originaltextes anzugeben. Die Quelle des Originaltextes kann beispielsweise eine Website oder auch ein Onlineshop sein. Über diese Funktion können beispielsweise WeChat-Nutzer auf eine Website weitergeleitet werden, auf der sie zusätzliche Informationen erhalten.

Häufig wird eine Rundsendung genutzt, um ein bestimmtes Produkt oder ein Event/eine Marketingkampagne bekannt zu machen. Am Ende des Textes gibt es einen Hyperlink zur Quelle des vollständigen Textes über das Produkt oder über den Event bzw. über die Marketingkampagne. Der Hyperlink wird mit dem chinesischen Text „阅读原文" (auf Deutsch „Weiter zum Originaltext") (s. Abb. 6.11) gekennzeichnet.

Abb. 6.6 Erstellen einer Rundsendung in Text und Bildern auf WeChat. (© Tencent 2017)

Ein anderer Grund für die Verwendung solcher Hyperlinks ist die Vermeidung von Urheberrechtsstreitigkeiten. Wenn ein Artikel aus einem Zitat besteht, kann mit einem solchen Hyperlink auf die Originalquelle verwiesen werden.

6.3.3 Wo werden Contents angezeigt?

Auf der Startseite eines öffentlichen WeChat-Kontos werden alle Titel zusammen mit den Titelbildern von Rundsendungen chronologisch nach Veröffentlichungsdatum angezeigt, wobei die letzte Rundsendung ganz unten liegt. Abb. 4.1 (linke Seite) zeigt beispielsweise die Rundsendungen des öffentlichen WeChat-Kontos des Unternehmens ZF After-Sales-Service China.

Durch das Anklicken eines Titels wird der komplette Inhalt angezeigt. Ganz oben ist der Titel der Rundsendung zu sehen. Darunter stehen das Veröffentlichungsdatum, der Name des Autors (optional) und der Name des öffentlichen WeChat-Kontos mit dem Hyperlink zum öffentlichen WeChat-Konto. Wenn man auf diesen Namen klickt, wird die Profilseite des öffentlichen WeChat-Kontos angezeigt, wo man diesem folgen kann. Weiter unten befindet sich der Inhalt der Rundsendung mit Text und Bildern. Ganz am Ende steht der Hyperlink zur Originalquelle (chinesisch 阅读原文).

6.3.4   Teilen von Contents

Wie bereits erwähnt, teilen die Follower des öffentlichen WeChat-Kontos einen Artikel sehr gerne mit ihren Freunden, wenn sie ihn interessant und hilfreich finden. Zum Teilen eines Artikels kann man auf das Dreipunkte-Menü, das sich oben rechts auf der Seite der Rundsendung befindet, klicken. Daraufhin erscheint unten auf der Seite ein Auswahlmenü (vgl. Abb. 6.3 rechts). Es gibt folgende Möglichkeiten, den Artikel mit WeChat-Freunden zu teilen:

- **Zum Chat senden:** Mit dem ersten Menüpunkt „Zum Chat senden" kann man den Artikel mit einem oder einer Gruppe von ausgewählten WeChat-Freunden teilen (s. Abb. 6.7 links). Der Artikel wird mit Titel, Titelbild und Zusammenfassung in Form von Hyperlink auf der Chatseite der Empfänger angezeigt (s. Abb. 6.7 rechts). Durch Anklicken dieses Links wird die Artikelseite geöffnet, ähnlich wie in Abb. 6.3 zu sehen ist. Man kann dann dem öffentlichen WeChat-Konto folgen oder eben auch

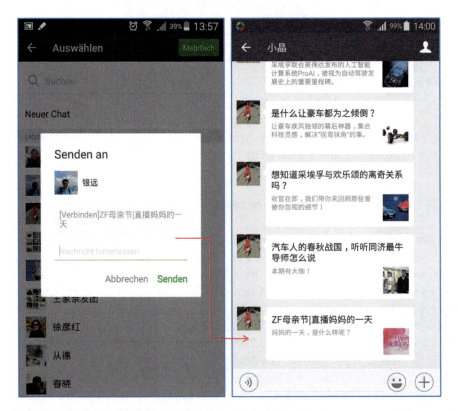

Abb. 6.7 „Zum Chat senden": Teilen von Informationen mit WeChat-Freunden. Links: Auswahl von WeChat-Freunden. Rechts: Information auf der Chatseite des WeChat-Freundes. (© Tencent 2017)

den Artikel mit seinen WeChat-Freunden teilen, indem der Menüpunkt „Zum Chat senden" gewählt wird usw.

- **Auf Momente teilen:** Mit dem Menü „Auf Momente teilen" kann man den Artikel durch eine Rundsendung mit allen oder einem Teil seiner WeChat-Freunden teilen. Dabei wird der Link des Artikels auf der „Momente"-Seite der WeChat-Freunde angezeigt, ähnlich wie beim Teilen von Momentaufnahmen (vgl. Abb. 2.16). Es kann auch eine der folgenden Optionen beim Teilen ausgewählt werden:
  - „Öffentlich" (an alle WeChat-Freunde)
  - „Liste freigeben" (nur an eine Liste von ausgewählten WeChat-Freunden)
  - „Liste nicht teilen" (an alle WeChat-Freunde außer diejenigen, die in der Liste von ausgewählten WeChat-Freunden sind)
- **Mit Browser öffnen:** Im Menü „Mit Browser öffnen" wird der Artikel in dem mobilen Browser des Smartphones geöffnet. Abb. 6.8 zeigt beispielsweise die Seite im Google Chrome-Browser im Betriebssystem Android. Unter dem Dropdown-Menü befindet sich u. a. ein Menüpunkt „Teilen…" (s. Abb. 6.8 Mitte). Wenn man auf diesen Menüpunkt klickt, erscheint unten eine Reihe von Symbolen von installierten Apps (s. Abb. 6.8 rechts), auf denen der Artikel außerhalb von WeChat geteilt werden kann. So kann er beispielsweise auf dem chinesischen Mikroblogging-Dienst Weibo in Form eines Links geteilt werden, wodurch die Information schnell verbreitet werden kann.

Abb. 6.8 „Mit Browser öffnen": Links: Öffnen eines WeChat-Artikels mit einem mobilen Browser. Mitte: Der Menüpunkt „Teilen…". Rechts: Ziele des Teilens. (© Tencent 2017 und © ZF Friedrichshafen AG 2017)

Abb. 6.9 „E-Mail senden":
Teilen von WeChat-
Informationen über E-Mail

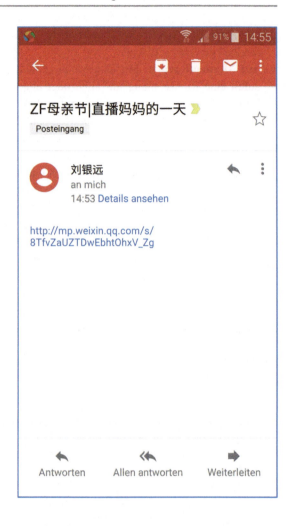

- **E-Mail senden:** Mit dem Menü „E-Mail senden" kann der Link des WeChat-Artikels per E-Mail an jemanden gesendet werden (vgl. Abb. 6.9). Durch das Anklicken dieses Links wird der Artikel in einem Standard-Browser des Betriebssystems geöffnet.

6.4   QR-Code-Marketing

6.4.1   Was ist QR-Code?

QR-Code steht für Englisch „Quick Response", also „schnelle Antwort", und ist ein weltweit verbreiteter zweidimensionaler Code für die Kodierung von Informationen, ähnlich wie Barcode und Strichcode, die uns seit Langem bekannt sind (vgl. Wikipedia

2016f). Im Vergleich zum Barcode kann ein QR-Code mehr Informationen aufnehmen. Er ist außerdem aufgrund einer automatischen Fehlerkorrektur sehr robust.

Ein QR-Code kann z. B. Informationen über Produkte, Kontaktinformationen, Standortinformationen, Hyperlinks zu Websites oder Zahlungsinformationen für Tickets und Rechnungen etc. enthalten. Die Informationen werden über einen QR-Code-Scanner gelesen. Auf einem Smartphone kann ein solcher Scanner als App heruntergeladen werden, und der QR-Code lässt sich über die Kamera des Smartphones scannen.

Ein QR-Code kann groß oder klein sein, er kann auf jeden Fall von einem Scanner erkannt werden. Häufig werden QR-Codes zu Werbezwecken auf Plakatwänden oder sogar auf Fassaden von ganzen Gebäuden angebracht. So hat die Stadt Augsburg beispielsweise während der Renovierung des Rathauses im Jahr 2016 Gebäude abgedeckt und auf der Abdeckung einen QR-Code angebracht (s. Abb. 6.10 links). Wenn man mit seinem Handy diesen Code aus der Ferne scannt, wird die Webseite des Rathauses auf dem Handy angezeigt (s. Abb. 6.10 rechts).

Abb. 6.10 Verwendung von QR-Code am Beispiel des Rathauses der Stadt Augsburg. (Quelle: Fotografie des Autors. Mit freundlicher Genehmigung der Stadt Augsburg 2017)

Der Einsatz von QR-Codes ist in China sehr weit verbreitet, was insbesondere auf die Funktion „QR-Code scannen" von WeChat zurückzuführen ist. Man findet QR-Codes überall, beispielsweise auf Produktverpackungen, auf Rechnungen jeder Art, auf Schaufenstern von Läden und auf Tickets.

In Deutschland wird der QR-Code allmählich eingeführt. Immer mehr Unternehmen und Organisationen haben die Vorteile des QR-Codes erkannt. In Deutschland findet man gegenwärtig QR-Codes an vielen Stellen, die für Touristen relevant sind. Die Deutsche Bahn nutzt z. B. QR-Codes für die Anzeige des Reiseplans des aktuellen Zuges. Dieser wird auf dem Reiseplan gedruckt und kann übers Handy gescannt werden.

6.4.2 WeChat-QR-Code mit Parametern

Um eine Analyse der verkauften Produkte und Nutzerdaten zu ermöglichen, bietet WeChat Unternehmen eine Schnittstelle an, mit der ein WeChat-QR-Code mit Parametern vorgesehen werden kann. Die Parameter kennzeichnen die Anwendungsszene des QR-Codes wie beispielsweise den Standort einer Marketingkampagne, die WeChat-ID des Ladens (vgl. Abschn. 11.7.1), der das Produkt mit dem QR-Code verkauft. Wenn ein WeChat-Nutzer einen solchen QR-Code scannt, werden die Informationen, inklusive der OpenID des WeChat-Nutzers, automatisch an das öffentliche WeChat-Konto des Unternehmens gesendet. Dort können entsprechende Aktionen durchgeführt werden, wie beispielsweise „WeChat Pay" über QR-Code.

WeChat bietet zwei Arten von QR-Codes mit Parametern:

1. **Temporärer QR-Code:** Die Gültigkeit des QR-Codes ist zeitlich begrenzt auf maximal sieben Tage. Diese Art von QR-Code wird hauptsächlich für temporäre Anwendungen wie beispielsweise für die Bindung eines Kontos oder für eine Marketingkampagne verwendet.
2. **Permanenter QR-Code:** Ein permanenter QR-Code hat keine Gültigkeitsbegrenzung.

Wenn ein WeChat-Nutzer einen QR-Code mit Parametern scannt, werden die folgenden Ereignisse eintreten:

- Wenn der WeChat-Nutzer noch kein Follower des öffentlichen WeChat-Kontos des Unternehmens ist, wird ihm die Profilseite des öffentlichen WeChat-Kontos angezeigt. Er kann dann durch Klick auf „Folgen" dem öffentlichen WeChat-Konto folgen. Nach dem Folgen wird WeChat ihm das entsprechende Ereignis bzw. die Informationen schicken. Im Fall von „WeChat Pay" über „QR-Code scannen" wird er beispielsweise aufgefordert, die Zahlung zu bestätigen.
- Wenn der WeChat-Nutzer bereits Follower des öffentlichen WeChat-Kontos ist, wird er automatisch zum Dialog eingeladen. WeChat kann ihm auch das entsprechende Ereignis bzw. die Informationen schicken.

Tab. 6.1 zeigt die möglichen Parameter eines WeChat-QR-Codes.

Wichtig sind die Parameter „scene_id" oder „scene_str", die bei der Erstellung durch das Unternehmen selbst festgelegt werden. Sie können z. B. den Standort wie auch den Laden identifizieren. Diese Parameter werden im Hintergrund analysiert und daraufhin entsprechende Aktionen ausgelöst.

Für Unternehmen hat der WeChat-QR-Code mit Parametern große Bedeutung:

- Durch die Analyse der Nutzung von ausgegebenen QR-Codes kann ein Produktunternehmen feststellen, welche Vertriebskanäle für den Vertrieb seiner Produkte am besten geeignet sind und somit seinen Vertrieb optimieren.
- Jedem Vertriebskanal kann ein eigener QR-Code zugewiesen werden. Die Leistung des Vertriebskanals lässt sich dadurch eindeutig messen. Das Unternehmen kann dadurch die Leistungen seiner Vertriebsmitarbeiter genau beurteilen und sie entsprechend motivieren.
- QR-Code mit Parametern ist bestens geeignet für Marketingkampagnen. Jeder WeChat-Nutzer, der einen solchen QR-Code scannt, gibt mindestens gegenüber dem Unternehmen seine OpenID preis, die das Unternehmen für Marketingzwecke verwenden kann.
- QR-Code mit Parametern ist auch geeignet für O2O-Geschäfte.

6.4.3   Bekanntmachung des öffentlichen WeChat-Kontos über QR-Code

Jedem öffentlichen WeChat-Konto ist ein QR-Code zugewiesen. Die Bekanntmachung von öffentlichen WeChat-Konten über QR-Code ist die am häufigsten verwendete Marketingmethode in China. Häufig wird der QR-Code am Ende jeder Rundsendung platziert (s. Abb. 6.11 links). Wenn Leser den QR-Code lange gedrückt halten, erscheint ein Kontextmenü (s. Abb. 6.11 rechts).

Tab. 6.1 Parameterbeschreibung des WeChat-QR-Codes

Parameter	Wert/Bedeutung
expire_seconds	Gültigkeit des QR-Codes, berechnet in Sekunden. Maximal 604.800 s (7 Tage)
action_name	Typ des QR-Codes: QR_SCENE: temporärer QR-Code QR_LIMIT_SCENE: permanenter QR-Code für scene_id QR_LIMIT_STR_SCENE: permanenter QR-Code für scene_str
action_info	Detaillierte Informationen über den QR-Code
scene_id	ID zur Identifizierung der Anwendungsszene. Für den temporären QR-Code: Eine 32-stellige Ganzzahl (kein Null). Für den permanenten QR-Code: Eine Ganzzahl zwischen 1 und 100.000
scene_str	Zeichenkette-ID zur Identifizierung der Anwendungsszene mit dem permanenten QR-Code. Die maximale Länge der Zeichenkette beträgt 64

Abb. 6.11 Bekanntmachung des öffentlichen WeChat-Kontos über QR-Code am Ende einer Rundsendung. Beispiel: ZF After-Sales-Service China (WeChat-ID: ZFSERVICES). (©Tencent 2017 und © ZF Friedrichshafen AG 2017)

Mit dem Menüpunkt „Zum Chat senden" kann man den QR-Code direkt an einen WeChat-Freund oder an eine Gruppe von WeChat-Freunden senden. Man kann auch den Menüpunkt „Im Telefon speichern" wählen und den QR-Code als Bilddatei im Smartphone speichern. Später kann die Bilddatei beispielsweise über E-Mail an Freunde gesendet werden, die ihm dann über die Funktion „QR-Code scannen" auf dem öffentlichen WeChat-Konto des Unternehmens folgen können.

Der QR-Code für die Bekanntmachung von öffentlichen WeChat-Konten kann überall eingesetzt werden. Häufig wird er zu diesem Zweck z. B. auch auf Produktverpackungen abgedruckt oder auf öffentlichen Plätzen mit Anzeigen beworben. Wie bereits erwähnt, kann der QR-Code auch für die Bekanntmachung des öffentlichen WeChat-Kontos auf der Unternehmenswebsite platziert werden (vgl. Abb. 6.2).

6.5 Sonstige Methoden

Es gibt auch viele anderen Methoden, mit denen man sein öffentliches WeChat-Konto bekannt machen und verbreiten kann (vgl. Abb. 1.23). Neben QR-Code und Empfehlung kann das öffentliche WeChat-Konto auch über die Funktion „WeChat Pay" (vgl. Kap. 7), Marketingtools wie „Gutschein/Coupon" (vgl. Kap. 8) oder „iBeacon" (vgl. Kap. 11) bekannt gemacht werden.

Außerdem kann ein öffentliches WeChat-Konto auch über ein anderes chinesisches soziales Netzwerk wie Microblogging-Dienste und Videoportale (vgl. Liu 2016) verbreitet werden. Auch das traditionelle SEO-Marketing (Search Engine Optimization) kann zur Bekanntmachung des öffentlichen WeChat-Kontos zum Einsatz kommen. Ein Cross-Media-Marketing in Verbindung mit traditionellen Medien wie Zeitschriften oder Plakate für die Bekanntmachung des öffentlichen WeChat-Kontos ist ebenfalls denkbar.

Wenn ein Unternehmen genügend Marketingbudget zur Verfügung hat, können auch Anzeigen auf WeChat geschaltet werden, um das öffentliche WeChat-Konto schnellstmöglich bekannt zu machen (vgl. Kap. 9).

Es ist aber klar, dass die Bekanntmachung des öffentlichen WeChat-Kontos auch die Bekanntmachung des Unternehmens bzw. der Produkte/Marken bedeutet.

Literatur

Kopp, O. 2016. Inbound-Marketing – Marketing das begeistert & nicht nervt. http://www.sem-deutschland.de/was-inbound-marketing. Zugegriffen: 24. Juli 2016.

Liu, Y. 2016. Social Media in China – Wie deutsche Unternehmen soziale Medien im chinesischen Market erfolgreich nutzen können. http://www.springer.com/de/book/9783658112301. Wiesbaden: Springer Gabler.

Tencent, Hrsg. 2016. "微信"影响力报告. http://tech.qq.com/a/20160321/007049.htm#p=33. Zugegriffen: 19. Nov. 2016.

Wikipedia, Hrsg. 2016a. Netzwerkeffekt. https://de.wikipedia.org/wiki/Netzwerkeffekt. Zugegriffen: 7. Febr. 2016.

Wikipedia, Hrsg. 2016b. Suchmaschinenoptimierung. https://de.wikipedia.org/wiki/Suchmaschinenoptimierung. Zugegriffen: 7. Febr. 2016.

Wikipedia, Hrsg. 2016c. Content Marketing. https://de.wikipedia.org/wiki/Content_Marketing. Zugegriffen: 24. Juli 2016.

Wikipedia, Hrsg. 2016d. Virales Marketing. https://de.wikipedia.org/wiki/Virales_Marketing. Zugegriffen: 24. Juli 2016.

Wikipedia, Hrsg. 2016e. Produktplatzierung. https://de.wikipedia.org/wiki/Produktplatzierung. Zugegriffen: 24. Juli 2016.

Wikipedia, Hrsg. 2016f. QR-Code. https://de.wikipedia.org/wiki/QR-Code. Zugegriffen: 21. Aug. 2016.

Online-Bezahldienst „WeChat Pay" 7

Zusammenfassung

WeChat App ist nicht nur ein IM-Dienst, sondern auch der meistgenutzte Online-Bezahldienst in China mit einer Gesamtnutzerzahl von über 300 Mio. Durch den Bezahldienst „WeChat Pay" sind Unternehmen heutzutage in der Lage, ein eigenes Business-Ökosystem mit WeChat zu bilden. Die Nutzung des Bezahldienstes ist so einfach, dass praktisch jeder kleine Laden in China den Dienst in Anspruch nehmen kann. Auch für Cross-Border Business kann der Bezahldienst „WeChat Pay" zum Einsatz kommen. In diesem Kapitel wird erklärt, welchen Nutzen „WeChat Pay" Unternehmen bietet, wie der Bezahldienst beantragt werden kann und welche Zahlungsmöglichkeiten es gibt. Am Ende des Kapitels wird die Einrichtung eines WeChat-Onlineshops kurz beschrieben.

7.1 Einführung

Der WeChat Online-Bezahldienst „WeChat Pay" (chinesisch 微信支付) ist eine Dienstleistung für alle WeChat-Nutzer für die Abwicklung des Online-Zahlungsverkehrs. Die Funktion befindet sich unter dem Menü „Meine Brieftasche" (chinesisch 钱包) (s. Abb. 7.1 links).

Für die Abwicklung von Zahlungen über „WeChat Pay" sollte normalerweise ein Girokonto mit diesem Bezahldienst verbunden sein (unter der Funktion „Alle Bankkarte", s. Abb. 7.1 Mitte). Alle Einzahlungen werden zuerst unter „Guthaben" gebucht

---

Die Verwendung der Abbildungen und Screenshots von WeChat erfolgt mit freundlicher Genehmigung von © Tencent 2017. All Rights Reserved.

© Springer Fachmedien Wiesbaden GmbH 2018   119
Y. Liu, *Social Media Marketing in China mit WeChat*,
https://doi.org/10.1007/978-3-658-17497-2_7

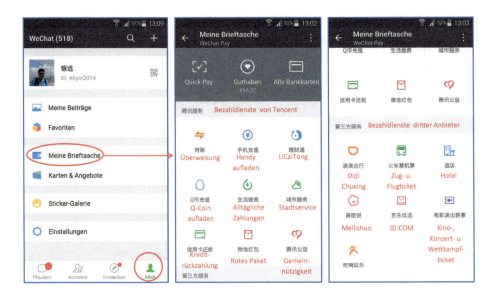

Abb. 7.1   WeChat-Bezahldienst „WeChat Pay". (© Tencent 2017)

und bei einer Auszahlung wird der Betrag vom Guthaben abgehoben. Wenn kein ausrei-
chender Betrag zur Verfügung steht, wird der Betrag vom Girokonto abgebucht.

Es besteht die Möglichkeit, Geld zwischen dem „Guthaben" und dem Girokonto
zu transferieren, wobei die Überweisung durch ein Kennwort autorisiert und vor
Missbrauch geschützt wird. Vor dem 01. März 2016 war die Überweisung vom Guthabenkonto auf das Bankkonto kostenfrei. Seitdem erhebt Tencent 0,1 % des Über-
weisungsbetrags als Bearbeitungsgebühr. Einen Freibetrag gibt es bis zu insgesamt
1000 Yuan (ca. 135 EUR). Alle anderen Zahlungsabwicklungen bleiben weiterhin kostenfrei.

Allerdings gibt es auch viele WeChat-Nutzer, die zwar diese Funktion von „WeChat
Pay" nutzen, aber kein Bankkonto mit WeChat verbunden haben. Das Guthaben kommt
in diesen Fällen beispielsweise aus WeChat Rotes Packet (s. Abschn. 7.9) und kann auch
für Einkäufe verwendet werden.

Mit der Funktion „Quick Pay" lassen sich viele Zahlungen direkt über den WeChat-
Bezahldienst schnellstens und bequem abwickeln. So kann man in China beispielsweise
die Rechnungen von McDonald's über WeChat „Quick Pay" bezahlen. Für Unternehmen
bestehen verschiedene Möglichkeiten, diese Funktion zu nutzen. Auf die genaue Vorgehensweise gehen wir in diesem Kapitel noch anhand von Beispielen ein.

„WeChat Pay" ist eine Anpassung des Online-Bezahldienstes Tenpay (chinesisch 财
付通), einem erfolgreichen Produkt von Tencent. Tenpay dominiert zusammen mit Ali-
Pay (chinesisch支付宝, ein Produkt von Alibaba) und UnionPay (chinesisch中国银联,
staatlich) den chinesischen Markt der mobilen Online-Bezahldienste mit einem Gesamt-
marktanteil von ca. 80 % (vgl. CIW-Team 2014).

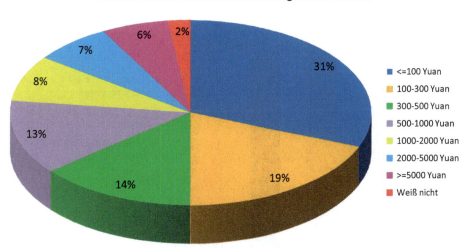

Durchschnittliche monatliche Auszahlungen über WeChat

Abb. 7.2 Durchschnittliche monatliche Auszahlungen über WeChat. (Quelle: in Anlehnung an Tencent 2016c)

Angaben von Tencent zufolge gab es Ende September 2016 über 300 Mio. WeChat-Nutzer, deren WeChat-Konten mit ihren Bankkonten verbunden waren (vgl. Tencent 2016a, S. 104). Im Vergleich zum Vorjahresmonat (vgl. Tencent 2016b) ist die Nutzerzahl von „WeChat Pay" um 100 Mio. gestiegen. Über die Hälfte der Befragten gaben in einer Umfrage an, dass „WeChat Pay" für sie ein wichtiges Offline-Zahlungstool sei (s. Tencent 2016c).

Durchschnittlich zahlen 67 % der „WeChat Pay"-Nutzer monatlich über 100 Yuan (ca. 14 EUR) über WeChat aus. Etwa ein Fünftel der „WeChat Pay"-Nutzer zahlen monatlich mehr als 300 Yuan (ca. 42 EUR) über WeChat aus (vgl. Abb. 7.2).

Warum hat „WeChat Pay" so viele Nutzer? Die Umfrage von Tencent hat auch festgestellt, dass 46,2 % der „WeChat Pay"-Nutzer den Bezahldienst deswegen gerne verwenden, weil die Zahlung ohne Bargeld und ohne Wechselgeld für sie einfach ist (vgl. Abb. 7.3). Fast der gleiche Anteil (44,9 %) der WeChat-Nutzer verwendet den Bezahldienst, weil sie ihren Geldbeutel nicht mehr überall bei sich haben müssen. 39,2 % der WeChat-Nutzer sind dadurch motiviert, den Bezahldienst von WeChat zu nutzen, dass den Kunden von Händlern normalerweise Vergünstigungen für Zahlungen über WeChat angeboten werden.

7.2 „WeChat Pay" für Unternehmen

Unternehmen und Organisationen können die Funktion „WeChat Pay" in ihre Geschäftsprozesse integrieren und dadurch ihren Kunden die Zahlungsmöglichkeit mit WeChat anbieten. Angesichts der steigenden Anzahl von WeChat-Nutzern von derzeit

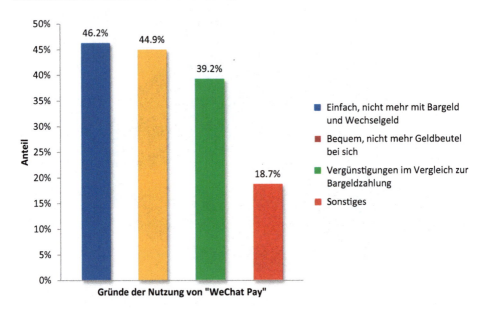

Abb. 7.3 Gründe der Nutzung von „WeChat Pay". (Quelle: in Anlehnung an Tencent 2016c)

(Stand Ende März 2017) über 937 Mio. bieten sich für Unternehmen hierdurch Chancen, auf einfache Weise E-Commerce zu betreiben und ihre Produkte und Dienstleistungen der breiten Öffentlichkeit anzubieten. Wie schon in Kap. 1 erwähnt wurde, können Unternehmen durch die Funktion „WeChat Pay" ein Business-Ökosystem bilden, in dem alle Marketingtätigkeiten erledigt werden können.

„WeChat Pay" bietet Unternehmen nicht nur die Möglichkeit, Zahlungsverkehr mit Kunden über WeChat abzuwickeln. Es ist auch ein Marketingtool. Mit der Funktion „WeChat Pay" können Kundendaten im Hintergrund gesammelt und analysiert werden. Unternehmen haben somit die Möglichkeit, Kunden individuell anzusprechen und ihnen gezielt Produkte und Dienstleistungen anzubieten.

Tencent zufolge soll es bis Ende September 2016 fast eine Million reale Läden und Kaufhäuser geben, die die Zahlung über „WeChat Pay" akzeptieren (vgl. Tencent 2016a, S. 104).

Die Integration von „WeChat Pay" im eigenen Geschäft ist so einfach, dass praktisch jeder kleine Laden in China heutzutage in der Lage ist, Kunden bargeldlose Zahlung über WeChat anzubieten, so z. B. auch kleine Imbissbuden, Verkaufstände (vgl. Abb. 1.21) und Kioske (vgl. Scheuer 2016 und Millward 2016).

Unternehmen können die Funktion „WeChat Pay" für die Zahlungsabwicklung grundsächlich auf vier Arten in die eigenen Geschäftsprozesse integrieren:

1. Zahlung über die Funktion „Quick Pay" (chinesisch 付款)
2. Zahlung über „QR-Code scannen" (chinesisch 扫码支付).
3. Zahlung über öffentliches WeChat-Konto (chinesisch 公众号支付).
4. Integrieren von „WeChat Pay" in eigenen Apps (chinesisch APP支付).

Darüber hinaus gibt es noch fünf weitere Funktionen, die Unternehmen in ihre eigenen Marketingaktivitäten integrieren können:

1. Digitales rotes Paket von Unternehmen (chinesisch 现金红包)
2. Digitales teilbares rotes Paket (chinesisch 裂变红包)
3. Digitales Coupon und Gutschein (chinesisch 代金券)
4. Sofortiger Rabatt (chinesisch 立减优惠)
5. Unternehmenszahlung über WeChat (chinesisch 企业付款).

Die erweiterten Funktionen werden in Kap. 8 für die Marketingtools beschrieben. Im Folgenden werden die Beantragung und die Nutzung von „WeChat Pay" erläutert.

7.3 Beantragung von „WeChat Pay" in Festlandchina

7.3.1 Voraussetzung

Der Online-Bezahldienst „WeChat Pay" ist eine erweiterte Funktion des öffentlichen WeChat-Kontos und setzt voraus, dass ein Unternehmen mindestens ein öffentliches WeChat-Konto hat und es muss sich zudem um ein Servicekonto handeln. Auch für das Unternehmenskonto kann „WeChat Pay" genutzt werden. Außerdem müssen diese Konten durch Tencent verifiziert werden.

Normale Abonnementkonten haben diese Möglichkeit nicht. Ausnahmen bilden die Abonnementkonten von Behörden und Medienunternehmen, was direkt bei der Registrierung angegeben werden muss. Auch solche Abonnementkonten müssen durch Tencent verifiziert werden. Nur verifizierte öffentliche WeChat-Konten haben die Berechtigung, „WeChat Pay" zu nutzen. Die Vorgehensweise der Verifizierung wurde bereits in Abschn. 5.2 erläutert.

Um den Online-Bezahldienst „WeChat Pay" in Apps zu integrieren, muss ein Unternehmen bzw. ein Entwickler ein Konto auf der offenen Plattform von WeChat haben (vgl. Abb. 3.7). Die Qualifikation des Entwicklers muss außerdem durch Tencent verifiziert werden.

7.3.2 Beantragung

Der Online-Bezahldienst von „WeChat Pay" muss von den berechtigten Unternehmen beantragt werden. Um die Zahlungsfunktionen „Quick Pay", „QR-Code scannen" und „Zahlung über öffentliches WeChat-Konto" zu nutzen, müssen Unternehmen den Online-Bezahldienst „WeChat Pay" auf der öffentlichen Plattform beantragen. Dasselbe gilt für die Integration von „WeChat Pay" in fremden Apps.

Die Vorgehensweise der Beantragung auf der öffentlichen Plattform von WeChat und auf der offenen Plattform von WeChat ist ähnlich. Deswegen wird in diesem Abschnitt nur der Ablauf der Beantragung auf der öffentlichen Plattform erläutert (vgl. Abb. 7.4).

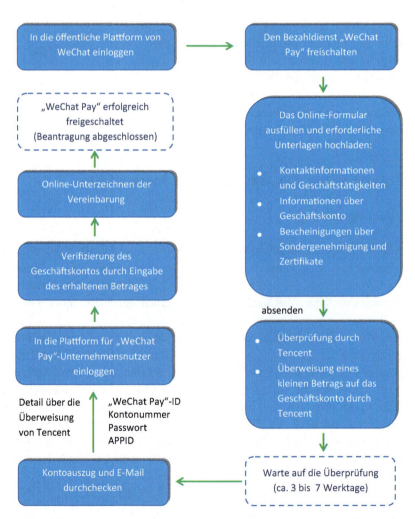

Abb. 7.4 Ablauf der Beantragung des Online-Bezahldienstes „WeChat Pay" für Unternehmen auf WeChat öffentlicher Plattform

Zuerst muss ein berechtigtes Unternehmen sich auf der öffentlichen Plattform in sein öffentliches WeChat-Konto einloggen und dort die Funktion „WeChat Pay" (chinesisch 微信支付) freischalten lassen. Daraufhin wird ein Formular angezeigt, das online ausgefüllt werden muss. Für Unternehmen müssen die folgenden Informationen angegeben werden:

1. **Kontaktinformationen: Name der Kontaktperson, deren Handynummer und E-Mail-Adresse**
   Die Handynummer wird für die Verifizierung der Eintragung durch eine zugesandte Prüfziffer benötigt. Über die E-Mail-Adresse werden der Kontaktperson (dem Antragsteller) die Zugangsdaten für das Einloggen in die Plattform für „WeChat Pay"-Unternehmensnutzer (vgl. Abb. 3.3) zugesandt.
2. **Geschäftstätigkeiten mit „WeChat Pay"**
   Hier werden Informationen eingegeben, die mit den Geschäftstätigkeiten des Unternehmens mit „WeChat Pay" direkt zu tun haben. Das sind:
   - Abkürzung des Nutzernamens: Sie kann z. B. Abkürzung eines Unternehmensnamen wie „Didi Chuxing" oder „Amazon" sein. Diese Abkürzung wird am Ende jeder WeChat-Zahlung bei der Zusammenstellung der Zahlung dem WeChat-Nutzer angezeigt.
   - Arten der Produkte oder Dienstleistungen: Nach den chinesischen Industrie- und Handelsvorschriften und sonstigen Vorschriften zur Vorprüfung sind nicht alle Produkte und Dienstleistungen für „WeChat Pay" zulässig. Diese müssen sich zuerst überprüfen lassen. Eine Liste der verbotenen Artikel wird dem Antragsteller beim Ausfüllen des Formulars angezeigt. Für manche Produkte und Dienstleistungen müssen zusätzliche Bescheinigungen über die Sondergenehmigung bzw. Zertifikate/Urkunden vorgelegt werden, z. B. Bescheinigung für die Einhaltung der Hygiene für Lebensmittel. Solche Dokumente müssen hochgeladen werden.
   - Kurze Beschreibung der Produkte und Dienstleistungen: Diese müssen mit den oben genannten Geschäftsarten identisch sein.
   - Telefonnummer für eine Servicehotline: Jeder, der „WeChat Pay" nutzen will, muss eine Telefonnummer für eine Servicehotline für Kunden einrichten. Diese muss auch jederzeit erreichbar sein. Der Überprüfer des Antrags wird eventuell nach dieser Telefonnummer anrufen. Wenn sie nicht erreichbar wäre, würde der Antrag unter Umständen abgelehnt.
   - Website des Unternehmens: Dieses Feld muss von Internetunternehmen ausgefüllt werden. Für sonstige Unternehmen ist dieses Feld optional.
3. **Informationen über das Unternehmen**
   Die hier erforderlichen Informationen werden normalerweise von den Informationen entnommen, die bei der Verifizierung des öffentlichen WeChat-Kontos vorgelegt worden sind (vgl. Abschn. 5.2). Sie können jedoch hier auch geändert werden. Folgende Informationen sind erforderlich:

- Basisinformationen: Offizieller Name des Unternehmens und Registrierungsort des Geschäfts.
- Betriebserlaubnis: Registernummer der Betriebserlaubnis, Geschäftstätigkeiten, Gültigkeit der Betriebserlaubnis, Kopie der Betriebserlaubnis.
- Organisations-ID[1]: ID-Nummer des Unternehmens, Gültigkeit, Kopie der ID-Karte.
- Juristische Personen des Unternehmens: Art des Ausweises (z. B. Personalausweis), Nummer und Gültigkeit des Ausweises sowie Kopie des Ausweises.

4. **Informationen über das Geschäftskonto des Unternehmens**

   Unternehmen, die Geschäftstätigkeiten wie Verkauf von Produkten und Dienstleistungen über „WeChat Pay" abwickeln wollen, müssen ein gültiges Geschäftskonto bei einer chinesischen Bank haben.

Nachdem alle erforderlichen Felder ausgefüllt worden sind, können die Daten (eventuell auch die Dateien) online an Tencent abgesendet werden. Tencent wird die eingegangenen Daten auf Richtigkeit und Gesetzmäßigkeit überprüfen.

Die Überprüfung dauert in der Regel drei bis sieben Arbeitstage. Wenn die Überprüfung erfolgreich ist, stellt Tencent dem Antragsteller per E-Mail eine „WeChat Pay"-ID (Identifikationsnummer des „WeChat Pay"-Unternehmensnutzers), eine Kontonummer und ein vorläufiges Passwort für das Einloggen in die Plattform für „WeChat Pay"-Unternehmensnutzer sowie die AppID des öffentlichen WeChat-Kontos zu und überweist zur Verifizierung des Geschäftskontos einen kleinen beliebigen Betrag auf dessen Geschäftskonto.

Der Antragsteller muss sich nach Erhalt der Überweisung auf der öffentlichen Plattform in sein öffentliches WeChat-Konto einloggen und dort die Funktion „Verifizierung des Geschäftskontos", die sich unter „WeChat Pay" befindet, auswählen und die korrekte Zahl des erhaltenen Betrags eingeben.

Nach der erfolgreichen Überprüfung durch Tencent muss der Antragsteller noch den „Vereinbarungen für die Nutzung von ‚WeChat Pay'" (chinesisch „微信支付服务协议") online zustimmen. Danach wird er automatisch zur Plattform für „WeChat Pay"-Unternehmensnutzer weitergeleitet, wo er sich mit den bekannten Zugangsdaten einloggen kann. Erst mit diesem Schritt ist die Beantragung des Bezahldiensts „WeChat Pay" abgeschlossen.

Die Plattform für „WeChat Pay"-Unternehmensnutzer ist der Ort, wo Unternehmen alle Einstellungen und Tätigkeiten mit „WeChat Pay" erledigen können, z. B. Parametereinstellungen, Erstellen von Gutscheinen und Abruf von Zahlungsdaten.

---

[1]In China hat jede registrierte Organisation eine landesweit einheitliche einzigartige Identifikationsnummer, ähnlich wie die Nummer für einen Personalausweis.

7.4   Beantragung von „WeChat Pay" außerhalb von Festlandchina

7.4.1   Funktionsweise

Unternehmen außerhalb von Festlandchina (ohne chinesische Betriebserlaubnis) können den WeChat-Bezahldienst „WeChat Pay" für ihre Unternehmenstätigkeiten ebenfalls nutzen und z. B. chinesische Festlandkunden außerhalb von China bedienen. Dies ist besonders sinnvoll für ausländische Onlineshops wie Marken-Onlineshops oder Duty-Free-Shops in Flughäfen.

Die Zahlungsabwicklung funktioniert wie folgt: Ein chinesischer Käufer zahlt in einem stationären Shop im Ausland oder in einem ausländischen Onlineshop über „WeChat Pay" für die gekauften Waren. Nach dem Bezahlvorgang wird die Zahlungsinformation an die kooperative Settlement-Bank von Tencent (China Construction Bank, chinesisch 中国建设银行 oder China Citic Bank, chinesisch 中信银行) zum Währungsumtausch weiter geleitet. Der Fremdwährungsbetrag wird dann mit dem am jeweiligen Tag des Geschäftsvorfalls gültigen Umrechnungskurs zwischen der chinesischen Währung und der Fremdwährung ermittelt und der Betrag in der chinesischen Währung RMB dann sofort vom Bankkonto des Käufers abgebucht. Die Bank kauft die entsprechende Fremdwährung in T+1 Tagen nach dem gültigen Umrechnungskurs ein.

Der Betrag der Fremdwährung wird allerdings nicht sofort an das ausländische Bankkonto des Verkäufers überwiesen. Erst wenn die Summe der Zahlungen das Limit von 5000 US$ oder die entsprechende Höhe einer anderen Fremdwährung erreicht hat, wird sie auf das ausländische Bankkonto überwiesen (vgl. Tencent 2016d). Tencent übernimmt die Überweisungsgebühren der kooperativen Bank. Sonstige Gebühren wie die Gebühren der Empfangsbank muss der Verkäufer selbst tragen.

Zurzeit (Stand September 2016) unterstützt „WeChat Pay" für Kunden außerhalb von Festlandchina die folgenden Währungen:

- AUD (Australischer Dollar)
- CAD (Kanadischer Dollar)
- EUR (Euro)
- GBP (Britisches Pfund)
- HKD (Hongkong-Dollar)
- JPY (Japanischer Yen)
- KRW (Südkoreanischer Won)
- NZD (Neuseeland-Dollar)
- USD (US-Dollar)

Sonstige Fremdwährungen werden in US-Dollar umgerechnet und überwiesen.

7.4.2 Kooperationsarten

Unternehmen außerhalb von Festlandchina können „WeChat Pay" nicht wie die Unternehmen in Festlandchina auf der öffentlichen Plattform von WeChat beantragen. Sie müssen selbst entweder direkt mit dem Unternehmen Tencent kooperieren oder sich an einen lokalen Dienstleister wenden.

Es gibt drei Arten der Kooperation zwischen ausländischen Unternehmen/Organisationen und Tencent:

1. **Direkte Kooperation:** Ausländische Unternehmen und Organisationen, die „WeChat Pay" für eigene Geschäfte im Ausland außerhalb von Festlandchina nutzen wollen, können direkt mit Tencent kooperieren. Hierfür müssen ausländische Unternehmen direkt mit Tencent einen Vertrag abschließen. „WeChat Pay" transferiert die Kundenzahlungen direkt an die Vertragsunternehmen in der fremden Zielwährung.
2. **Kooperation mit ausländischen Dienstleistern:** Tencent kooperiert mit Dienstleistern, die von ausländischen Unternehmen, die „WeChat Pay" nutzen wollen, empfohlen werden und die Dienstleistungen für die Einrichtung von „WeChat Pay" sowie technische Unterstützung für die lokalen Kunden bieten. Tencent wird aber Verträge direkt mit den Endkunden abschließen und Zahlungen an diese direkt überweisen.
3. **Kooperation mit ausländischen Bezahldienstleistern:** Bei dieser Art der Kooperation schließt Tencent Verträge mit ausländischen Bezahldienstleistern, z. B. Banken, ab, deren Kunden „WeChat Pay" nutzen können. Zwischen Tencent und den Endkunden gibt es keine Vertragsbindung. Die Abrechnung der „WeChat Pay"-Zahlung erfolgt zwischen Tencent und den kooperierenden ausländischen Bezahldienstleistern. Diese rechnen dann mit ihren Kunden ab.

▶   „WeChat Pay" für internationale Unternehmenskunden wurde erst am 15. Januar 2016 eingeführt (vgl. Tencent 2016e). Zurzeit befindet sich der Online-Bezahldienst für ausländische Kunden noch in der Testphase. Nicht in jedem Land kann man diesen Bezahldienst beantragen. Interessierte ausländische Unternehmen und Organisationen können sich per E-Mail (weixinpayBD@tencent.com) direkt mit Tencent in Verbindung setzen, um weitere Informationen zu erhalten.

7.4.3 Beantragung

Ausländische Produktanbieter können selbst direkt bei Tencent „WeChat Pay" beantragen. Die Beantragung außerhalb von Festlandchina ist jedoch etwas komplizierter als für die in Festlandchina ansässigen Unternehmen. Vor der Beantragung müssen ausländische Produktanbieter das Formular „Vendor Information Form" (s. Abb. 7.5) herunterladen

Vendor Information Form

WeChat Pay

Please fill out the vendor information form and email weixinpayBD@tencent.com before applying to the WeChat Pay service. We will reach out to you in 7-15 business days after receiving your application to assist you with the application process.

Vendor Details	
Registered Company Name	Website URL
Country/Area	Company Industry

Business Type

Online Retail, Shopping Mall, Service Provider, Financial(Payment) Institution, others (Required to indicate)

Company Profile

Contact Details	
First Name	Last Name
Email	Contact Phone Number

Cooperation Details

Cooperation Mode

Business Type

☐ Quick Pay   ☐ In-App Web-based Payment   ☐ QR Code Payment   ☐ In-App Payment

Anticipated transaction amount

Abb. 7.5 Das Formular „Vendor Information Form" für die Beantragung von „WeChat Pay" außerhalb von Festlandchina. (Quelle: Tencent 2016f)

und ausfüllen. Das ausgefüllte Formular wird dann per E-Mail (weixinpayBD@tencent. com) an Tencent zur Überprüfung gesendet. Tencent nimmt nach Eingang des Formulars innerhalb von sieben bis 15 Werktagen Kontakt mit dem Unternehmen auf, um die Beantragung von „WeChat Pay" zu unterstützen.

Daraufhin reicht das beantragende Unternehmen die erforderlichen Unterlagen bei Tencent ein. Die Überprüfung dauert in der Regel sieben bis 15 Werktage. Wenn die Überprüfung abgeschlossen ist, versendet Tencent die Kontoinformationen per E-Mail an den Antragsteller.

Ein Vertrag muss aber noch offline persönlich unterschrieben werden. Nach der Unterzeichnung des Vertrages erteilt Tencent dem Antragsteller die Berechtigung zur Nutzung des Bezahldienstes und schaltet das „WeChat Pay"-Konto frei. Mit diesen Informationen kann sich das Unternehmen dann auf der Plattform für „WeChat Pay"-Unternehmensnutzer außerhalb von Festlandchina (vgl. Abb. 3.4) in das eigene Konto einloggen und Einstellungen verwalten.

7.4.4   Kundennutzen von „WeChat Pay" im Ausland

Westliche Länder und ihre Produkte werden für die Chinesen immer attraktiver. Mit zunehmendem Wohlstand reisen viele Chinesen jedes Jahr ins Ausland, insbesondere nach Europa. Original-Markenprodukte, insbesondere Luxusmarken, erfreuen sich bei Chinesen immer größerer Beliebtheit.

2014 gehörten chinesische Touristen zu den Spitzenreitern beim Tax-Free-Einkauf in Deutschland. Sie trugen mit einem Anteil von 35 % am stärksten zum Tax-Free-Umsatz des deutschen Einzelhandels bei. Deutsche Markenartikel stehen für Chinesen für Qualität und Echtheit. Im Durchschnitt gibt der chinesische Kunde in Deutschland bei jedem Tax-Free-Kauf 660 EUR aus (vgl. Wilhelm 2016).

Ein Problem ist, dass die meisten chinesischen Kreditkarten im Ausland nicht akzeptiert werden. Obwohl das chinesische Kreditinstitut UnionPay einen internationalen Bezahldienst anbietet, ist es für die meisten chinesischen Touristen relativ kompliziert, ein Konto bei diesem zu beantragen. Mit „WeChat Pay" könnten sie hingegen mit dem Konto ihrer Hausbank überall bezahlen. Die Einführung von „WeChat Pay" im Ausland wäre für chinesische Kunden äußerst hilfreich.

In Deutschland steht man Zahlungen über einen IM-Dienst, insbesondere über eine chinesische IM-App wie WeChat, noch skeptisch gegenüber, was durchaus nachvollziehbar ist, sich aber möglicherweise in absehbarer Zeit ändern wird.

7.5   Zahlung über „Quick Pay"

Die Zahlungsmethode „Quick Pay" (chinesisch „付款") ist selbsterklärend. Mit dieser Funktion kann eine Zahlung durch Scannen des QR-Codes bzw. Barcodes einfach und schnell erfolgen. Die beiden Codes werden auf dem Handybildschirm des Käufers angezeigt, die er der Kassiererin zum Scannen vorlegt. Diese Funktion befindet sich unter „Meine Brieftasche" (s. Abb. 7.1 Mitte).

„WeChat Pay"-Nutzer teilen WeChat üblicherweise ihre Bankverbindung mit, die dann unter „WeChat Pay" gespeichert, also mit diesem gekoppelt wird. Jeder Bankverbindung werden ein Barcode und ein QR-Code zugewiesen, die diese Bankverbindung eindeutig identifizieren.

7.5.1   Zahlungsvorgang

Der Bezahlvorgang über diese Funktion in einem stationären Shop sieht wie folgt aus:

1. Ein Kunde sucht Waren und geht zur Bezahlung an die Kasse.
2. Die Waren werden in das Verkaufssystem des Ladens eingescannt bzw. die Artikelnummer in das System eingegeben. Der Kunde erhält von der Kassiererin eine Quittung zur Bezahlung.
3. Wenn der Betrag stimmt, sagt der Kunde der Kassiererin, dass er die Rechnung über WeChat bezahlen möchte. Er ruft dann die Funktion „Quick Pay" von seiner WeChat App ab, indem er auf diese klickt. Daraufhin wird eine neue Seite mit einem Bar- und einem QR-Code angezeigt (vgl. Abb. 7.6). Er zeigt der Kassiererin seinen Handybildschirm.
4. Die Kassiererin scannt mit ihrem speziellen Scangerät den Bar- oder QR-Code ein und übermittelt dadurch die Bankverbindungsdaten dem WeChat-Bezahldienst „WeChat Pay", der die Zahlung abwickeln soll.
5. „WeChat Pay" überprüft diese Daten im Hintergrund und verlangt unter Umständen vom WeChat-Nutzer die Eingabe seines Kontokennworts. Bei Zahlung eines größeren Betrags sendet „WeChat Pay" außerdem dem WeChat-Nutzer eine SMS-Nachricht zur Verifizierung zu.
6. Wenn alles einwandfrei gelaufen ist, sendet „WeChat Pay" am Ende der Zahlung dem Kunden eine Nachricht und zeigt ihm die Zahlungsdaten an.

Abb. 7.6 Bar- und QR-Code für die Zahlung über „Quick Pay" von WeChat. (Quelle: CuriosityChina 2016)

Der Betrag wird sofort vom Guthabenkonto oder, wenn kein ausreichendes Guthaben zur Verfügung steht, vom hinterlegten Bankkonto abgebucht. Diese Zahlungsmethode erinnert stark an die in Europa bekannte Online-Bezahlmethode „Sofortüberweisung".

7.5.2   Integrieren von „Quick Pay" im eigenen Geschäft

Unternehmen haben zwei Möglichkeiten, die Funktion „Quick Pay" im eigenen Geschäft zu integrieren:

1. Die Ladenkasse kann über das Internet direkt mit dem Dienst von „WeChat Pay" kommunizieren und Informationen mit diesem austauschen (vgl. Abb. 7.7).
2. Die Ladenkasse leitet die Informationen von Bar-/QR-Code des WeChat-Kunden an den IT-Server des Ladens weiter. Der Server übernimmt die Funktion der Kommunikation und des Informationsaustauschs mit dem Bezahldienst „WeChat Pay" (vgl. Abb. 7.8).

▶ Mit dem in diesem Buch verwendeten Begriff „IT-Server" ist ein Kommunikations- und Warenverwaltungssystem eines Produktanbieters/Händlers gemeint. Der Server erledigt diese Aufgaben im Hintergrund und kann je nach der Aufgabe die Website, das POS (Point of Sale)-System wie Kasse, das Warenverwaltungssystem, das Warenversandsystem oder das CRM (Customer-Relationship-Management)-System des Produktanbieters sein.

Unternehmen, die „WeChat Pay" nutzen, müssen auch die Standardbeschilderung von WeChat zur Anweisung oder zur Anzeige für Kunden benutzen (vgl. Abb. 7.9). Abb. 7.10 zeigt beispielhaft die Verwendung der WeChat-Pay-Schilder in einem stationären Shop.

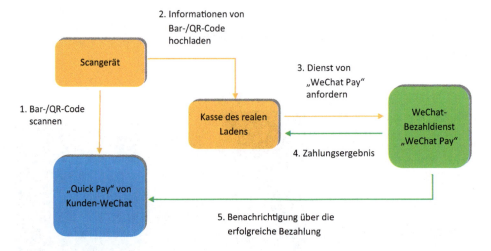

Abb. 7.7 Zahlungsweise über „Quick Pay": Dienst von „WeChat Pay" direkt über die Kasse des realen Ladens anfordern

Abb. 7.8 Zahlungsweise über „Quick Pay": Dienst von „WeChat Pay" über den IT-Server des realen Ladens anfordern

Abb. 7.9 Template für Ladenschilder von „WeChat Pay". (Quelle: Tencent 2016j)

Die Funktion „Quick Pay" ist sehr praktisch und kann in jedem stationären Shop zum Einsatz kommen. So kann man beispielsweise die Rechnungen bei McDonald's in Peking über „Quick Pay" bezahlen. Im Alltag wird diese Funktion in China überall verwendet, z. B. in Restaurants, Hotels, Postämtern, Supermärkten, Krankenhäusern, bei Warenautomaten und für Zutrittskarten. Auch die Bezahlung von Mautgebühren erfolgt in China bargeldlos über die Funktion „Quick Pay" (vgl. Ncnews 2017).

Abb. 7.10 „WeChat-Pay"-Schilder in einem realen Laden. (Quelle: Tencent 2016g)

7.6   Zahlung über „QR-Code scannen"

Im Gegensatz zur Zahlung über „Quick Pay" brauchen Produktanbieter für die Zahlungsabwicklung über „QR-Code scannen" (chinesisch 扫码支付) keine Scangeräte, sodass
diese Art der Zahlung überall eingesetzt werden kann. Besonders bei Marketingkampagnen wird QR-Code für „WeChat Pay" häufig und gerne genutzt.

Die Smartphones von Kunden funktionieren in diesem Fall als QR-Code-Scangeräte
(vgl. Abb. 1.19). Durch Scannen des QR-Codes über die Funktion „QR-Code scannen"
von WeChat sendet der Nutzer selbst die Zahlungsdaten des Produktes oder der Rechnung, inklusive seiner „WeChat Pay"-Kontodaten, an den „WeChat Pay" und fordert diesen an, die Zahlung abzuwickeln.

Es gibt grundsätzlich zwei Arten der Nutzung des QR-Codes für die Zahlung über
WeChat: vorerzeugter QR-Code und direkt erzeugter QR-Code.

7.6.1   Zahlung über vorerzeugten QR-Code

Die Zahlung über den vorerzeugten QR-Code funktioniert wie folgt:

1. Der Produktanbieter erzeugt vorher den QR-Code für sein Produkt/seine Rechnung
   gemäß den Regeln von „WeChat Pay". Für diesen Zweck kann die Software von Drit-
   tanbietern verwendet werden. In diesem QR-Code sind u. a. die folgenden Parameter/
   Informationen über das Produkt/die Rechnung und den Produktanbieter enthalten:
   – appid: ID des öffentlichen WeChat-Kontos des Produktanbieters
   – mch_id: „WeChat Pay"-ID des Produktanbieters
   – time_stamp: Systemzeit bei der Erstellung des QR-Codes
   – nonce_str: Eine nach dem Zufallsprinzip erzeugte Zeichenkette für die sichere
     Datenübertragung
   – produkt_id: Von dem Produktanbieter definierte Produkt-ID oder Rechnungs-
     nummer
   – sign: Elektrische Signatur für die sichere Datenübertragung
     Der QR-Code wird auf der Produktverpackung bzw. auf einem Schild neben dem
     Produkt angebracht und steht den Kunden zum Scannen zur Verfügung.
2. Ein WeChat-Nutzer wählt das Produkt aus, ruft die Funktion „QR-Code scannen"
   von WeChat über sein Smartphone auf und scannt den QR-Code. Die Zahlungsinformation von QR-Code wird dann automatisch an „WeChat Pay" gesendet.
3. Nach dem Eingang der Zahlungsanforderung des WeChat-Kunden informiert „WeChat
   Pay" den Produktanbieter mit den Informationen wie „produkt_id" und „openid"
   über die Kaufabsicht des WeChat-Kunden. Der Parameter „openid" ist der identische
   Bezeichner des WeChat-Kunden auf dem öffentlichen WeChat-Konto des Produktanbieters (vgl. Abschn. 4.9). Die Informationen werden an die vom Produktanbieter
   voreingestellte URL gesendet. Der Produktanbieter hat zuvor diese URL auf der öffentlichen Plattform von WeChat festgelegt.

4. Der IT-Server des Produktanbieters erstellt nach dem Eingang der Kaufabsicht des WeChat-Kunden eine Bestellliste nach dem „product_id".

5. Der IT-Server des Produktanbieters ruft dann die WeChat-API für die Erstellung einer Standardrechnung auf. Dabei werden neben den Informationen wie appid und mch_id auch Informationen über die Ausgabestelle des QR-Codes wie die WeChat-ID des Ladens sowie Produktbeschreibung und die Summe des Betrags etc. angegeben (vgl. Tencent 2016h).

6. „WeChat Pay" erzeugt nach der Anforderung des Produktanbieters eine Standardrechnung.

7. Der Produktanbieter erhält von „WeChat Pay" eine „prepay_id" der Standardrechnung und ruft danach die Standardrechnung zur Überprüfung auf.

8. Nach der erfolgreichen Überprüfung sendet der Produktanbieter die „prepay_id" an „WeChat Pay" zurück und fordert bei diesem die Zahlungsabwicklung an.

9. „WeChat Pay" zeigt dem WeChat-Nutzer den Betrag auf seinem Handybildschirm gemäß der „prepay_id" an und fordert von diesem die Erteilung der Zahlungsermächtigung an.

10. Der WeChat-Nutzer bestätigt die Zahlung durch Eingabe eines Kennwortes und erteilt dadurch „WeChat Pay" die Ermächtigung zur Abhebung des Geldbetrags von seinem „WeChat Pay"-Konto.

11. „WeChat Pay" überprüft die Ermächtigung und wickelt die Zahlung ab. WeChat Pay benachrichtigt nach der erfolgreichen Abwicklung der Zahlung den WeChat-Nutzer und zeigt das Kaufergebnis auf dem Handybildschirm an. Gleichzeitig wird der IT-Server des Produktanbieters über das Kaufergebnis informiert. Dieser muss aber eine Empfangsbestätigung an „WeChat Pay" schicken, sodass „WeChat Pay" ihm keine weitere Nachricht mehr senden muss.

12. Nach der Sicherstellung der Zahlungsabwicklung kann der Produktanbieter dem WeChat-Nutzer die gekauften Waren ausliefern bzw. bestimmte Aktionen auslösen.

Falls der IT-Server des Produktanbieters keine Nachricht über die erfolgreiche Zahlung des Kunden erhält, kann dieser die WeChat-API für die Nachfrage der Bestellung aufrufen, um sich über das Zahlungsergebnis zu informieren.

Der Vorgang scheint auf den ersten Blick ziemlich kompliziert zu sein, in der Praxis verläuft die Abwicklung aber ziemlich schnell. Abb. 7.11 visualisiert den gesamten Ablauf der Zahlungsabwicklung über einen vorerzeugten QR-Code.

Diese Art der Zahlung kann überall verwendet werden, wenn der Preis und der Verkaufsort der Produkte im Vorfeld festgelegt sind. So kann beispielsweise die Zahlung über einen vorerzeugten QR-Code für Eintrittskarten (vgl. Tencent 2016i) oder bei Warenautomaten zum Einsatz kommen. Bei einem Warenautomaten, z. B. einem Getränkeautomaten, wird die Ware nach dem Scannen des QR-Codes und der Bestätigung der Zahlung automatisch ausgegeben. Dahinter steckt die Technik der WeChat-fähigen Hardware (vgl. Kap. 11). Es eignet sich auch für reale Marketingkampagnen, bei denen Produkte mit festgelegten Preisen für den Marketingzweck verkauft werden sollen.

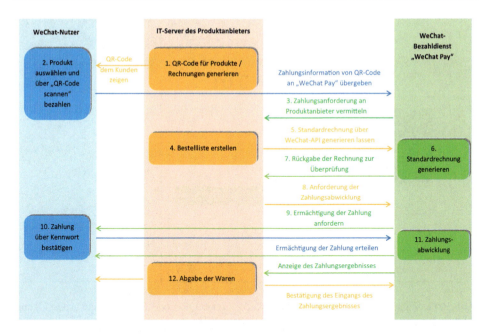

Abb. 7.11   Ablauf der Zahlung über vorerzeugten QR-Code

Abb. 7.12 und 7.13 zeigen als Beispiele (nur zum Testzweck) den Bezahlvorgang über einen vorerzeugten QR-Code.

7.6.2   Zahlung über direkt erzeugten QR-Code

Die Zahlung über direkt erzeugten QR-Code funktioniert wie folgt (vgl. Abb. 7.14):

1. Ein Kunde sucht Waren und geht zur Bezahlung an eine Kasse.
2. Die Warencodes werden in das Verkaufssystem des Ladens eingescannt bzw. eingegeben. Der IT-Server des Warenhauses erstellt eine Bestellliste für die Waren.
3. Der IT-Server des Warenhauses ruft dann die WeChat-API für die Erstellung einer Standardrechnung auf.
4. „WeChat Pay" erzeugt nach der Anforderung des Warenhauses eine Standardrechnung und übergibt sie dem IT-Server des Warenhauses in Form von einem URL über den Parameter „code_url".
5. Der IT-Server des Warenhauses erzeugt im Hintergrund einen QR-Code nach den Parametern, die in „code_url" enthalten sind, und zeigt ihn dem Kunden.
6. Der Kunde ruft die Funktion „QR-Code scannen" von WeChat mit seinem Smartphone auf und scannt den QR-Code. Die in dem QR-Code enthaltenen Zahlungsinformationen werden dann automatisch an „WeChat Pay" gesendet.

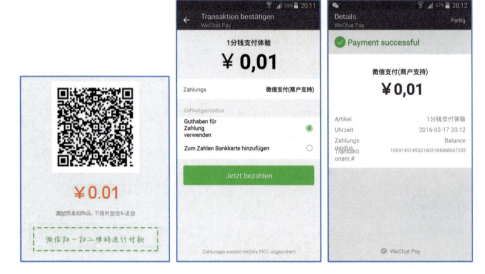

Abb. 7.12 Zahlung über vorerzeugten QR-Code: Links: QR-Code. Mitte: Zahlungsbestätigung. Rechts: Anzeige des Zahlungsergebnisses. (© Tencent 2017)

7. Nach Eingang der Zahlungsanforderung des WeChat-Nutzers überprüft „WeChat Pay" zuerst die Gültigkeit der URL und fordert den WeChat-Nutzer zur Erteilung der Ermächtigung der Zahlungsabwicklung auf.
8. Der WeChat-Nutzer bestätigt die Zahlung durch Eingabe eines Kennworts und erteilt dadurch „WeChat Pay" die Ermächtigung zur Abhebung des Geldbetrags von seinem „WeChat Pay"-Konto.
9. „WeChat Pay" überprüft die Ermächtigung und wickelt die Zahlung ab. WeChat Pay benachrichtigt den Nutzer nach der erfolgreichen Abwicklung der Zahlung und zeigt das Kaufergebnis auf dem Handybildschirm an. Gleichzeitig wird der IT-Server auch über das Kaufergebnis informiert. Dieser muss aber eine Empfangsbestätigung an „WeChat Pay" schicken, sodass „WeChat Pay" ihm keine weitere Nachricht mehr schicken muss.
10. Nach der Sicherstellung der Zahlungsabwicklung können die Waren an den Kunden ausgegeben werden.

Falls der IT-Server des Warenhauses keine Nachricht über die erfolgreiche Zahlung des Kunden erhält, kann dieser die WeChat-API aufrufen, um sich über das Zahlungsergebnis zu informieren.

Im Vergleich zur Zahlung über vorerzeugten QR-Code hat diese Methode mehr Flexibilität und ist ebenfalls einfach zu bedienen. Sie kann beispielsweise in Kaufhäusern, Hotels, Restaurants etc. für die Begleichung der Rechnung zum Einsatz kommen. Der QR-Code wird dabei auf eine Rechnung gedruckt und dem Kunden gezeigt. Dieser kann ihn dann über die Funktion „QR-Code scannen" einlesen und dadurch die Rechnung bargeldlos begleichen.

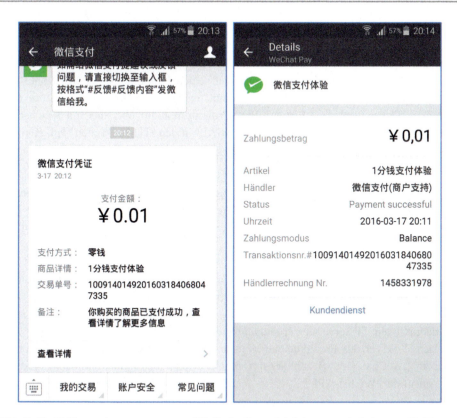

Abb. 7.13   Zahlung über vorerzeugten QR-Code: Benachrichtigung und Quittung. (© Tencent 2017)

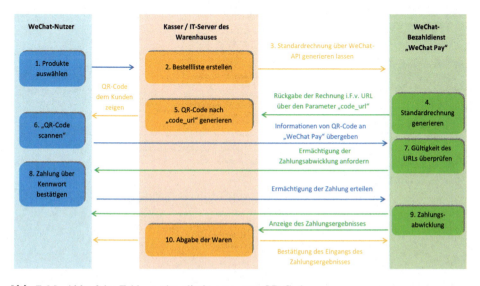

Abb. 7.14   Ablauf der Zahlung über direkt erzeugten QR-Code

7.7 Zahlung über das öffentliche WeChat-Konto

Über die Methode „Zahlung über öffentliches WeChat-Konto" (Englisch „In-App Web-based Payment") kann ein Produktanbieter auf seinem öffentlichen WeChat-Konto Produkte mithilfe von Content Marketing bekannt machen und Kunden direkt zum Kauf animieren. Dabei wird das „WeChat Pay"-Programmmodul über die von WeChat zur Verfügung gestellte JavaScript-Schnittstelle JSAPI in den HTML5-Seiten (vgl. Kap. 10) des öffentlichen WeChat-Kontos eingebettet.

Die Zahlung über das öffentliche WeChat-Konto funktioniert wie folgt (vgl. Abb. 7.15):

1. Der IT-Server des Produktanbieters erzeugt einen Link zu seiner HTML5-Seite, wo sich das Produkt befindet und es über „WeChat Pay" bezahlt werden kann. Der Link kann die Titelseite einer Rundsendung, ein QR-Code oder ein Menüpunkt auf seinem öffentlichen WeChat-Konto sein.
2. Ein WeChat-Nutzer sieht diesen Link, z. B. bei einer Marketingkampagne des Produktanbieters, auf seinem öffentlichen WeChat-Konto und klickt darauf. Daraufhin wird die vorgesehene H5-Produktseite geöffnet.
3. Der WeChat-Nutzer wählt das Produkt aus und klickt auf „Kaufen". Er erteilt dadurch dem IT-Server des Produktanbieters den Auftrag.
4. Der IT-Server des Produktanbieters generiert einen Bestellschein und übergibt ihn dem „WeChat Pay"-Bezahldienst zum Generieren einer Standardrechnung durch Aufruf der WeChat-API.

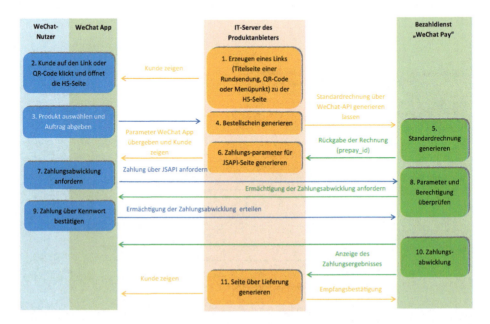

Abb. 7.15 Ablauf der Zahlung über öffentliches WeChat-Konto

5. „WeChat Pay" generiert eine Standardrechnung und übergibt diese dem IT-Server des Produktanbieters über den Parameter „prepay_id".

6. Der IT-Server des Produktanbieters erzeugt anhand von „prepay_id" die erforderlichen Zahlungsparameter und die Signatur für den Aufruf von JSAPI-Seite und übergibt sie der WeChat App.

7. Der WeChat-Nutzer fordert die Zahlungsabwicklung von „WeChat Pay" an, indem er beispielsweise auf die Schaltfläche „Jetzt bezahlen" klickt. Daraufhin ruft WeChat App die WeChat-JSAPI für die Zahlungsabwicklung auf und übergibt die Parameter an den „WeChat Pay"-Bezahldienst.

8. „WeChat Pay" überprüft die Gültigkeit der Parameter sowie die Berechtigung und fordert den WeChat-Nutzer zur Erteilung der Ermächtigung für die Zahlungsabwicklung auf.

9. Der WeChat-Nutzer bestätigt die Zahlung mit seinem Kennwort.

10. WeChat wickelt die Zahlung ab und informiert gleichzeitig den WeChat-Nutzer und den IT-Server des Produktanbieters über das Zahlungsergebnis. Der IT-Server des Produktanbieters muss dies bestätigen.

11. Der IT-Server des Produktanbieters erzeugt eine Seite über den Lieferungsablauf und zeigt sie dem WeChat-Kunden.

Wenn dem WeChat-Kunden die Information auf der angezeigten Seite unklar ist, kann er über den IT-Server des Produktanbieters eine Abfrage an „WeChat Pay" schicken. Typische Anwendungen sind u. a.:

- WeChat-Nutzer gehen auf das öffentliche WeChat-Konto eines Produktanbieters, öffnen die Produktseite mit der „WeChat Pay"-Funktion, wählen die Produkte aus und zahlen diese online über „WeChat Pay".
- WeChat-Nutzer teilen den Link des Angebots eines Produktanbieters auf „Momente" oder im Chat-Fenster mit ihren WeChat-Freunden. Durch Klick auf diesen Link werden die WeChat-Freunde zu der Zahlungsseite des Produktanbieters weitergeleitet. Dort kann man die Funktion von „WeChat Pay" nutzen.
- Der Produktanbieter erzeugt einen QR-Code des Links zu der HTML5-Produktseite und zeigt ihn dem Kunden an. Kunden können dann den QR-Code durch „QR-Code scannen" von WeChat scannen und dadurch die Produktseite öffnen, Produkte auswählen und sie über „WeChat Pay" online bezahlen.

Abb. 7.16 zeigt ein Beispiel der Verwendung von „WeChat Pay" auf dem öffentlichen WeChat-Konto von Tencent (chinesisch „QQ充值", WeChat-ID: qqchongzhi). Das öffentliche WeChat-Konto bietet WeChat-Nutzern Services für das Aufladen von Handyguthaben, Internetdatenvolumen und Guthaben für Onlinespiele etc. An Neujahr 2017 startete qqchongzhi eine Marketingkampagne mit einer Rundsendung auf dem öffentlichen WeChat-Konto mit der Gewinnchance eines iPhone 7, Kindle etc., wenn Kunden ihren Handys dort aufladen (s. Abb. 7.16 links oben).

Abb. 7.16 „WeChat Pay"-Bezahldienst auf öffentlichem WeChat-Konto. Beispiel: Öffentliches WeChat-Konto von Tencent (WeChat-ID: qqchongzhi). (© Tencent 2017)

Wenn man auf die Titelseite der Rundsendung klickt, wird die eigentliche Seite geöffnet (s. Abb. 7.16 Mitte), wo die Verlosung stattfindet. Wenn man auf den Balken „Handy aufladen" klickt, wird die Bezahlseite angezeigt (s. Abb. 7.16 rechts). Beim Klicken auf einen Betrag wird man direkt zur Zahlungsseite von „WeChat Pay" weitergeleitet, wo die Zahlung bestätigt werden kann.

Ein anderes Beispiel der Nutzung von „WeChat Pay" auf dem öffentlichen WeChat-Konto ist das Integrieren der Funktion „Lob und belohnen" (chinesisch 赞赏) in einer Rundsendung. Über diese Funktion kann ein öffentliches Konto für seine Rundsendungen Schaltflächen zum Überweisen anzeigen lassen. Leser der Rundsendungen/Artikel können dem Kontobetreiber freiwillig einen bestimmten Betrag spenden, indem sie auf eine der Schaltflächen klicken. Sie werden zur Zahlung in „WeChat Pay" weitergeleitet und können Zahlungen wie gewohnt tätigen. Diese Funktion wird den Kontoinhabern von WeChat zur Verfügung gestellt, die originäre Inhalte veröffentlichen, selbst wenn sie keine „WeChat Pay"-Unternehmensnutzer sind.

7.8   Integrieren von „WeChat Pay" in eigenen Apps

Neben der Zahlung innerhalb von WeChat App bietet WeChat fremden mobilen Anwendungen auch die Möglichkeit, „WeChat Pay" durch einfache Einbettung des von WeChat zur Verfügung gestellten SDK (Software Development Kit, vgl. Wikipedia 2016a) in eigene Apps zu integrieren (Englisch „In-App Payment"). Das SDK von WeChat ist in den Programmiersprachen JAVA,.NEC C# und PHP verfügbar.

Um „WeChat Pay" in einer eigenen App zu integrieren, muss der Entwickler auf der offenen Plattform von WeChat (vgl. Abb. 3.7) ein Konto haben. Die App muss vor der Veröffentlichung durch Tencent auf ihre Qualität überprüft werden. Dafür müssen Informationen über die App wie Name der App, kurze Beschreibung der Anwendungen, Logo, Download-Adressen auf der offenen Plattform von WeChat angegeben werden. Nach der erfolgreichen Überprüfung erhält der Entwickler eine einzigartige AppID auf WeChat offener Plattform, mit der er u. a. die WeChat-Funktion „WeChat Pay" in seiner App integrieren kann.

Bei der Zahlung innerhalb einer Händler-App über „WeChat Pay" führt die App den Programmcode des SDKs von WeChat durch, welcher den Bezahldienst von „WeChat Pay" abruft. Der Kunde wird zu „WeChat Pay" weitergeleitet. Er kann dort wie gewohnt die Zahlung tätigen. Nach der Zahlung über „WeChat Pay" wird der Kunde wieder zur Händler-App zurückgeführt und das Zahlungsergebnis wird angezeigt.

Der Ablauf der Zahlungsabwicklung mit dieser Methode sieht wie folgt aus (vgl. Abb. 7.17):

1. Ein Kunde öffnet die App eines Produktanbieters auf seinem Smartphone.
2. Unter der App des Produktanbieters wählt der Kunde Waren aus, die er kaufen und über „WeChat Pay" bezahlen möchte. Nach dem Klick auf „WeChat Pay" erstellt die App eine Liste der ausgewählten Waren und übergibt diese an den IT-Server des Produktanbieters zur Bearbeitung.

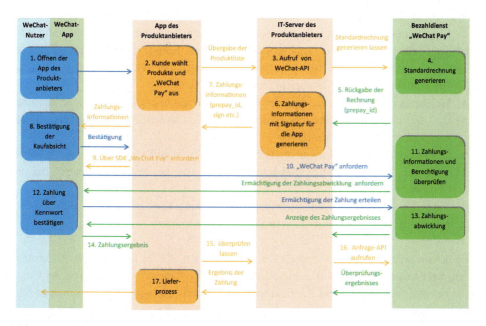

Abb. 7.17 Ablauf der Zahlung über „WeChat Pay" innerhalb einer App

3. Der IT-Server des Produktanbieters ruft dann die WeChat-API für die Erstellung einer Standardrechnung auf.

4. „WeChat Pay" erzeugt nach der Anforderung des Produktanbieters eine Standardrechnung.

5. „WeChat Pay" übergibt dem IT-Server des Produktanbieters eine „prepay_id" der Standardrechnung.

6. Der IT-Server des Produktanbieters erzeugt daraufhin die Zahlungsinformationen mit einer Signatur für die App des Produktanbieters.

7. Die Zahlungsinformationen werden an die App des Produktanbieters weitergegeben und dem Kunden angezeigt.

8. Der Kunde bestätigt die Kaufabsicht.

9. Die App des Produktanbieters übergibt die Zahlungsinformationen an die WeChat App durch Aufruf des WeChat-SDKs und fordert diese an, die Zahlung über „WeChat Pay" abzuwickeln.

10. Die WeChat App fordert ihren Online-Bezahldienst „WeChat Pay" für die Abwicklung der Zahlung an.

11. „WeChat Pay" überprüft die eingegangenen Zahlungsinformationen und die Berechtigung der App des Produktanbieters und fordert dann vom Kunden die Ermächtigung für die Zahlungsabwicklung an.

12. Der Kunde bestätigt die Zahlung durch Eingabe eines Kennworts und erteilt dadurch „WeChat Pay" die Ermächtigung zur Abhebung des Geldbetrags von seinem „WeChat Pay"-Konto.

13. „WeChat Pay" überprüft die Ermächtigung und wickelt die Zahlung ab.
WeChat Pay benachrichtigt nach der erfolgreichen Abwicklung der Zahlung den Kunden und zeigt das Kaufergebnis auf dem Handybildschirm an. Gleichzeitig wird der IT-Server des Produktanbieters auch über das Kaufergebnis informiert. Dieser muss jedoch „WeChat Pay" eine Empfangsbestätigung schicken, sodass „WeChat Pay" ihm keine weitere Nachricht mehr senden muss.

14. WeChat App informiert die App des Produktanbieters über die erfolgreiche Zahlung.

15. Die App des Produktanbieters fordert den IT-Server des Produktanbieters an, das Zahlungsergebnis zu überprüfen.

16. Der IT-Server des Produktanbieters ruft das Abfrage-API von WeChat ab und überprüft das Zahlungsergebnis und informiert die App des Produktanbieters über das Überprüfungsergebnis.

17. Nach der Sicherstellung der erfolgreichen Zahlung kann der Produktanbieter dem Kunden die gekauften Waren aushändigen oder ausliefern.

Die bekannteste App für Reisenden „Ctrip" (chinesisch 携程旅行) (vgl. http://app.ctrip.com) hat beispielsweise den Bezahldienst „WeChat Pay" integriert. Über diese App kann man beispielsweise Flug- und Zugtickets buchen, Hotels aussuchen und reservieren oder Essen bestellen.

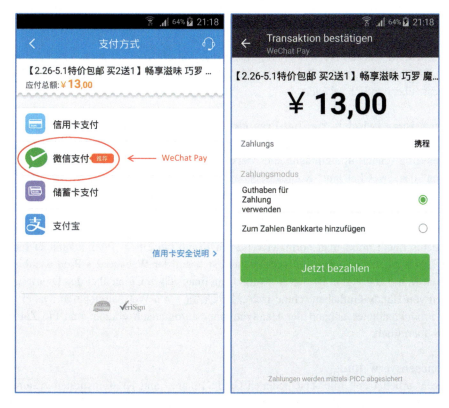

Abb. 7.18 Nutzung von „WeChat Pay" in einer App. Links: Auswahl des Bezahldienstes „WeChat Pay". Rechts: Zahlungsbestätigung über WeChat. (© Tencent 2017)

In einer solcher E-Commerce-App sucht man ein Produkt aus, in unserem Beispiel einen Schokoladenkuchen. Durch Klick auf „Online bezahlen" (chinesisch „在线支付") wird der Kunde auf die Seite geleitet, wo er die Zahlungsmethode auswählen kann, darunter auch „WeChat Pay" (chinesisch „微信支付") (s. Abb. 7.18 links).

Wenn man die Zahlungsmethode „WeChat Pay" wählt, wird man zur WeChat App weitergeleitet. Dort werden die Zahlungsinformationen angezeigt (s. Abb. 7.18 rechts), und man muss nun durch einen Klick auf „Jetzt bezahlen" die Transaktion bestätigen.

Nach der erfolgreichen Zahlung über „WeChat Pay" geht die Anzeige in die „Ctrip"-App zurück und zeigt dem Kunden die Informationen über die erfolgreiche Zahlungsabwicklung. Gleichzeitig schickt „WeChat Pay" auch eine WeChat-Nachricht mit den Zahlungsdetails an den Kunden, die unter der Rubrik „Transaktionen" gespeichert ist. Diese Informationen können als Zahlungsbeleg betrachtet und jederzeit unter „Transaktionen" wieder aufgerufen werden.

7.9   Bezahldienste von Tencent mit „WeChat Pay"

Tencent stellt WeChat-Nutzern unter „Meine Brieftasche" viele nützlichen Bezahldienste mit „WeChat Pay" zur Verfügung (s. Abb. 7.1 Mitte). In diesem Abschnitt werden diese Dienste übersichtlich erläutert.

Überweisung zwischen WeChat-Freunden
Mit dem Bezahldienst „Überweisung" (chinesisch „转账") können sich WeChat-Freunde gegenseitig schnell und einfach Geld überweisen. Dabei kann der Betrag aus dem „Guthaben" des „WeChat Pay"-Kontos oder, wenn nicht genügend Guthaben vorhanden ist, aus dem mit „WeChat Pay" verbundenen Bankkonto abgehoben werden.

Aufladen von Handy-Guthaben
In Deutschland muss man normalerweise ein Konto bei einem Produktanbieter haben, um Handy-Guthaben online aufzuladen, und sich auf der Website des Produktanbieters in sein Konto einloggen. Diesen Aufwand kann man sich in China über den Dienst „Aufladen von Handy-Guthaben (chinesisch „手机充值") von WeChat ersparen. Dabei wird der Produktanbieter anhand der Handynummer automatisch erkannt und die Zahlung wird übermittelt.

Vermögensverwaltung
Tencent arbeitet eng mit verschiedenen Geld-, Finanz- und Kreditinstituten zusammen und bietet WeChat-Kunden Dienstleistungen für die Kontoeröffnung bei diesen Instituten, für Vermögensanlage und -verwaltung wie beispielsweise Aktien und Anleihen.
    Der Dienst heißt auf Chinesisch „理财通" (LiCaiTong). Mit diesem Dienst können WeChat-Nutzer besonders die Verwendung ihres Gehalts und die Tilgungspläne für ihr Hauskaufdarlehen planen und verwalten.

Aufladen von Q-Coins
Q-Coin ist eine von Tencent eingeführte virtuelle Währung. Mit Q-Coin kann man bei Tencent virtuelle Produkte oder Mehrwertservice kaufen. Über den Dienst „Aufladen von Q-Coins" (chinesisch „Q币充值") können WeChat-Nutzer innerhalb von WeChat ihre Q-Coins-Konten aufladen.

Alltägliche Zahlungen
Der Dienst „Alltägliche Zahlungen" (chinesisch „生活缴费") ist ein sehr nützlicher Bezahldienst mit „WeChat Pay", der in vielen chinesischen Städten zum Einsatz kommt. Mit diesem Dienst kann man seine Wohnnebenkosten wie Wasser, Strom, Gas oder andere alltägliche Ausgaben wie Internet, Telefon und Fernseher bequem über „WeChat Pay" bezahlen. Außerdem lassen sich auch Bußgelder für Verkehrsordnungswidrigkeiten über WeChat begleichen (vgl. Abb. 7.19).

Abb. 7.19 Alltägliche
Zahlungen über „WeChat Pay".
(© Tencent 2017)

Stadtservice

Im Zuge der Einführung von „Internet+" und der Zielsetzung der chinesischen Regierung zur Realisierung von „Smart City" und „Wireless City" bieten viele chinesischen Städte ihren Bürgern öffentliche Dienste online auf WeChat an. So zeigt beispielsweise Abb. 7.20 die Bürgerserviceseite der chinesischen Stadt Guangzhou der Provinz Guangdong auf WeChat.

Die Stadt Guangzhou bietet ihren Bürgern auf WeChat folgenden Service an:

Service für das alltägliche Leben

- Terminvereinbarung mit Krankenhäusern sowie Bezahlung für die Behandlungen
- Suche nach öffentlichen Krankenhäusern
- Abonnieren von Zeitungen und Zeitschriften
- Wetterbericht und -vorhersage

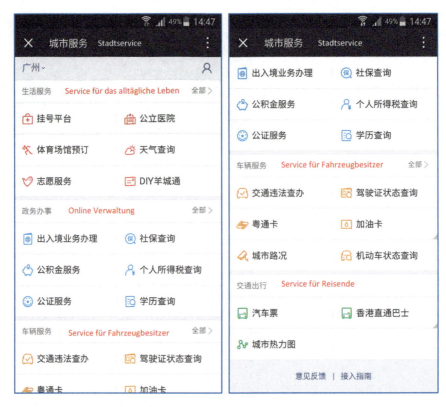

Abb. 7.20 Online-Verwaltung auf WeChat am Beispiel der chinesischen Stadt Guangzhou. (© Tencent 2017)

- Anmeldung zur Teilnahme an freiwilligen Wohltätigkeitsaktionen
- Meldung von Belästigungen über Telefon, Handy und Internet etc.

Online-Verwaltung

- Sozialversicherung
- Ein- und Ausreise
- Wohnungsangelegenheiten
- Einkommensteuer
- Notarielle Beglaubigung
- Eheschließung

Service für Fahrzeugbesitzer

- Verkehrsordnungswidrigkeit
- Führerschein

- Yuetong-Karte für Mautgebühren
- Aktuelle Verkehrslage in der Innenstadt
- Auskunft über die Daten eines Kraftfahrzeuges
- Registrierung und Aufladen von Tankkarten

Service für Reisende

- Kauf von digitalen Bustickets
- Kauf von Direktfahrt-Bustickets nach Hongkong
- Anzeige des Verkehrsstaus der Stadt

Zurzeit findet der Aufbau des Online-Stadtservices auf WeChat in vielen chinesischen Städten statt. Bis Ende 2014 gab es bereits über 40.000 öffentliche WeChat-Konten von chinesischen Behörden auf unterschiedlichen Ebenen (vgl. Tang 2015).

Kreditrückzahlung über WeChat

Über „WeChat Pay" können WeChat-Nutzer den Kreditbetrag ihrer Kreditkarte bei Fälligkeit bequem über WeChat zurückzahlen. Dabei muss die Kreditkarte mit „WeChat Pay" verbunden sein. Dieser Bezahldienst heißt auf Chinesisch „信用卡还款".

Je nach Kreditinstitut kann die Transaktion unterschiedlich lang dauern. Manche Banken wie die Agricultural Bank of China unterstützen Transaktionen in Echtzeit. Es dauert in der Regel weniger als fünf Minuten. Andere Banken wie Bank of China brauchen dafür 30 min. Es gibt auch Banken, deren Bearbeitung je nach dem Zeitpunkt des Auftragseingangs unterschiedlich lange dauert.

Die Transaktion wird verschlüsselt übertragen und die Transfersumme wird über das größte chinesische Versicherungsunternehmen PICC (People' Insurance Company of China, chinesisch 中国人民财产保险股份有限公司) versichert.

Digitales rotes Paket

Rotes Paket bzw. Roter Umschlag (chinesisch „红包") bedeutet in China ein Geldgeschenk in einem roten Umschlag. Rot gilt in China als Glücksfarbe, besonders zum traditionellen chinesischen Neujahrsfest und zur Hochzeit. Geldgeschenke in einem roten Umschlag haben eine lange Tradition, die sowohl im privaten wie auch im beruflichen Umfeld gepflegt wird.

Tencent hat über seinen IM-Dienst WeChat den Vorgang des Geldgeschenks digitalisiert und rationalisiert, denn man kann Geldgeschenke über „WeChat Pay" bequem bargeldlos über sein Smartphone überall tätigen. Der Vorgang ist auch spielerisch.

Es gibt zwei Arten von „Rotes Paket" von WeChat (vgl. Abb. 7.21): „Rote Pakete für eine Gruppe von WeChat-Freunden nach Glück" („Beliebiger Betrag", chinesisch „拼手气群红包") und „Normale rote Pakete" („Identischer Betrag", chinesisch „普通红包").

Bei der Zusammenstellung der ersten Art des roten Paketes werden der gesamte Betrag und die Anzahl der roten Pakete festgelegt (s. Abb. 7.22 links). Bei der Ausgabe

Abb. 7.21 Ausgabe von
digitalen roten Paketen von
WeChat. (© Tencent 2017)

können einzelne Person oder eine Gruppe von WeChat-Freunden ausgewählt werden. Die Anzahl der ausgewählten Personen muss nicht unbedingt mit der Anzahl der auszugebenden roten Pakete übereinstimmen, das heißt, trotzdem, dass die Personen zum ausgewählten Freundeskreis gehören, können sie leer ausgehen. Nur diejenigen, die schnell zugreifen, bekommen mit Glück ein rotes Paket. Auch die Höhe des Betrages kann für jedes Paket unterschiedlich sein. Wer viel Glück hat, erhält den höchsten Betrag. Deswegen heißt diese Art des roten Paketes öfter auch „Glück-Rotes Paket".

Bei der Zusammenstellung der zweiten Art des roten Paketes werden die Höhe des einzelnen Betrages und die Anzahl der roten Pakete festgelegt (s. Abb. 7.22 rechts). Außer, dass der in den Paketen enthaltene Betrag gleich hoch ist, sind alle anderen Bedingungen dieselben wie bei der ersten Art.

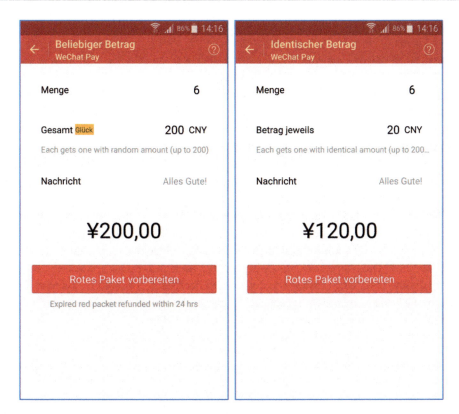

Abb. 7.22 Arten des roten Paketes von WeChat. (© Tencent 2017)

In jedem roten Paket kann auch eine Nachricht beigelegt werden. Häufig sind dies Glückwunsch- bzw. Dankschön-Texte.

Vor der Einführung von „WeChat Pay" dominierte der Online-Bezahldienst „Ali-Pay" des chinesischen Internetkonzerns Alibaba den chinesischen Markt. „WeChat Pay" ging am 28. Januar 2014 online, drei Tage vor dem traditionellen chinesischen Neujahrsfest. Die Woche um das Neujahrsfest ist eine der sogenannten Goldenen Wochen (vgl. Wikipedia 2016b) in China. In dieser Zeit sind die meisten Menschen in China im Urlaub und treffen ihre Familienangehörigen. Kinder hoffen auf Geldgeschenke von ihren Eltern und großen Geschwistern. Auch ältere Menschen wie die Großeltern bekommen Geldgeschenke von den jüngeren Generationen als eine Art der Achtung.

Das digitale rote Paket war keine Erfindung von Tencent. Alibaba und der chinesische Microblogging-Dienst Weibo benutzten es vorher schon als ein Marketingtool. Dennoch hat Tencent das traditionelle „rote Paket" revolutioniert und dadurch die Geldverschenkung, wie bereits beschrieben, vereinfacht und spielerisch gemacht. Man verschenkt nicht nur Gelder, sondern hat auch Spaß dabei, wie dies bei den „Rote Pakete für eine Gruppe von WeChat-Freunden nach Glück" der Fall ist.

Das Ergebnis des Onlinegangs von Tencent am 28. Januar 2014 war: In nur zwei Tagen, vom 30. bis 31. Januar 2014, haben mehr als fünf Millionen Menschen den Dienst „Rotes Paket" von WeChat genutzt. Dabei wurden 20 Mio. digitale rote Pakete von WeChat ausgegeben (vgl. Horwitz 2014).

Um den Bezahldienst „Rotes Packet" nutzen zu können (Gelder verschenken oder empfangen) muss ein Smartphone-Nutzer erstens WeChat-Nutzer sein, also sich bei WeChat anmelden. Zweitens, er muss normalerweise mindestens ein Bankkonto mit dem Bezahldienst „WeChat Pay" verbinden lassen, damit „WeChat Pay" Gelder von dort abheben oder dem Konto gutschreiben kann. Das heißt, dass die Menschen, die mindestens ein „Rotes Paket" erhalten wollen, zwangläufig WeChat-Nutzer sein müssen. Sie sind dadurch auch potenzielle „WeChat Pay"-Nutzer geworden.

Durch die Marketingkampagne im Neujahr 2014 ist der Online-Bezahldienst „WeChat Pay" in China über Nacht landesweit plötzlich sehr bekannt geworden. Menschen, die früher von Online-Bezahldiensten zurückgeschreckt sind, nutzen auch seitdem „WeChat Pay". Die Nutzerzahl von „WeChat Pay" ist danach rasant gewachsen.

Mit diesem plötzlichen Erfolg von Tencent hat der Chef des Konkurrenzunternehmens Alibaba Jack Ma vorher nicht gerechnet. Er hat diesbezüglich einen Messenger auf seinem IM-Dienst „Laiwang" hinterlassen (vgl. Horwitz 2014):

> … Almost overnight, everyone under the sun suddenly believes that Alipay has been beaten because of WeChat's red envelopes… It was really impressive! This year's 'Pearl Harbour attack' was indeed beautifully planned and executed. Thankfully Chinese New Year is almost over, and the days are long ahead. But we definitely learned a lesson.

Das rote Paket von WeChat erfreut sich in China immer größerer Beliebtheit. So wurden zum chinesischen traditionellen Neujahrsfest 2016 über 32 Mrd. digitale rote Pakete mit WeChat verschenkt. Dabei beteiligten sich 516 Mio. WeChat-Nutzer (vgl. He 2016 und Lawrence 2016). Zum chinesischen Neujahr 2015 waren es nur 3,2 Mrd.

Gemeinnützigkeit von Tencent

Über den Dienst „Gemeinnützigkeit von Tencent" (chinesisch „腾讯公益") können WeChat-Nutzer an den gemeinnützigen Aktionen von Tencent teilnehmen. WeChat-Nutzer können beispielsweise arme Menschen finanziell unterstützen, indem sie Geld in regelmäßigen Abständen, z. B. monatlich, auf das WeChat-Konto der Organisation per „WeChat Pay" überweisen.

WeChat bietet WeChat-Nutzern auch eine Funktion „WeRun" (chinesisch 微信运动) an. Diese Funktion ist so ähnlich wie „S Health" von Samsung und eine soziale App für Bewegung. Man kann diese Funktion beispielsweise dazu nutzen, seine täglichen Schritte zu zählen und zu kontrollieren.

Tencent ermutigt WeChat-Nutzer, gesünder zu leben und zugleich auch anderen hilfsbedürftigen Menschen zu helfen, indem man sich jeden Tag mit der „WeRun" bewegt. Wenn man am Tag 10.000 Schritte erreicht, können diese in Geld umgerechnet werden. Dieser Betrag kann man dann an die Stiftung „Gemeinnützigkeit von Tencent" spenden.

7.10   Bezahldienste Drittanbieter mit „WeChat Pay"

Tencent kooperiert mit einigen Dienstleistern, deren Dienste direkt im „WeChat Pay" integriert sind. Zahlungen dieser Anbieter können direkt über „WeChat Pay" abgewickelt werden.

7.10.1 Didi Chuxing

„Didi Chuxing" (chinesisch „滴滴出行", früher „Didi Dache") ist eine chinesische App für die Vermittlung von Taxifahrten in China. Das gleichnamige Unternehmen ist der größte Online-Taxivermittler in China und in fast allen der größten Städte vertreten. Es vermittelt über die App „Didi Chuxing" täglich mehr als zehn Millionen Fahrten und hat einen Marktanteil von mehr als 80 % in China (vgl. Eyssel 2016).

Im August 2016 übernahm Didi Chuxing seinen Hauptkonkurrenten, die chinesische Uber-Tochter und wurde dadurch der dominierende Taxivermittler auf dem chinesischen Markt. Das Internetunternehmen Tencent ist der Hauptinvestor von Didi Chuxing. Auch das Internetunternehmen Alibaba und das US-Unternehmen Apple stehen dahinter.

Taxis per App zu bestellen ist in China weit verbreitet. In der Hauptverkehrszeit ist es ohne die Hilfe solcher Apps sehr schwierig, ein Taxi in einer großen Stadt zu bekommen. Der Statistik von CNNIC (2016, S. 44) zufolge haben in der ersten Hälfte des Jahres 2016 ca. 159 Mio. Menschen in Festlandchina Taxis online bestellt. Diese entspricht 22,3 % der gesamten Internetnutzer in China.

Didi Chuxing ist ein LBS-Service. Wenn man die Standortinformation seines Smartphones freigegeben hat, wird der jeweilige Standort von Didi lokalisiert. Didi zeigt dem WeChat-Nutzer, wie viele Taxis sich in der Nähe befinden. Auf dem Handybildschirm des WeChat-Nutzers werden die Informationen über das Taxi, z. B. der Name des Taxifahrers und des Taxiunternehmens, die Nummer des Taxis, die Entfernung vom Standort des WeChat-Nutzers sowie wie viele Minuten es ungefähr dauert, bis das Taxi am Standort ankommt, angezeigt. Wenn er seinen Zielort eingibt, wird ein Taxi in der Nähe automatisch angerufen.

Sobald das Taxi den Zielort erreicht, werden die Gebühren auf dem Handybildschirm des WeChat-Nutzers angezeigt. Er kann dann diese wie gewohnt mit „WeChat Pay" bezahlen.

7.10.2 Zug- und Flugticket

Die App „Zug- und Flugtickets" (chinesisch „火车票机票") ist ein Reisedienst des größten chinesischen Reiseunternehmens „Tongcheng Reise" (LY.COM) (chinesisch „同程旅游") mit mehr als 12.000 Mitarbeitern. Das Unternehmen bietet nicht nur Zug-, Bus- und Flugtickets, sondern Dienste aller Art für die Reisenden an. Das Internetunternehmen Tencent investiert auch in dieses Unternehmen. Das Bezahlen der Reisebuchungen können über „WeChat Pay" abgewickelt werden.

7.10.3 Hotel

Hotel (chinesisch „酒店") ist ein Dienst des Unternehmens eLong (chinesisch 艺龙旅
行网). eLong ist ein führender Anbieter der Onlinedienste für Hotels, Flugtickets und
Urlaub. Das Internetunternehmen Tencent ist mit 16 % der Aktien bei eLong beteiligt.
Auch der internationale Online-Bezahldienst PayPal kooperiert mit eLong.

7.10.4 Meilishuo

Meilishuo (chinesisch „美丽说") ist eine Social-Commerce-Plattform speziell für
Damenmode (vgl. Liu 2016, S. 180). Es gibt über 100 Mio. registrierte weibliche Nutzer.
Meilishuo kooperierte sehr früh mit Tencent. Schon im April 2012 gehörte Meilishuo zu
den ersten Nutzern der WeChat offenen Plattform. Auf seiner Website www.meilishou.
com kann man sich beispielsweise mit seinen WeChat-Zugangsdaten einloggen, indem
man einen QR-Code scannt, ohne Benutzername und Passwort eingeben zu müssen.

Tencent ist einer der wichtigsten Investoren von Meilishou. Auch die App von Meilishou ist in „WeChat Pay" integriert und kann von dort aus direkt geöffnet werden. Die
Zahlungen der Kunden können mit „WeChat Pay" abgewickelt werden.

7.10.5 JD.COM

JD.COM (chinesisch 京东) ist das größte B2C E-Commerce-Unternehmen in China.
Das Unternehmen ist mit seiner E-Commerce-Plattform JD.com nach den Unternehmen
Alibaba, Tencent und Baidu das viertgrößte an der Börse notierte Internetunternehmen
in China. Bereits im April 2013 hatte es über 100 Mio. registrierte Nutzer. Tencent ist
ein der größten Aktionäre von JD.COM. Auch WalMart ist ein strategischer Partner von
JD.COM.

Tencent hat die App von JD.COM in seinem Bezahldienst „WeChat Pay" unter dem
Namen „京东精选" (auf Deutsch „JD Beste Wahl") integriert.

7.10.6 Kino-, Konzert- und Wettkampftickets

Dies ist ein Dienst für Online-Kino-, Konzert- und Wettkampftickets des Unternehmens
WePiao.com. Tencent als Aktionär hat die App mit dem Namen „电影演出赛事" in sei-
nem Bezahldienst „WeChat Pay" integriert. Die Zahlungen für die Tickets werden über
„WeChat Pay" abgewickelt.

7.10.7 ChiHeWanLe

ChiHeWanLe (chinesisch „吃喝玩乐"), übersetzt auf Deutsch „Essen, Trinken und Ver-
gnügen", ist eine App des bekanntesten chinesischen Bewertungsportals Dianping.com.
Dieses Bewertungsportal bietet Informationen über Restaurants, Hotels, Sehenswürdigkeiten und Shopping etc. weltweit. Außerdem bietet das Portal auch O2O-Service für
Gruppenkauf, Terminvereinbarung mit Restaurants, Lieferservice und elektronische VIP-
Karten an. Die Zahlungen können über „WeChat Pay" abgewickelt werden. Die Anzahl
der monatlich aktiven Nutzer (MAU) lag im ersten Quartal 2015 über 200 Mio.

Tencent ist mit 20 % der Aktien der Hauptaktionär von Dianping.com. Auch Google
hat in das Unternehmen Dianping.com investiert.

7.11 „Geld"-Funktion

Wenn man auf das Symbol „+" klickt, das sich oben rechts auf jeder Startseite von
WeChat-Menüs befindet, wird ein Dropdown-Menü angezeigt (s. Abb. 7.23 links).
Wählt man den Menüpunkt „Geld" (chinesisch 收付款) aus, gelangt man zur Seite von

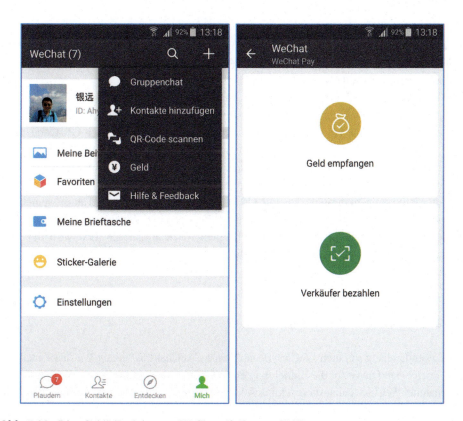

Abb. 7.23 Die „Geld"-Funktion von WeChat. (© Tencent 2017)

Abb. 7.24 „WeChat Pay"-Funktion „Geld empfangen". Links: Beitrag festlegen und QR-Code erzeugen. Mitte: Gespeicherter QR-Code. Rechts: Überweisung über „QR-Code scannen". (© Tencent 2017)

„WeChat Pay" für die Funktionen „Geld empfangen" (chinesisch 我要收款) und „Verkäufer bezahlen" (chinesisch 向商家付款) (s. Abb. 7.23 rechts). Die Funktion „Verkäufer bezahlen" ist dieselbe wie „Quick Pay".

Mit der Funktion „Geld empfangen" kann man einen QR-Code durch „WeChat Pay" generieren lassen, der Informationen über die Überweisung eines Geldbetrags auf ein eigenes „WeChat Pay"-Konto enthält (s. Abb. 7.24 links). Dieser QR-Code zeigt man demjenigen, der diesen Betrag zahlen soll. Mit der Funktion „QR-Code scannen" von WeChat scannt dieser den vorgegebenen QR-Code und wird dadurch auf die Seite „Überweisung" von „WeChat Pay" weitergeleitet (s. Abb. 7.24 rechts).

Alternativ kann man auch den QR-Code zuerst auf dem eigenen Handy speichern, indem man so lange auf den QR-Code drückt, bis der Text „Speichern Sie diesen QR-Code auf Ihrem Telefon" erscheint. Durch einen Klick auf diesen Text wird der QR-Code in einem Bild gespeichert. Dieses Bild kann man dann an diejenigen senden, die zahlungspflichtig sind.

7.12   WeChat-Onlineshop

Im Zusammenhang mit dem WeChat-Bezahldienst „WeChat Pay" bietet WeChat Unternehmen auch einen Dienst für die Einrichtung eines Onlineshops innerhalb von WeChat an, der sogenannte WeChat-Onlineshop (chinesisch „微信小店"). Mit dieser Funktion kann ein

Unternehmen auf der öffentlichen Plattform von WeChat innerhalb seines Kontos ganz einfach, ohne Programmierkenntnisse zu haben, einen Onlineshop einrichten. Der Vertrieb und die Zahlungsabwicklung erfolgen innerhalb von WeChat und mit „WeChat Pay". Über diese Funktion ist jeder berechtigte WeChat-Nutzer praktisch in der Lage, seinen eigenen Onlineshop einzurichten und Produkte auf WeChat den X-Millionen WeChat-Nutzern anzubieten.

Beantragung
Die Nutzung des Dienstes WeChat-Onlineshop muss beantragt werden. Dies erfolgt auf WeChat öffentlicher Plattform. Voraussetzung hierfür ist es jedoch, dass das öffentliche WeChat-Konto ein Servicekonto und vorher durch Tencent erfolgreich verifiziert worden ist. Behörden und Medienunternehmen können ausnahmsweise mit ihren öffentlichen Abonnementkonten die Nutzung von WeChat-Onlineshop beantragen. Die Nutzung von WeChat-Onlineshop ist für die berechtigten WeChat-Nutzer völlig kostenfrei.

7.12.1 Hauptfunktionen

WeChat-Onlineshop bietet grundlegende Verwaltungsfunktionen eines Onlineshops, die WeChat-Nutzer einfach bedienen können:

- Hinzufügen neuer Waren in den Onlineshop
- Gruppierung und Sortierung von Waren
- Editierung und Entfernung von Waren
- Layout-Vorlagen für die Darstellung von Waren im Onlineshop
- Bestellungsverwaltung
- Festlegung von Versandkosten
- Reklamationsmanagement
- Analyse des Verkaufserfolges

7.12.2 Zugang zum WeChat-Onlineshop

Es gibt mehrere Möglichkeiten, WeChat-Nutzern den Zugang zu einem WeChat-Onlineshop zu gewähren. Standardmäßig wird der Link des Onlineshops als ein Menüpunkt des öffentlichen WeChat-Kontos des Händlers angezeigt. Wenn WeChat-Nutzer auf diesen klickt, wird die Seite des WeChat-Onlineshops angezeigt.

Meistens werden WeChat-Nutzer auf die Waren im WeChat-Onlineshop über Content Marketing auf dem öffentlichen WeChat-Konto des Shop-Besitzers aufmerksam gemacht. Wenn sie auf den Link „Weiter zum originalen Text" (chinesisch „阅读原文") klicken, wird die Angebotsseite des beworbenen Produktes angezeigt.

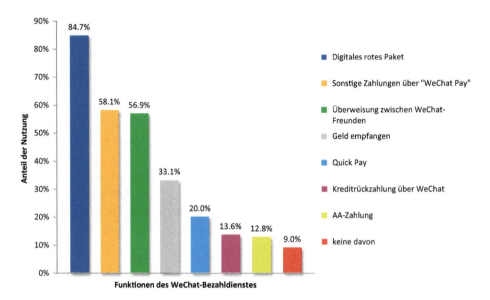

Abb. 7.25 Funktionsnutzung des WeChat-Bezahldienstes „WeChat Pay" im Vergleich. (Quelle: in Anlehnung an Tencent 2016c)

7.13   Funktionsnutzung des WeChat-Bezahldienstes

Die Nutzung der Funktionen des WeChat-Bezahldienstes „WeChat Pay" ist unterschiedlich. Die meistgenutzte Funktion ist die „Digitales Rotes Paket". Einer Umfrage von
Tencent in 2016 zufolge haben fast 85 % der WeChat-Nutzer diese Funktion genutzt
(vgl. Abb. 7.25). Geldverschenkung über WeChat ist sehr beliebt in China. Viele
WeChat-Nutzer nutzen WeChat zur Geldüberweisung an Freunde oder Geschäftspartner
(59,6 %). Auch Banken in China nehmen diesen Dienst in Anspruch, um Kunden Gelder
auf einfache Weise schnell zu überweisen. 33,1 % der WeChat-Nutzer nutzen WeChat,
um Gelder zu empfangen. 20 % der WeChat-Nutzer haben die Funktion „Quick Pay"
schon einmal genutzt. Insgesamt nutzen über 58 % der WeChat-User den Bezahldienst
„WeChat Pay" für sonstige Zahlungen.

Literatur

CIW Team, 2014. China's top online & mobile online payment providers in Q1 2014. China
    Internet Watch. http://www.chinainternetwatch.com/7559/chinas-top-online-mobile-online-
    paymentproviders-in-q1-2014. Zugegriffen: 4. Juli 2015.
CNNIC, Hrsg. 2016. Statistical report on internet development in China, July 2016. http://www.
    cnnic.cn/hlwfzyj/hlwxzbg/hlwtjbg/201608/P020160803367337470363.pdf. Zugegriffen: 29.
    Aug. 2016.

CuriosityChina, Hrsg. 2016. Luxury brands: How to reach Chinese tourists abroad using WeChat. China Digital News. https://curiositychina.com/blog/luxury-brands-how-to-reach-chinese-tourists-abroad-using-wechat/. Zugegriffen: 25. Juli 2017.

Eyssel, B, 2016. Didi kauft Uber-China. https://www.tagesschau.de/wirtschaft/uber-didi-101.html. Zugegriffen: 29. Aug. 2016.

He, H, 2016. WeChat red envelopes help drive online payments use in China – enterprises and celebrities give away plenty of digital money for promotional purpose. South China Morning Post. http://www.scmp.com/tech/article/1913340/wechat-red-envelopes-help-drive-online-payments-use-china. Zugegriffen: 31. Aug. 2016.

Horwitz, J, 2014. Chinese WeChat users sent out 20 million cash-filled red envelopes to friends and family within two day. TECHINASIA. https://www.techinasia.com/wechats-money-gifting-scheme-lures-5-million-chinese-users-alibabas-jack-ma-calls-pearl-harbor-attack-company. Zugegriffen: 31. Aug. 2016.

Lawrence, D, 2016. Chen, life in the People's Republic of WeChat – My full (and mostly successful) immersion in China's everything all. BloombergBusinessweek. http://www.bloomberg.com/news/articles/2016-06-09/life-in-the-people-s-republic-of-wechat. Zugegriffen: 31. Aug. 2016.

Liu, Y, 2016. Social Media in China. Wie deutsche Unternehmen soziale Medien im chinesischen Markt erfolgreich nutzen können. http://www.springer.com/de/book/9783658112301. Wiesbaden: Springer Gabler.

Millward, S, 2016. Chinese consumers lead the world in paying with their phones. TECHNASIA. https://www.techinasia.com/china-pay-with-their-phones-195-million-people-2016. Zugegriffen: 19. Nov. 2016.

Ncnews, Hrsg. 2017. 高速收费, 也能用扫码支付. http://www.ncnews.com.cn/xwzx/ncxw/bwzg_rd/tpyc/201704/t20170419_754121.html. Zugegriffen: 25. Juli 2017.

Scheuer, S, 2016. Was China Deutschland voraus hat. Handelsblatt. http://www.handelsblatt.com/politik/international/weltgeschichten/imbissbuden-paketboten-und-smartphones-was-china-deutschland-voraus-hat/14474258.html?share=linkedin. Zugegriffen: 19. Nov. 2016.

Tang, Y, 2015. Wie WeChat das Leben der Chinesen verändert. Beijing Rundschau. http://www.bjrundschau.com/Finanz/201509/t20150910_800037943.html. Zugegriffen: 22. Okt. 2016.

Tencent, Hrsg. 2016a. 2016互联网创新创业白皮书 (2016 Internet entrepreneurship and innovation white paper). http://www.tencentresearch.com/4723. Zugegriffen: 19. Nov. 2016.

Tencent, Hrsg. 2016b. 2015年度公安微信平台建设白皮书. http://www.tisi.org/4614. Zugegriffen: 22. Okt. 2016.

Tencent, Hrsg. 2016c. "微信"影响力报告. http://tech.qq.com/a/20160321/007049.htm#p=1. Zugegriffen: 19. Nov. 2016.

Tencent, Hrsg. 2016d. Frequently asked questions. https://pay.weixin.qq.com/wechatpay_guide/help_faq.shtml. Zugegriffen: 23. Nov. 2016.

Tencent, Hrsg. 2016e. WeChat Pay is now coming for overseas vendors. https://pay.weixin.qq.com/index.php/public/cms/content_detail?lang=en&id=6601. Zugegriffen: 5. Febr. 2017.

Tencent, Hrsg. 2016f. Vendor information form. https://pay.weixin.qq.com/helper/Vendor_Information_Form.doc. Zugegriffen: 25. Juli 2017.

Tencent, Hrsg. 2016g. 微信支付商户平台线下物料示意及下载. https://pay.weixin.qq.com/material/brand_quick.shtml. Zugegriffen 3. Jan. 2017.

Tencent, Hrsg. 2016h. 微信支付开发文档. https://pay.weixin.qq.com/wiki/doc/api/native.php?chapter=9_1. Zugegriffen: 3. Jan. 2017.

Tencent, Hrsg. 2016i. 全国首个"微信支付旗舰景区"落地龙门石窟. http://henan.qq.com/a/20160930/024581.htm. Zugegriffen: 25. Juli 2017.

Tencent, Hrsg. 2016j. 品牌基础物料包内容展示. http://act.weixin.qq.com/static/merchant/design_brand.html. Zugegriffen: 3. Jan. 2017.

Wilhelm, S, 2016. Kaufkräftige Zielgruppe, Keine Zeit, viel Geld. Der Handel. https://www.der-handel.de/news/unternehmen/pages/Kaufkraeftige-Zielgruppe-Keine-Zeit,-viel-Geld-12046.html. Zugegriffen: 11. Sept. 2016.
Wikipedia, Hrsg. 2016a. Software development kit. https://de.wikipedia.org/wiki/Software_Development_Kit. Zugegriffen: 19. März 2016.
Wikipedia, Hrsg. 2016b. Goldene Woche (Volksrepublik China). https://de.wikipedia.org/wiki/Goldene_Woche_(Volksrepublik_China). Zugegriffen: 26. Nov. 2016.

Marketingtools

8

Zusammenfassung

WeChat bietet „WeChat Pay"-Unternehmensnutzern viele Marketingtools, um Marketingkampagnen mit WeChat und in Verbindung mit dem Online-Bezahldienst „WeChat Pay" effektiv durchzuführen. In diesem Kapitel werden einige dieser Tools vorgestellt. Es geht um digitale Coupons, Gutscheine, Rabatte, digitale rote Pakete für Unternehmen, Mitgliedskarten und sonstige digitale Karten, deren Zahlungen mit „WeChat Pay" abgewickelt werden können. Anhand von Beispielen wird erklärt, wie Unternehmen diese Marketingtools auf dem chinesischen Markt effektiv einsetzen können.

8.1 Digitaler Coupon

Coupon, auch auf Deutsch Kupon, ist ein Begriff aus der Börsenwelt und bezeichnet ursprünglich den Abschnitt eines Wertpapieres, der gewöhnlich zur Einlösung eines Gewinnanteils („Dividendenschein") oder Zinses („Zinsschein", „Zinskupon") berechtigt (vgl. Wikipedia 2016). Heute wird ein Coupon häufig als eine Art von Zertifikat in der Wirtschaft verwendet, der berechtigt, bestimmte Vergünstigungen z. B. bei Onlineshops in Anspruch zu nehmen. Die direkte Übersetzung des chinesischen Begriffs von Coupon ist „Vorzugskarte" oder „Berechtigungskarte der Vergünstigung" (chinesisch 优惠券).

Die Verwendung der Abbildungen und Screenshots von WeChat erfolgt mit freundlicher Genehmigung von © Tencent 2017. All Rights Reserved.

© Springer Fachmedien Wiesbaden GmbH 2018　　　　　　　　　　　　　161
Y. Liu, *Social Media Marketing in China mit WeChat*,
https://doi.org/10.1007/978-3-658-17497-2_8

Coupon unterteilt sich nach dem Anwendungszweck grundsätzlich in die folgenden sieben Kategorien:

1. Gutschein (chinesisch 代金券) – Wertersatz von Geld.
2. Geschenkgutschein (chinesisch 礼品券) – Eine Gutscheinart, die man gegen ein bestimmtes Geschenk eintauschen kann.
3. Belohnungsschein (chinesisch 换购券) – Eine Art von Coupon, mit dem man, nachdem man einen bestimmten Kaufwert erreicht hat, andere Waren zu einem sehr günstigen Preis erwerben kann. So kann man beispielsweise ein Buch zum Preis von nur zwei Yuan erhalten, das ansonsten 15 Yuan kostet, wenn vorher der Einkaufswert von 100 Yuan erreicht worden ist.
4. Rabattschein (chinesisch 折扣券) – Berechtigung zum Erwerb von Waren zu einem reduzierten Preis.
5. Vorzugspreiskarte (chinesisch 特价券) – Berechtigung zum Erwerb bestimmter Waren für eine bestimmte Gruppe von Käufern, z. B. Schüler, Rentner.
6. Vorzugskarte für Probe (chinesisch 体验券) – Mit dieser Karte können Verbraucher ein bestimmtes Produkt kostenlos oder zu einem günstigen Preis ausprobieren.
7. Allgemeiner Coupon (chinesisch 通用券) – Coupon, der alle Vorteile der genannten Arten besitzt und überall eingelöst werden kann.

Dem Rabattschein kann auch Groupon (chinesisch 团购券) zugeordnet werden, mit dem eine Gruppe von Käufern einen bestimmten Rabatt vom Produktanbieter erhalten kann, wenn eine bestimmte Anzahl der Mitglieder/Mitmacher erreicht worden ist.

„WeChat Pay" unterstützt zurzeit (Stand Januar 2017) den digitalen Gutschein, Geschenkgutschein, Rabattschein, den allgemeinen Coupon und Groupon. Jede Art der digitalen Coupons kann in verschiedenen Formen angezeigt werden: als reiner Text, Barcode und QR-Code.

▶   Die Nutzung der digitalen Coupons von WeChat ist für „WeChat Pay"-Unternehmensnutzer völlig kostenfrei. Es bedarf auch keinerlei Programmierkenntnisse, um sie zu erstellen.

Coupon ist hauptsächlich für die Verkaufsförderung und Marketingkampagnen gedacht, deswegen wird bei der Erstellung die Anfangs- und Endzeit der Nutzung festgelegt. Es können auch diejenigen Nutzer oder Nutzergruppe festgelegt werden, die die alleinige Berechtigung haben, die Coupons zu erwerben und einzulösen.

Im Vergleich zum traditionellen Coupon kann der WeChat-Coupon überall verwendet werden, online wie auch offline in realen Läden. Die Handhabung von WeChat-Coupon ist vergleichsweise bequem und einfach. Er eignet sich besonders für O2O-Geschäfte (Online-to-Offline-Geschäfte). Bei der Erstellung eines Coupons in WeChat wird eine Liste der WeChat-IDs der lokalen Läden angegeben, die diesen Coupon für Preisermäßigungen oder Vergünstigungen akzeptieren.

8.2   Digitaler Gutschein

8.2.1   Funktionsweise und Einsatzgebiete

Gutschein ist eine Art von Coupon, der als Zahlungsmittel unter bestimmten Bedingungen verwendet werden kann. Der Gutschein wird unter Coupons am meisten verwendet. Traditionell ist ein Gutschein in Papierform am meisten bekannt. Auch Gutscheine in Form eines elektronischen (E-)Gutscheins werden gerne verwendet, z. B. bei Amazon oder anderen Onlineshops. Bei der Zahlung kann man einen Gutscheincode eingeben und der Wert des Gutscheins wird vom Zahlungsbetrag abgezogen.

Grundsätzlich gibt es zwei Arten von Gutschein: bedingungsloser und bedingter Gutschein. Ein bedingter Gutschein kann nur eingelöst werden, wenn ein bestimmter, festgelegter Einkaufswert erreicht wird. Man kann z. B. einen Gutschein im Wert von 50 Yuan nur einlösen, wenn der Einkaufswert den Betrag von 299 Yuan erreicht hat. Ein bedingter Gutschein kann nur einmal genutzt werden. Außerdem kann festgelegt werden, ob ein bedingter Gutschein zusammen mit anderen Vergünstigungen, z. B. Rabatte, genutzt werden darf. Bei dem bedingungslosen Gutschein gibt es die bereits genannten Einschränkungen nicht. Besitzer des bedingungslosen Gutscheins können unabhängig vom Einkaufswert (mindestens 1 Fen) den Gutschein einlösen, entweder vollständig oder nur teilweise. Es ist deshalb auch möglich, den Restwert eines Gutscheins beim nächsten Mal einzulösen oder mit anderen Vergünstigungen gemeinsam zu verwenden.

Bei der Ausgabe von Gutscheinen kann ein Unternehmen festlegen, welche Menge eines bestimmten Gutscheins eine Person erwerben darf, wo der Gutschein eingelöst werden kann (online und/oder lokale Läden) sowie die Gültigkeit des Gutscheins (Anfang- und Endzeit der Einlösung).

Öfter wird WeChat-Gutschein für O2O-Geschäfte verwendet. Ein Produktanbieter kann seinen Kunden einen WeChat-Gutschein auf seinem öffentlichen WeChat-Konto oder auf der eigenen App anbieten. WeChat-Nutzer können dann den digitalen Gutschein durch einen Klick erwerben. Dieser wird unter dem Menü „Karten & Angebote" vom WeChat des Nutzers aufbewahrt (s. Abb. 1.15 Mitte). Die Einlösung des Gutscheins erfolgt aber in realen Läden des Produktanbieters. Dadurch werden Produkte des Unternehmens den Kunden online bekannt gemacht. Kunden werden durch die Vergünstigung des Gutscheins motiviert, das reale Geschäft aufzusuchen. Dort können sie von der Qualität und dem Service des Unternehmens überzeugt werden. Ziel ist es, dass die Kunden künftig auch ohne Gutschein wieder in das reale Geschäft kommen.

Das Business-Modell „O2O" ist besonders geeignet für z. B. Restaurants, Kaufhäuser etc. So bietet das Unternehmen McDonald's China öfter digitale Gutscheine auf seinem öffentlichen WeChat-Konto (WeChat-ID: mcdonalds888, vgl. Abb. 1.14). Die online erworbenen Gutscheine können in einem realen Laden von McDonald's in China eingelöst werden.

8.2.2   Erstellen von Gutscheinen

Um Gutscheine zu erstellen, loggt man sich in das Konto auf der Plattform für „WeChat Pay"-Unternehmensnutzer (vgl. Abb. 3.3) ein. Dort können Gutscheine unter der Einstellung „Gutschein" (chinesisch „代金券") mit den festgelegten Parametern/Informationen wie Mindestwert der Bestellung für die Einlösung eines bedingten Gutscheins, Wert des Gutscheins und die Methode zum Erwerben des Gutscheins erstellt werden (vgl. Abb. 8.1).

8.2.3   Ausgabe von Gutscheinen

Ein digitaler Gutschein kann auf WeChat in verschiedenen Arten ausgegeben werden. Wie beispielsweise Abb. 1.14 zeigt, kann ein WeChat-Gutschein auf dem öffentlichen WeChat-Konto/WeChat-Onlineshop als Text- und Bildinformation platziert werden. WeChat-Nutzer können darauf klicken und den Gutschein damit erwerben.

Abb. 8.1 Erstellen von Gutscheinen auf der Plattform für „WeChat Pay"-Unternehmensnutzer (WeChat-ID: WXPayService). (© Tencent 2017)

Häufig wird ein WeChat-Gutschein in Form eines QR-Codes ausgegeben. WeChat-Nutzer können über die Funktion „QR-Code scannen" von WeChat diesen QR-Code online oder offline scannen und dadurch den Gutschein automatisch erwerben. Diese Form der Ausgabe ist besonders beliebt für eine reale Marketingkampagne. Der QR-Code kann in einem großen Format beispielsweise auf einem Plakat abgedruckt werden. Dies ermöglicht WeChat-Nutzer, ihn von ferne zu scannen.

Unternehmen, die technisch in der Lage sind, WeChat über die von WeChat zur Verfügung gestellte API anzupassen, können beispielsweise Gutscheine über Verlosungen oder Onlinespiele ausgeben. Dadurch können Produkte und Marken auf spielerischer Weise vermarktet werden.

8.2.4   Analyse der Einlösungsrate

Im Vergleich zum traditionellen Gutschein in Papierform können Unternehmen die Nutzungsrate eines ausgegebenen WeChat-Gutscheines einfach analysieren. Dies geschieht auf der Plattform für „WeChat Pay"-Unternehmensnutzer. Beim Erwerb und bei der Einlösung des Gutscheins werden die entsprechenden Informationen über den WeChat-Nutzer und über den Gutschein an das Konto des Produktanbieters auf der Plattform für „WeChat Pay"-Unternehmensnutzer gesendet. Über die Analysefunktion der Plattform sind Unternehmen heutzutage in der Lage, Marketingkampagnen effektiv zu planen, zu gestalten sowie zu optimieren.

8.3   Sofortiger Rabatt

8.3.1   Funktionsweise und Einsatzgebiete

Eine Art der Vergünstigung ist der sogenannte sofortige Rabatt (chinesisch 立减优惠). Mit dieser Funktion wird ein vorher festgelegter Betrag bei der Zahlung sofort von der Summe abgezogen, wenn die Summe den festgelegten Betrag erreicht hat, z. B. bei 399 Yuan wird ein Betrag von 30 Yuan bei der Zahlung sofort abgezogen, dies ohne den Aufwand des Erwerbs eines Gutscheins. Das bekannteste E-Commerce-Portal JD.COM (chinesisch 京东) (WeChat-ID: JD) nutzt dieses Marketingtool sehr gerne und motiviert dadurch seinen Kunden immer zum Mehrkaufen.

8.3.2   Erstellen von „Sofortiger Rabatt"

Die Erstellung von „Sofortiger Rabatt" erfolgt wie beim Gutschein auf der Plattform für „WeChat-Pay"-Unternehmensnutzer. Dabei kann angegeben werden, ob ein festgelegter oder ein zufälliger Rabattbetrag ausgegeben werden soll, je nachdem, was der Zweck der Marketingkampagne ist.

Im Fall eines festgelegten Rabattbetrages wird ein einheitlicher Betrag angegeben, der immer von der Endsumme einer Bestellung sofort abgezogen wird, unabhängig von der Höhe des Bestellwertes, insofern dieser den festgelegten Mindestwert erreicht hat. Dabei kann der Mindestwert auch Null sein. Das heißt, dass der Rabattbetrag unabhängig von dem Bestellwert immer von der Summe abgezogen wird (natürlich kann die Endsumme nicht negativ sein). Auch die Anzahl der Ausgabe und die Gültigkeit des Rabattes können festgelegt werden.

Im Fall eines zufälligen Rabattbetrages (chinesisch 随机立减) wird die gesamte Summe des Rabattbetrages und die Anzahl der Ausgabe festgelegt. Jeder einzelne Rabattbetrag kann jedoch unterschiedlich sein und nach dem Zufallsprinzip ausgegeben. Bei Erstellen des Rabattes werden die Rabattbeträge in einer Preisspanne festgelegt.

Ein Rabatt mit zufälligem Rabattbetrag wird für Marketingkampagnen sehr gerne genutzt, da diese Art der Rabattaktion Kunden neugierig macht. Es wirkt wie ein Lotteriespiel. Mit ein bisschen Glück kann man den höchsten Rabatt bekommen. Ein anderer erhält vielleicht hingegen nur einen kleinen Rabattbetrag, wird aber nicht aufgeben und es weiter probieren. Die Kunden werden dadurch zu einem weiteren Kauf des beworbenen Produktes motiviert.

Das Unternehmen Metro China startete beispielsweise im August 2016 eine Marketingkampagne mit dem WeChat-Marketingtool „Sofortiger Rabatt" mit zufälligem Rabattbetrag. Dabei hatte jeder Kunde die Möglichkeit, einen Rabatt in zufälliger Höhe, hier bis höchstens 300 Yuan, für seinen Einkauf bei der Metro-Filiale zu erhalten, wenn er die Waren mit „WeChat Pay" bezahlte. Metro gab für diese Marketingkampagne insgesamt 1,8 Mio. Rabatte aus.

Bei Erstellen von „Sofortiger Rabatt" kann außerdem festgelegt werden, wo die Aktion stattfinden wird. Es können Onlineshops wie auch festgelegte reale Läden sein.

8.4   Digitales rotes Paket von Unternehmen

Digitales rotes Packet von Unternehmen (chinesisch „现金红包") ist eine Erweiterung der Funktion des normalen digitalen roten Paketes für jedermann (vgl. Abschn. 7.9). Es ist speziell für Marketingkampagnen von Unternehmen gedacht. Über diese Funktion können Unternehmen „Bargeld" einem bestimmten Kunden oder einer bestimmten Kundengruppe in Form von WeChat rotem Paket ausgeben. Die Kunden erhalten das Geld sofort auf ihre „WeChat Pay"-Konten. Voraussetzung dafür ist, dass die Kunden Follower des öffentlichen WeChat-Kontos des Unternehmens sind.

Alle „WeChat Pay"-Unternehmensnutzer können diese Funktion von WeChat nutzen. Die Nutzung der Funktion ist außerdem völlig kostenfrei. Die Ausgabe des roten Pakets erfolgt auf der Plattform für „WeChat Pay"-Unternehmensnutzer (vgl. Abb. 3.3) und zwar in den folgenden zwei Arten:

1. **Manuelle Ausgabe**
   Einmal ein rotes Paket für einen bestimmten Kunden oder einmal mehrere rote Pakete für eine Gruppe von Kunden.
2. **Automatische Ausgabe nach bestimmter Regel**
   Automatische Ausgabe von digitalen roten Paketen nach der vordefinierten Regel durch Aufruf von WeChat-API, z. B. wenn ein bestimmter Bestellwert erreicht wird.

Digitales rotes Paket für Unternehmen ist ein effizientes Marketingtool für Unternehmen. Unternehmen können dieses Tool z. B. für die folgenden Marketingzwecke nutzen:

- Neue Kunden/Follower für das öffentliche WeChat-Konto des Unternehmens gewinnen.
- Bestehende Kunden langfristig halten.
- Die Aktivität der Kunden/Follower auf dem öffentlichen WeChat-Konto des Unternehmens erhöhen, z. B. in Form einer Weiterempfehlung des Unternehmens.
- Mit innovativen Ideen kann ein Unternehmen mit Hilfe von rotem Paket attraktive und spielerische Marketingkampagnen durchführen, um den Bekanntheitsgrad des Unternehmens und deren Marken und Produkte zu erhöhen.
- Ein digitales rotes Paket als Gewinn bei Marketingkampagnen mit einer Losziehung und bei der Erreichung eines bestimmten Kaufwertes verwenden, um einerseits die Ausgabe des Gewinnes zu vereinfachen und anderseits um Kunden zu motivieren, mehrere Waren zur Erreichung eines höheren Wertes zu kaufen.

Eine Variante des digitalen roten Pakets für Unternehmen ist das sogenannte „Teilbares rotes Paket" (chinesisch 裂变红包): Ein Unternehmen sendet zuerst einer Person ein rotes Paket. Diese kann jedoch nur einen Teil des Geldbetrages für sich behalten. Der restliche Betrag kann sie aber an weiteren Personen, z. B. seinen WeChat-Freunden, verschenken. Dadurch kann das Unternehmen im Freundeskreis dieser Person bekannt werden und somit den viralen Marketingeffekt erzielen.

Ein anderes Beispiel der Marketingkampagne mit dem roten Paket von Unternehmen zeigt die Abb. 8.2. Der deutsche Automobilzulieferer ZF Friedrichshafen AG in China hat im Juli 2016 auf seinem öffentlichen WeChat-Konto eine Marketingkampagne für sein neu eingeführtes Verfahren zur Authentifizierung seiner Produkte gestartet. Beim Kauf von Ölprodukten, SACHS-Kupplungen und Stoßdämpfern, bei dem man mit der Funktion „QR-Code scannen" von WeChat die QR-Codes auf den Produktetiketten scannt, werden die Produktinformationen an das Unternehmen ZF zur Authentifizierung geschickt. Nach der erfolgreichen Authentifizierung kann man an einer Losziehung teilnehmen. Der Preis wurde in Form von WeChat digitalem rotem Paket vergeben. Der höchste Preis waren 500 Yuan (ca. 70 EUR).

Digitales rotes Paket für Unternehmen kann nicht nur für Marketingzwecke genutzt werden. Es kann auch als eine Art Zahlungsmittel für bestimmte Unternehmenstätigkeiten verwendet werden. So kommt es beispielsweise für die Rückzahlung sozialer Leistungen und für die Einlösung der gesammelten VIP-Mitgliedspunkte in China üblicherweise zum Einsatz.

Abb. 8.2 Marketing mit dem roten Paket für Unternehmen am Beispiel von ZF After-Sales-Service China (WeChat-ID: ZFSERVICE). (© Tencent 2017 und © ZF Friedrichshafen AG 2017)

8.5   Unternehmenszahlung über WeChat

Unternehmen und Geldinstitute wie Versicherungsunternehmen und Banken haben die Möglichkeiten, Zahlungen an Kunden durch „WeChat Pay" abwickeln zu lassen (chinesisch 企业付款). Diese Funktion kann auf der Plattform für „WeChat Pay"-Unternehmensnutzer durch Eingabe der erforderlichen Informationen, wie beispielsweise AppID (ID des öffentlichen WeChat-Kontos), OpenID (ID des WeChat-Nutzers, also des Geldempfängers), angewendet werden. Die andere Möglichkeit ist der Aufruf der Funktion „WeChat Pay" durch WeChat-API in den eigenen Apps. Das Geld wird dem „WeChat Pay"-Guthaben-Konto des Kunden gutgeschrieben.

Diese Funktion ist ähnlich wie eine Banküberweisung, hat aber den Vorteil, dass die Überweisung kostengünstig für das überweisende Unternehmen und schneller für den Kunden ist. Außerdem ist es Kunden auch lieber, das Geld auf ihren WeChat-Konten zu haben, denn heutzutage verwendet man „WeChat Pay" in China sowieso überall.

Die chinesischen Versicherungsunternehmen nutzen beispielsweise diese Funktion sehr gerne. So kann ein Kunde beispielsweise sofort Schadenersatz über WeChat erhalten, wenn sein Flugzeug, aus welchem Grund auch immer, nicht starten kann. Das schafft Kundennähe.

8.6   Mitgliedskarte

Unternehmen und Organisationen können ihren Followern des öffentlichen WeChat-Kontos digitale WeChat-Mitgliedskarten (sogenannte VIP-Karte) anbieten, mit denen sie Vergünstigungen und Rabatte auf Dauer erhalten können. Mitglieder können außerdem bei jedem Verbrauch Punkte sammeln und diese bei dem nächsten Einkauf einlösen. Für Produktanbieter bedeutet dieses Marketinginstrument eine dauerhafte Anbindung der Stammkunden. Es bietet Unternehmen auch die Möglichkeit, Geschäftstätigkeiten langfristig zu planen.

8.7   Sonstige digitale Karten

Über WeChat können Unternehmen außerdem u. a. die folgenden Karten erstellen und über WeChat online anbieten:

- Eintrittskarte für touristische Aussichtspunkte
- Kinoticket
- Flugticket
- Eintrittskarte für Konferenzen
- Busticket

Die Zahlung für solche Tickets können über „WeChat Pay" abgewickelt werden.

Literatur

Wikipedia, Hrsg. 2016. Kupon. https://de.wikipedia.org/wiki/Kupon. Zugegriffen: 26. Mar. 2016.

Werbung auf WeChat

9

Zusammenfassung

WeChat ist nicht nur ein Platz für Content Marketing, sondern auch eine Werbeplattform. Unternehmen können Werbung entweder auf berechtigten öffentlichen WeChat-Konten oder auf Momente der WeChat-Nutzer anzeigen lassen. Es gibt auch externe Werbedienstleister, die Unternehmen professionellen Service für das Erstellen und Verwalten von Werbung auf WeChat anbieten. In diesem Kapitel werden die genannten Themen erläutert.

9.1 Arten der Werbung

Auf WeChat können Unternehmen unter bestimmten Bedingungen auch Werbungen schalten, die Zielkunden erreichen sollen. Es gibt zwei Arten der Werbung auf WeChat:

- Werbungen auf öffentlichen WeChat-Konten
- Werbungen auf Momenten (Freundeskreis) von WeChat-Nutzern

Jede Art der Werbung hat eine unterschiedliche Wirkung und Reichweite. Im Folgenden werden die zwei Arten der Werbung vorgestellt.

▶ Nicht jede Branche kann Werbungen auf WeChat anzeigen lassen. Zurzeit (Stand September 2016) ist der Anzeigenservice von WeChat für 26 unterschiedliche Branchen verfügbar (vgl. WeChat 2016a).

Die Verwendung der Abbildungen und Screenshots von WeChat erfolgt mit freundlicher Genehmigung von © Tencent 2017. All Rights Reserved.

© Springer Fachmedien Wiesbaden GmbH 2018   171
Y. Liu, *Social Media Marketing in China mit WeChat*,
https://doi.org/10.1007/978-3-658-17497-2_9

9.2   Werbeauftraggeber

Ein Unternehmen, dessen öffentliches WeChat-Konto durch Tencent verifiziert worden ist, kann auf WeChat öffentlicher Plattform als Werbeauftraggeber Werbungen beantragen und auf WeChat aufgeben. Dies gilt sowohl für das Abonnementkonto als auch für das Servicekonto.

9.3   Werbeplatzanbieter

Öffentliche WeChat-Konten, die über 20.000 Follower haben, können bei WeChat beantragen, einen Bereich der Rundsendungen auf ihren öffentlichen WeChat-Konten als Werbeplatz für den Anzeigeservice von WeChat freizuhalten und somit Werbeplatzanbieter zu werden. Dafür erhalten sie monatliche Einnahmen. Der Werbeplatz befindet sich immer ganz unten am Ende einer Rundsendung (s. Abb. 9.1 Mitte).

Bei der Beantragung können maximal drei Branchen ausgewählt werden, die für die Werbungen relevant sein sollen. Idealerweise stimmen die ausgewählten Branchen mit dem Schwerpunkt des öffentlichen Kontos überein, sodass die Chancen erhöht werden, dass Follower des öffentlichen Kontos auf die Werbungen klicken und dadurch der Werbeplatzanbieter Geld verdient.

Die Einnahme aus einer Werbung ergibt sich aus der Kombination von „Gesamte Anzahl des Anzeigens der Werbung", „Anzahl des Klicks" und „Anteil des Klicks".

Abb. 9.1 Werbung für die Bekanntmachung des öffentlichen WeChat-Kontos auf WeChat (WeChat-ID cyzk88); zugegriffen am 05.05.2017. (© Tencent 2017)

Auf WeChat öffentlicher Plattform kann sich ein Werbeplatzanbieter diese Daten jederzeit ansehen. Er kann auch den Anzeigeservice zeitweise einstellen oder bestimmte unerwünschte Werbeauftraggeber blockieren.

9.4   Werbung auf öffentlichem WeChat-Konto

Werbung auf einem öffentlichen WeChat-Konto erscheint ganz unten auf der Inhaltseite einer Rundsendung. Jede Werbung wird ganz oben mit dem Wort „Werbung" (chinesisch „广告") deutlich gekennzeichnet.

Eine Rundsendung ist, wie bereits in diesem Buch erwähnt, das wichtigste Marketingtool für Content Marketing (vgl. Kap. 6). Täglich werden Rundsendungen von öffentlichen WeChat-Konten über drei Milliarden Mal gelesen (vgl. WeChat 2016b).

9.4.1   Werbeziele

Mit der Werbung auf einem öffentlichen WeChat-Konto können u. a. die folgenden fünf Werbeziele erreicht werden:

1. Bekanntmachung des öffentlichen WeChat-Kontos

Das Ziel einer solchen Werbung auf einem öffentlichen WeChat-Konto ist die Bekanntmachung und das Anwerben von Followern des öffentlichen WeChat-Kontos des Werbeauftraggebers. Diese Art der Werbung erscheint in Form eines Bildes und einem Text sowie einer „Folgen"(chinesisch 关注)-Schaltfläche.

Wie die mittlere Seite der Abb. 9.1 beispielsweise zeigt, erscheint ganz unten am Ende einer Rundsendung des öffentlichen WeChat-Kontos cyzk88 eine solche Werbung. Wenn man auf die „Folgen"-Schaltfläche (chinesisch „关注") klickt, erscheint ein Dialog mit der Frage „Diesem offiziellen Konto folgen?" (s. Abb. 9.1 rechts). Wenn man auf „Follow" klickt, wird man sofort Follower des öffentlichen WeChat-Kontos des werbenden Unternehmens.

Alternativ kann man auch auf eine beliebige Stelle der Werbung außerhalb der Schaltfläche „Folgen" klicken und wird dann direkt zu der „Folgen"-Seite des öffentlichen WeChat-Kontos weitergeleitet. Hier kann man sich zuerst die Details der „Folgen"-Seite des öffentlichen WeChat-Kontos ansehen, bevor man sich entscheidet, dem öffentlichen WeChat-Konto zu folgen.

2. Marketingkampagne

Auch eine wichtige Marketingkampagne, z. B. eine Sonderrabattaktion, kann über eine Werbung auf einem öffentlichen WeChat-Konto effektiv gestartet werden. Abb. 9.2 zeigt das Beispiel solch einer Werbung eines Autoherstellers auf einer Rundsendung des öffentlichen WeChat-Kontos cyzk88 (s. Mitteseite).

Abb. 9.2 Werbung für eine Marketingkampagne auf WeChat (WeChat-ID cyzk88); zugegriffen am 05.05.2017. (© Tencent 2017)

Wenn man auf die Werbung klickt, wird die eigentliche mobile Aktionsseite des werbenden Unternehmens geöffnet und man kann an der Rabattaktion teilnehmen (s. Abb. 9.2 rechts).

Eine Werbung für eine Marketingkampagne kann mit einem Bild und einem Text oder nur mit einem Bild gestaltet sein. Außer der Kennzeichnung mit dem Text „Werbung" (chinesisch 广告) wird rechts unten auch der Text „Marketingkampagne" (chinesisch „活动推广") angezeigt.

3. Produktwerbung
Ein Produkt in einem Onlineshop kann auf einem öffentlichen WeChat-Konto beworben werden. Diese Werbung wird mit einem Bild gestaltet. Abb. 9.3 zeigt beispielsweise eine Produktwerbung eines Schuhherstellers auf dem öffentlichen WeChat-Konto mit der WeChat-ID cyzk88 (s. rechte Seite). Neben dem Text „Werbung" wird rechts unten der Text „Produktwerbung" (chinesisch 商品推广) angezeigt.

Wenn man auf das Werbebild klickt, wird man zur Produktseite des werbenden Onlineshops JD.com weitergeleitet, wo man Schuhe kaufen kann.

4. Vermarktung von Apps
Eine App kann über eine Werbung auf öffentlichem WeChat-Konto bekannt gemacht werden und WeChat-Nutzer werden zum Download motiviert. Die Werbung kann aus einem Bild und einem Text sowie einer „Download" (chinesisch 下载)-Schaltfläche

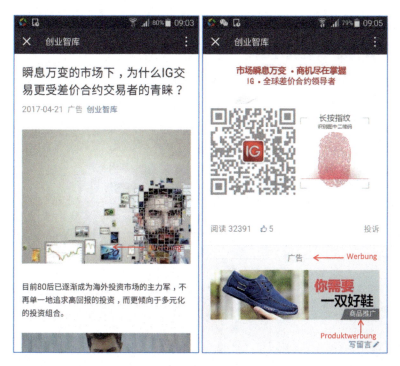

Abb. 9.3 Produktwerbung auf öffentlichem WeChat-Konto (WeChat-ID cyzk88); zugegriffen am 05.05.2017. (© Tencent 2017)

(s. Abb. 9.4 oben) oder nur aus einem Bild mit dem integrierten Text „App herunterladen" (chinesisch 应用下载) (s. Abb. 9.4 unten) bestehen.

Wenn man auf die „Download"- bzw. „App herunterladen"-Schaltfläche klickt, wird das Download-Programm bei einer Android-App sofort gestartet. Ist die App eine iOS-App, wird stattdessen die Download-Seite des App Stores angezeigt.

Wenn man nicht auf die „Download"- bzw. „App herunterladen"-Schaltfläche, sondern auf eine andere Stelle der Werbung klickt, wird die Detailseite der App mit der „Download"-Schaltfläche angezeigt, um sich die Beschreibung der App ansehen zu können. Wenn man dann auf die „Download"-Schaltfläche klickt, wird das Download-Programm gestartet.

5. Vermarktung von Coupons

Bei dieser Art der Werbung auf dem öffentlichen WeChat-Konto kann eine Marketingkampagne mit einer Art von Coupons, z. B. Gutscheinen, bekannt gemacht werden. Die Werbung besteht aus einem Bild und einem Text sowie einer „Coupon abholen" (chinesisch 领券)-Schaltfläche (s. Abb. 9.5 links). Wenn man auf die „Coupon abholen"-Schaltfläche klickt, wird die Seite geöffnet, auf der man den Coupon erwerben kann (s. Abb. 9.5 rechts). Der erworbene Coupon wird unter „Karten & Angebote" (s. Abb. 1.15 Mitte) aufbewahrt, den man jederzeit einlösen kann.

Abb. 9.4 Vermarktung von Apps auf öffentlichem WeChat-Konto. (Quelle: WeChat 2016b)

Abb. 9.5 Vermarktung von Coupons auf öffentlichem WeChat-Konto. (Quelle: WeChat 2016b)

9.4.2   Erstellen einer Werbung

Ein Werbeauftraggeber kann eine Werbung selbst auf WeChat öffentlicher Plattform unter seinem WeChat-Konto erstellen und aufgeben. Dabei können die folgenden Parameter bzw. Informationen festgelegt werden:

Zielgruppe festlegen

Die Zielgruppe der Werbung kann nach den folgenden Kriterien festgelegt werden:

- Geschlecht: alle, nur Männer oder nur Frauen
- Alter: alle oder selbst definierte Altersgruppe, z. B. von 5 bis 60 Jahre alt
- Region: alle oder Auswahl einer Zielprovinz oder -stadt
- Interessen: alle oder Auswahl der Interessen der potenziellen Zielgruppe. Tencent hat jedem Nutzer durch die Analyse seiner Nutzerdaten auf den verschiedenen Plattformen von Tencent entsprechende Interessen-Tags zugewiesen und dadurch öffentlichen WeChat-Konten ermöglicht, Zielgruppen nach Interessen effektiv zu suchen. Die Interessen können z. B. „Bildung", „Auto", „Immobilien" oder „Sport" sein.
- Bildungsabschluss: alle oder Auswahl: Doktor, Master, Diplom/Bachelor, Gymnasium, Mittel-Stufe, Grundschule
- Familienstand: alle oder Auswahl: ledig, Brautpaar, verheiratet, Kindererziehung

Empfangsgeräte der Zielgruppe festlegen

Auch Informationen über die Empfangsgeräte der Zielgruppe können festgelegt werden:

- Betriebssystem des Smartphones: alle oder Auswahl: IOS oder Android
- Netzverbindungsart: alle oder Auswahl: WiFi, 4G, 3G, 2G. Es kann beispielsweise festgelegt werden, dass nur diejenigen WeChat-Nutzer die Werbung empfangen sollen, die zurzeit die WiFi-Netzverbindung nutzen. Dadurch wird verhindert, dass die WeChat-Nutzer zwar die Werbung sehen, aber nicht darauf klicken wollen, weil z. B. für das Download einer App viel Datenvolumen verbraucht wird. Dadurch können unnötige Anzeigegebühren gespart werden.
- Netzbetreiber: alle oder Auswahl: China Telecom, China Mobile, China Unicom
- Pay-Nutzer: alle oder Auswahl: Zahlende Spieler-Nutzer, zahlende E-Commerce-Nutzer

Zeiten des Anzeigens festlegen

Die Zeiten des Anzeigens der Werbung können ebenfalls festgelegt werden. Es werden der Zeitraum, z. B. von 01.02.2016 bis 05.03.2016, und die Tageszeiten, z. B. von 0:00 Uhr bis 24:00 Uhr, festgelegt.

9.4.3 Programmatische Werbung

Die Onlinewerbung auf WeChat ist eine Art sogenannte Programmatische Werbung bzw. auf Englisch Programmatic Advertising (vgl. Wikipedia 2016). Wenn sich z. B. zwei Werbetreibende um einen Werbeplatz streiten, bekommt derjenige, der das höhere Angebot abgibt, Programmatische Werbung in Millisekunden zugesprochen. Deswegen kann ein Werbeauftraggeber für seine Werbung auf WeChat selbst den Preis festlegen. Es gilt der Preis pro Klick von 0,50 bis 20 Yuan (ca. 7 Cent bis 3 EUR). Je höher der Preis ist, desto wahrscheinlicher wird die Werbung öfter angezeigt und angeklickt.

Das gesamte Budget pro Tag kann auch zwischen 50 Yuan und 4 Mio. Yuan festgelegt werden. Wenn das festgelegte Limit erreicht worden ist, wird die Werbung an diesem Tag nicht mehr angezeigt. Das Limit kann jedoch jederzeit geändert werden.

Vor der Aufgabe einer Werbung kann sich der Werbeauftraggeber diese im Vorschaumodul auf seinem Smartphone ansehen. Wenn er damit zufrieden ist, kann er durch Klick auf „absenden" die Werbung freigeben. Was danach passieren wird, erledigt der WeChat-Anzeigeservice gemäß den Einstellungen des Auftraggebers.

9.5   Werbung auf „Momente"

Eine Werbung in dieser Art erscheint zufällig auf „Momente" des Freundeskreises (chinesisch 朋友圈) von WeChat-Nutzern, als wäre sie die Rundsendung eines WeChat-Freundes gewesen.

9.5.1   Arten der Werbung

Es gibt zwei Arten der Werbungen auf Momenten:

1. Werbungen in Form von Bildern und Text
2. Video-Werbung

Wie Abb. 9.6 zeigt, hat eine Werbung aus Bildern und Text fünf und eine Videowerbung vier Bestandteile:

1. Logo und Name des öffentlichen WeChat-Kontos des werbenden Unternehmens
Wenn ein WeChat-Nutzer darauf klickt, wird die Profilseite des öffentlichen WeChat-Kontos angezeigt, dem er folgen kann.

2. Kurze Werbebotschaft
Eine kurze, zielorientierte und potenzielle Kunden reizende Werbebotschaft, die insgesamt nicht mehr als 40 chinesische Zeichen und nicht mehr als vier Zeilen lang sein darf.

3. Bilder/Fotos/Video
Visuelle Elemente für die Werbung, die die potenziellen Kunden sofort aufmerksam machen sollen. Es werden eins, drei, vier oder sechs Bilder/Fotos unterstützt. Für die Videowerbung kann an dieser Stelle stattdessen ein sechs Sekunden langes Vorschauvideo platziert werden. Das Original-Video kann jedoch 300 s lang sein. Dies wird durch Klick auf das Vorschauvideo geöffnet. Ein Original-Video ist jedoch nur eine Option.

Abb. 9.6 Werbungen auf „Momente" des Freundeskreises. Links: Werbung in Form von Bildern und Text. Rechts: Werbung in Form von Video. (Quelle: WeChat 2016b)

4. Hyperlink

Je nach dem festgelegten Werbeziel kann einer der folgenden Hyperlinks ausgewählt werden:

1. Weiter zu Details (chinesisch „查看详情")
   Über diesen Hyperlink werden WeChat-Nutzer zu der eigentlichen Stelle der Werbung/Marketingkampagne weitergeleitet. Dort kann man mehr über die Aktion erfahren und an dieser teilnehmen.
   Dieser Hyperlink ist geeignet für die Werbeziele Marketingkampagne, App-Download, Bekanntmachung von öffentlichem WeChat-Konto, Vermarktung von Coupons.
2. Mehr über das öffentliche WeChat-Konto (chinesisch „了解公众号")
   Durch Klick auf den Hyperlink werden WeChat-Nutzer in die Profilseite des öffentlichen WeChat-Kontos des werbenden Unternehmens weitergeleitet, dort können sie diesem folgen. Diese Art des Hyperlinks ist zweckmäßig für die Bekanntmachung und das Anwerben von Followern eines öffentlichen WeChat-Kontos.
3. App herunterladen (chinesisch „下载应用")
   Durch Klick auf diesen Hyperlink wird die Download-Seite der werbenden App geöffnet, damit WeChat-Nutzer sie downloaden können.
4. Spiele herunterladen (chinesisch „下载游戏")
   Durch Klick auf diesen Hyperlink wird die Download-Seite der werbenden Spiel-App geöffnet, damit WeChat-Nutzer sie downloaden können.
5. Terminvereinbarung (chinesisch „预约活动")
   Zur Vereinbarung eines Termins mit dem werbenden Unternehmen. Es ist geeignet für die Marketingkampagne und lokale Kundengewinnung.

6. Coupon abholen (chinesisch „领取优惠")

Mit diesem Hyperlink werden WeChat-Nutzer in die Seite für die Vergabe von Coupons geleitet. Sie ist geeignet für Marketingkampagnen, Vermarktung von Coupons und die lokale Kundengewinnung durch z. B. O2O-Geschäfte.

5. Soziale Interaktion von WeChat-Nutzern

Jede Werbung bietet WeChat-Nutzern die Möglichkeit, ihre Gefühle für die Werbung durch Klick auf „Gefällt mir" (chinesisch „赞") auszudrücken oder Kommentare dazu zu schreiben, wie beispielsweise Produktempfehlungen.

9.5.2   Erstellen von Werbung

Das Erstellen von Werbung auf „Momente" des Freundeskreises ist identisch wie beim Erstellen von Werbung auf einem öffentlichen WeChat-Konto. Die Kriterien der Zielgruppe können auch ähnlich festgelegt werden. Auch der Zeitraum der Werbeanzeige kann festgelegt werden.

Der Preis wird nach der Anzahl des Anzeigens berechnet und ist abhängig von der festgelegten Zielregion (Provinz oder Stadt). Das Mindestbudget einer „Bilder+Text"-Werbung für eine einmalige Ausgabe beträgt 50.000 Yuan (ca. 7000 EUR). Eine entsprechende Videowerbung kostet mindestens 200.000 Yuan (ca. 30.000 EUR).

Die Zielregionen unterteilen sich in drei Kategorien: Die Kernstädte, die wichtigen Städte und die restlichen normalen Städte. Nur die wirtschaftlich und politisch wichtigsten Städte Peking und Schanghai gehören zu den Kernstädten. Eine Anzeige einer „Bilder+Text"-Werbung, die tausend Mal angezeigt wird, kostet 150 Yuan (ca. 20 EUR) und eine Video-Werbung 180 Yuan (ca. 25 EUR) in diesen Kernstädten. So kann beispielsweise eine „Bilder+Text"-Werbung mindestens zwei Millionen Mal angezeigt werden, wenn das Werbebudget mit 300.000 Yuan (ca. 42.000 EUR) festgelegt worden ist.

Es werden insgesamt 20 chinesische Städte als die wichtigen Städte festgelegt. Es sind z. B. die südlichen Städte wie Guangzhou, Chengdu, Hangzhou oder die nördlichen Städte wie Dalian, Tianjin. Für die „Bilder+Text"-Werbungen, die die WeChat-Nutzer in diesen Städten erreichen sollen, müssen werbende Unternehmen 100 Yuan (ca. 14 EUR) für eine tausend Mal geschaltete Anzeige bezahlen. Die entsprechende Gebühr für eine Video-Werbung beträgt 120 Yuan (ca. 17 EUR).

Werbungen für die Ziel-WeChat-Nutzer der restlichen Städte sind relativ günstiger. Eine „Bilder+Text"-Werbung kostet 50 Yuan (ca. 7 EUR) und eine Video-Werbung 60 Yuan (ca. 8 EUR) bei einer tausend Mal geschalteten Anzeige.

Für eine Werbung mit einem Budget über einer Million Yuan (ca. 140.000 EUR) bietet Tencent werbenden Unternehmen Sonderservices an.

Ähnlich wie bei der Werbung auf dem öffentlichen WeChat-Konto kann ein Werbeauftraggeber einen strategischen Konkurrenzpreis abgeben. Je höher der Preis pro tausend Anzeigen und das Tagesbudget sind, desto wahrscheinlicher ist es, dass die

Werbung angezeigt wird. Die unterschiedlichen Werbeauftraggeber konkurrieren untereinander um die Anzeige ihrer Werbungen auf „Momente" des Freundeskreises der
WeChat-Nutzer. Wenn ein Unternehmen mehr Werbeeffekt erzielen will, muss es also
auch mehr investieren.

9.5.3 Fallstudie Huawei

Der chinesische Hersteller für Smartphone Huawei ist in Europa auch sehr bekannt. Für
sein neues Smartphone Modell P9 und P9 Plus hat das Unternehmen zusammen mit dem
deutschen Optik-Hersteller Leica im April 2016 eine Marketingkampagne gestartet und
dafür eine Video-Werbung auf „Momente" des Freundeskreises von WeChat aufgegeben
(vgl. Abb. 9.7).

Huawei kombinierte diese Werbung mit einer wirksamen Prominentenwerbung. Die
bekannte amerikanische Schauspielerin Scarlett Johansson, chinesischer Name 斯嘉
丽.约翰逊, wurde für diese Werbung eingeladen, da sie auch in China sehr bekannt und
beliebt ist. Dadurch wurden viele Menschen auf diese Werbung aufmerksam und disku-
tierten darüber.

Mit der Werbebotschaft „瞬间,定格视界的角度" (auf Deutsch etwa „Nur ein Augen-
blick ist der Betrachtungswinkel des Sehfeldes schon fixiert") wurde die Werbung insgesamt
86.946 Mio. Mal angezeigt. 2,939 Mio. WeChat-Nutzer interagierten mit der Werbung. Das
öffentliche WeChat-Konto von Huawei gewann dadurch jeden Tag 32.000 Follower.

Abb. 9.7 Werbung auf „Momente" des Freundeskreises von WeChat am Beispiel Huawei.
(Quelle: WeChat 2016b)

Wenn man auf „Weiter zu Details" (chinesisch „查看详情") klickt, wird die HTML5-
Webseite der eigentlichen Werbung angezeigt, hier kann man sich das komplette Video
anschauen (s. Abb. 9.7 Mitte). Am Ende werden zwei Schaltflächen „Sofort zugreifen" (chinesisch „马上抢购") und „Läden suchen" (chinesisch „门店查询") angezeigt (s. Abb. 9.7
rechte Seite). Über die Schaltfläche „Sofort zugreifen" werden WeChat-Nutzer zum Onlineshop von Huawei weitergeleitet. Über die Schaltfläche „Läden suchen" kann man lokale
Vertriebsläden aussuchen, um dort das Handy zu kaufen.

9.6   Werbung auf WeChat über Drittanbieter

Unternehmen können die Tätigkeiten für Werbung auf WeChat über Drittanbieter erledigen lassen. Solche Anbieter sind die Werbedienstleister, die ein Konto auf der Plattform
für WeChat Werbedienstleister (vgl. Abb. 3.5) haben.

Die werbenden Unternehmen haben den Vorteil, vom professionellen Wissen des
Werbedienstleisters sowohl im Bereich des Produktmarketings und der Werbegestaltung
als auch im Bereich des WeChat-Wissens zu profitieren und können dadurch Werbungen
auf WeChat effektiv gestalten und nutzen.

Literatur

WeChat, Hrsg. 2016a. 开放政策. http://ad.weixin.qq.com/learn/1-3–0. Zugegriffen: 17. Sept. 2016.
WeChat, Hrsg. 2016b. 微信广告. http://ad.weixin.qq.com/learn/1-1-2–基本介绍. Zugegriffen: 17.
     Sept. 2016.
Wikipedia, Hrsg. 2016. Programmatic Advertising. https://de.wikipedia.org/wiki/Programmatic_
     Advertising. Zugegriffen: 30. Nov. 2016.

Offizielle WeChat-Website

10

Zusammenfassung

Über WeChat kann eine App-in-App-Lösung realisiert werden. Hierfür bietet WeChat u. a. die offizielle WeChat-Website, die in der WeChat App integriert und von dort aufgerufen wird. Hier finden Entwickler der offiziellen WeChat-Website Programmierschnittstellen für die einfache Integration von WeChat-Funktionen in der offiziellen WeChat-Website. Die offizielle WeChat-Website bietet Unternehmen u. a. einen idealen mobilen Internetplatz für die Unternehmenspräsentation und für den Kundenservice. Um mobiles Marketing mit WeChat effektiv betreiben zu können, brauchen Unternehmen neben einem öffentlichen WeChat-Konto auch eine offizielle WeChat-Website. In diesem Kapitel werden u. a. die Begriffe Web-App, HTML5 sowie die JS-SDK-Schnittstellen von WeChat und deren Integration in der offiziellen WeChat-Website erläutert.

10.1 Mobile Web-App

10.1.1 Mobile Website

Wir alle wissen, dass eine Website für ein Unternehmen unerlässlich ist, wenn es um das Online-Marketing geht. Die meisten Unternehmen haben heutzutage eine eigene Website für die Unternehmenspräsentation und den Kundenservice.

Die Welt entwickelt sich. Wir befinden uns nun in der Ära der mobilen Kommunikation. Für das mobile Marketing braucht ein Unternehmen heutzutage eine mobile

---

Die Verwendung der Abbildungen und Screenshots von WeChat erfolgt mit freundlicher Genehmigung von © Tencent 2017. All Rights Reserved.

© Springer Fachmedien Wiesbaden GmbH 2018   183
Y. Liu, *Social Media Marketing in China mit WeChat*,
https://doi.org/10.1007/978-3-658-17497-2_10

Website, die auf dem Smartphone optimal angezeigt werden kann und die wichtigen Funktionen für das Marketing hat.

Mobile Websites sind nicht neu. Bereits im Jahr 1997 wurde ein Standard für die Darstellung von Websites auf mobilen Endgeräten verabschiedet. Der Standard heißt WAP (Wireless Application Protocol). Das Ziel war, Internetinhalte für langsamere Übertragungsraten und längeren Antwortzeiten im Mobilfunk sowie die kleinen Displays von Mobiltelefonen verfügbar zu machen (vgl. Wikipedia 2016a). Für die Darstellung der Internetinhalte für die mobilen Endgeräte wurde deswegen eine eigene Auszeichnungssprache WML (Wireless Markup Language) entwickelt, statt die Standardsprache HTML (Hypertext Markup Language) zu verwenden. Die Inhalte und das Design der mobilen Seiten waren an die kleinen Displays angepasst und deshalb sehr eingeschränkt. Sie konnten auch nicht auf einem Desktop-PC angezeigt werden.

Heute ist die mobile Technik sehr weit fortgeschritten. Die Geschwindigkeit der Datenübertragung des Mobilfunks ist immer schneller geworden. Die heutigen Smartphone verfügen normalerweise über einen eigenen Explorer, mit dem die normalen HTML-Seiten geöffnet werden können. Die meisten Mobilfunkanbieter haben den WAP-Dienst eingestellt.

10.1.2 Mobile Web-App

Wenn ein Unternehmen jedoch einen komplizierten kundenspezifischen Service auf mobilen Endgeräten anbieten will, reichen normale HTML-Internetwebseiten nicht mehr aus. Man braucht eine mobile App. Als Mobile App wird eine Anwendungssoftware für Mobilgeräte bzw. mobile Betriebssysteme bezeichnet (vgl. Wikipedia 2016b). Es gibt hier zwei unterschiedliche Arten: „Native App" und „Web-App". Eine native App ist plattformabhängig. Sie muss als eine eigenständige mobile Anwendung von Nutzern heruntergeladen und auf deren Geräten installiert werden. Solche Apps findet man z. B. in einem App Store. Die Entwicklung einer nativen App erfordert normalerweise tief greifende Programmierkenntnisse von Java, C++ oder Objective-C.

Eine Web-App (auch Webanwendung, Online-Anwendung, Webapplikation) ist ein mobiles Anwendungsprogramm nach dem Client-Service-Modell. Sie ist plattformunabhängig. Nutzer der Web-App brauchen die App nicht, im Gegensatz zur native App, herunterzuladen und sie auf eigenen Geräten zu installieren (vgl. Wikipedia 2016c). Die Datenverarbeitung und -auswertung finden stattdessen hauptsächlich auf einem weit entfernten Webserver statt. Die Kommunikation zwischen Nutzern und dem Webserver erfolgt über einen Webbrowser. Dadurch ist ein spezifisches Betriebssystem auf dem Endgerät überflüssig geworden.

Eine mobile Web-App kann praktisch auf jedem mobilen Endgerät problemlos ausgeführt und das Ergebnis angezeigt werden. Die Voraussetzungen hierfür sind die Internetverbindung zum Webserver und ein Webbrowser, welcher die erforderlichen Webstandards (wie HTML5 und JavaScript) unterstützt.

Die Entwicklung einer mobilen Web-App ist auch relativ einfach, da man auf die Kenntnisse und jahrelange Programmiererfahrungen mit HTML zurückgreifen kann. Die Freigabe der App erfordert auch keine Zulassung vom App Store. Die Updates der App erfolgen auch serverseitig, deswegen schnell sowie ohne Einfluss auf den Kunden.

10.2   HTML5

Um das in diesem Kapitel behandelte Thema „WeChat offizielle Website" verständlicher erklären zu können, muss zuerst der Begriff „HTML5" erläutert werden. HTML steht auf Englisch für Hypertext Markup Language. Sie ist die Auszeichnungssprache für Websites. Das World Wide Web Consortium (kurz W3C) ist das Gremium zur Standardisierung der Technik im World Wide Web, inklusive HTML. W3C hat am 28. Oktober 2014 eine neue Version der HTML-Sprache, HTML5-Spezifikation, vorgelegt. HTML5 bietet gegenüber der Vorversion HTML4 neue Funktionen wie Video, Audio, lokalen Speicher und dynamische 2-D- und 3-D-Grafiken, die von HTML4 nicht direkt unterstützt wurden und sich ohne HTML5 nur mit zusätzlichen Plug-ins (z. B. Adobe Flash) umsetzen ließen (vgl. Wikipedia 2016d).

Ein Ziel der HTML5 ist es, sie auf allen Endgeräten und mit Inhalten in allen Weltsprachen verwendbar zu sein. Mit der neuen Websprache HTML5, zusammen mit CSS3 und JavaScript, kann das sogenannte „Responsive Webdesign" (vgl. Wikipedia 2016e) realisiert werden.

10.3   Was ist eine offizielle WeChat-Website?

Eine offizielle WeChat-Website (chinesisch 微官网) (vgl. Baidu 2016) ist normalerweise eine Web-App eines Unternehmens oder einer Organisation, die in der WeChat App integriert ist und von dem öffentlichen WeChat-Konto aus aufgerufen wird. WeChat bietet Entwicklern ein Kit von JS-SDK (JavaScript-Software Development Kit) an, mit dem sie bestimmte Funktionen von WeChat in ihren Web-Apps integrieren können. Diese WeChat-Funktionen können dann direkt von ihren offiziellen WeChat-Websites aufgerufen werden.

Da ein öffentliches WeChat-Konto hauptsächlich Rundsendungen als Content Marketing verbreitet, ergänzt die offizielle WeChat-Website die Marketingtätigkeiten des Unternehmens mit mobiler Unternehmenspräsentationen. Zusammen mit der neuen Auszeichnungssprache HTML5 und WeChat-Schnittstellen JS-SDK können Unternehmen über offizielle WeChat-Website Kunden unterschiedliche Services in Verbindung mit WeChat anbieten. Eine offizielle WeChat-Website wird öfter auch eine „H5-Website" genannt.

10.4   Wie entsteht eine offizielle WeChat-Website?

Eine offizielle WeChat-Website ist keine eigenständige Funktion von WeChat und wird außerhalb von WeChat entwickelt. Normalerweise melden sich Unternehmen bei einer externen professionellen Entwicklerplattform, z. B. http://www.guangli88.com, an, die die Verbindung mit WeChat öffentlicher Plattform herstellen kann.

Ansonsten ist die Entwicklungstechnik ähnlich wie die normale Entwicklung einer HTML5-Website. Für die Einbettung von WeChat-Funktionen in der offiziellen Website durch WeChat JS-SDK bietet WeChat Entwicklern ein Tool/Programm, mit dem sie die entwickelte Website testen können. Dabei können die meisten Funktionen von JS-SDK getestet sowie deren Input und Output simuliert werden. Das Tool ist eine Desktop-Anwendung, das man herunterladen und auf dem eigenen Desktop-PC installieren kann (vgl. Abb. 10.1).

10.5   Aufrufstelle von offizieller WeChat-Website

Eine offizielle WeChat-Website wird von WeChat aus aufgerufen. Normalerweise wird ein Link zu der offiziellen WeChat-Website unter einem Menüpunkt von WeChat untergebracht. Abb. 10.2 zeigt beispielsweise das öffentliche WeChat-Konto (s. linke Seite) und die offizielle WeChat-Website (s. rechte Seite) des deutschen Unternehmens ZF Friedrichshafen AG in China, wobei die offizielle WeChat-Website über den Menüpunkt „微官网" (auf Deutsch „offizielle WeChat-Website") aufgerufen wird.

Abb. 10.1   Entwickler-Tool für die offizielle WeChat-Website. (Quelle: Tencent 2016a)

Abb. 10.2 Aufrufstelle einer offiziellen WeChat-Website am Beispiel von ZF After-Sales-Service China (WeChat-ID: ZFSERVICES). (© Tencent 2017 und © ZF Friedrichshafen AG 2017)

10.6   WeChat-Schnittstellen JS-SDK

Über das JS-SDK stellt WeChat Entwicklern von offiziellen WeChat-Websites die folgenden zwölf Schnittstellen zur Verfügung (Stand September 2016) (vgl. Tencent 2016b). Mit diesen Schnittstellen können WeChat-Funktionen in den offiziellen WeChat-Websites integriert werden.

10.6.1 Schnittstelle für „Teilen"

Über diese Schnittstelle können die „Teilen"-Schaltflächen von WeChat in der offiziellen WeChat-Website integriert werden. Wenn ein Besucher der Website auf eine der Schaltflächen klickt, wird er entweder direkt zur „Teilen"-Seite der entsprechenden Anwendungen oder zum „Teilen"-Menü weitergeleitet.

Der zu teilende Inhalt kann vom Administrator der Website selbst definiert werden. Folgende Ziele für das Teilen können festgelegt werden:

- „Auf Momente teilen" (chinesisch „分享到朋友圈")
  Schaltfläche für das Teilen des aktuellen Inhaltes auf WeChat-„Momente" des Besuchers
- „Zum Chat senden" (chinesisch „分享给朋友")

Schaltfläche für das Teilen des Inhaltes mit ausgewählten WeChat-Freunden des Besuchers

- „Auf QQ teilen" (chinesisch „分享到QQ")
  Schaltfläche für das Teilen des Inhaltes mit ausgewählten Freunden des Besuchers auf dem Instant-Messaging-Dienst QQ Messenger
- „Auf „Qzone" teilen" (chinesisch „分享到QQ空间")
  Schaltfläche für das Teilen des Inhaltes auf dem sozialen Netzwerk Qzone
- „Auf Tencent Weibo teilen" (chinesisch „分享到腾讯微博")
  Schaltfläche für das Teilen des Inhaltes auf dem Microblogging-Dienst Tencent Weibo

10.6.2 Schnittstelle für „Foto/Bild"

Über diese JS-SDK-Schnittstelle können WeChat-Funktionen für die Bildoperationen in der offiziellen WeChat-Website integriert werden. Die folgenden Bildoperationen werden unterstützt:

- Aufnahme von neuen Fotos
- Auswahl von vorhandenen Fotos/Bildern vom Fotoalbum des Smartphones
- Hochladen von Fotos/Bildern
- Download von Fotos/Bildern
- Vorschau von Fotos/Bildern

10.6.3 Schnittstelle für „Sprachnachricht"

Über diese Schnittstelle können WeChat-Sprachfunktionen in der offiziellen WeChat-Website integriert werden, um die Kommunikation mit Kunden noch leichter und kundennäher zu machen. Die folgenden Funktionen werden unterstützt:

- Start einer Sprachaufnahme
- Stopp der Sprachaufnahme
- Pause der Sprachaufnahme
- Automatischer Stopp der Sprachaufnahme
- Abspielen der Sprachnachricht
- Pause des Abspielens
- Stopp des Abspielens
- Überwachung des Endes des Abspielens
- Hochladen der Sprachnachricht
- Download der Sprachnachricht

10.6.4 Intelligente Schnittstelle

Über diese Schnittstelle kann eine offizielle WeChat-Website die Funktion haben, mit der eine Sprachnachricht automatisch in eine Textnachricht übersetzt werden kann. Dabei braucht der Seitenentwickler keine Kenntnisse über die Technik der Spracherkennung zu haben. Er kann einfach die entsprechenden Codes von JS-SDK von WeChat in seiner Webseite integrieren.

10.6.5 Schnittstelle für Geräteinformationen

Um Kundennähe zu schaffen, sollten Unternehmen immer an ihre Kunden denken. Gerade bei Download-Services für ihre Kunden, wie beispielsweise Produktkataloge, sollten sie diese auf das Datenvolumen hinweisen. Über die Schnittstelle für Geräteinformationen kann eine mobile WeChat-Website feststellen, welches Netz, z. B. 2G, 3G, 4G oder WiFi, ein Kunde gerade nutzt und ihm entsprechende Informationen geben.

10.6.6 Schnittstelle für Standortinformationen

Über diese Schnittstelle kann eine offizielle WeChat-Website die Standortinformationen der Besucher abfragen, um beispielsweise Kunden LBS (Location Based Service)-Dienste anzubieten. LBS-Dienst ist die Basis für das O2O-Geschäftsmodell. Voraussetzung dafür ist aber die Freigabe der Standortinformationen durch die Besucher der Website. Die festgestellte Standortinformation eines Website-Besuchers kann über die in der WeChat integrierte Karte angesehen und angezeigt werden.

10.6.7 Schnittstelle für „Gerätesuche in der Umgebung mit WeChat"

Auf einer offiziellen WeChat-Webseite können optional drei Schaltflächen „Geräte suchen", „Gerätesuche stoppen" und „Auflisten der gefundenen Geräte" platziert werden, mit denen WeChat-Nutzer WeChat-fähige Bluetooth-Geräte, z. B. iBeacon-Geräte, des öffentlichen WeChat-Kontos suchen und mit diesen verbinden. In Abschn. 11.5 wird die Verwendung dieser Schnittstelle näher erläutert.

10.6.8 Schnittstelle für „Einstellung der Oberfläche des Explorers"

Eine offizielle WeChat-Website wird normalerweise über den internen Explorer von WeChat geöffnet. Standardmäßig befindet sich beim Explorer rechts oben ein Dropdown-Menü, das mit drei Punkten gekennzeichnet ist (vgl. Abb. 10.2 Mitte). Unter diesem

Menü befinden sich einige sehr wertvolle Funktionen wie „auf Momente teilen", „Zum Chat senden" und „URL kopieren" (s. Abb. 10.2 rechts).

Das Menü vom WeChat-Explorer unterteilt sich in drei Kategorien:

Basismenü

- Melden
- Schriftarteinstellungen
- Tagesmodul
- Nachtmodul
- Aktualisierung
- Öffnen des öffentlichen WeChat-Kontos (als Follower)
- Öffnen des öffentlichen WeChat-Kontos (als Nicht-Follower)

Teilungsmenü

- Zum Chat senden
- Auf Momente teilen
- Auf QQ teilen
- Auf Tencent-Weibo teilen
- Favorisieren
- Auf Facebook teilen
- Auf Qzone teilen

Schutzmenü

- Tags editieren
- Entfernen
- URL kopieren
- Originale Webseite
- Lesemodus
- Mit Browser öffnen
- E-Mail senden
- Sonderkonten

Diese Schnittstelle bietet die folgenden Operationen für das Dropdown-Menü der offiziellen WeChat-Website an. Diese kann man nutzen, um seine WeChat-Website anzupassen.

- Ausblenden des kompletten Menüs
- Einblenden des kompletten Menüs
- Einblenden eines Teils des Menüs
- Einblenden aller Menüs

- Schließen des Fensters
- Ausblenden eines Teils des Menüs der Kategorien „Teilungsmenü" und „Schutzmenü".
- Ausblenden aller Menüs der Kategorien „Teilungsmenü" und „Schutzmenü".

10.6.9   Schnittstelle für „QR-Code scannen"

Mit dieser Schnittstelle kann die Funktion „QR-Code scannen" von WeChat auf einer offiziellen WeChat-Website aufgerufen werden. Je nach Zielsetzung kann das Scanergebnis entweder an die WeChat weitergeleitet und über diese verarbeitet oder an die offizielle WeChat-Website zurückgegeben werden.

Abb. 10.3 zeigt ein Beispiel der offiziellen WeChat-Website des deutschen Unternehmens ZF Friedrichshafen AG mit der Einbindung der Funktion „QR-Code scannen" (s. rechte Seite). Kunden können auf diese Schaltfläche klicken und den QR-Code auf den Etiketten der gekauften Produkte des Unternehmens zur Authentifizierung der Echtheit scannen. Das Scanergebnis wird an das Unternehmen weitergeleitet, um die Code-Informationen zu überprüfen. Die Kunden erhalten das Prüfergebnis zurück.

Abb. 10.3 Einbindung der Funktion „QR-Code scannen" in der offiziellen WeChat-Website am Beispiel von ZF After-Sales-Service China (WeChat-ID: ZFSERVICES). (© Tencent 2017 und © ZF Friedrichshafen AG 2017)

10.6.10   Schnittstelle für „WeChat-Onlineshop"

Mit dieser Schnittstelle kann ein Unternehmen auf seiner offiziellen WeChat-Website beispielsweise ein Produkt für Marketingzwecke präsentieren und eine Schaltfläche für den Kauf
platzieren. Wenn ein Besucher der Website diese anklickt, wird er direkt zur Produktseite im
WeChat-Onlineshop des Unternehmens weitergeleitet. Dort kann er sich die detaillierte Produktbeschreibung ansehen und das Produkt kaufen sowie mit „WeChat Pay" bezahlen.

10.6.11   Schnittstelle für „Karten & Angebote"

Mit dieser Schnittstelle können Karten und Angebote wie Gutscheine auf der offiziellen
WeChat-Website eines Unternehmens angeboten werden.

10.6.12   Schnittstelle für „WeChat Pay"

Mit dieser Schnittstelle kann ein „WeChat Pay"-Unternehmensnutzer die Funktion von
„WeChat Pay" auch auf seiner offiziellen WeChat-Website einbinden und Besuchern
der WeChat-Website den Online-Bezahldienst „WeChat Pay" anbieten. Dabei sendet die
Website eine Zahlungsanfrage an „WeChat Pay" und die Zahlung wird dann über diesen
abgewickelt (vgl. Abschn. 7.7).

10.7   WeUI – CSS-Codes

CSS steht in Englisch für Cascading Style Sheet (vgl. Wikipedia 2016f) und ist eine
Standard-Stylesheet-Sprache für die inhaltsunabhängigen Gestaltungsanweisungen von
HTML-Webseiten. Eine CSS-Anweisung gibt an, dass für festgelegte Teile eines Doku-
ments eine Kombination von bestimmten Eigenschaften gelten soll.

WeUI von WeChat bietet Entwicklern der offiziellen WeChat-Website eine Reihe von
CSS-Codes an, die sie in ihrer HTML5-Website integrieren und dadurch Symbole oder
Schaltflächen erzeugen können, die vom Aussehen her identisch sind wie die internen
Symbole von WeChat (vgl. Abb. 10.4). Die Nutzung der WeUI-CSS-Codes hat folgende
Vorteile:

- Symbole und Schaltflächen auf der offiziellen WeChat-Website haben den gleichen
  visuellen Effekt wie die beim WeChat, sodass sie für die Nutzer der Website leicht
  bedienbar sind.
- Schnelle Programmierung durch einfache Einbettung der CSS-Codes in eigener Website, um die Entwicklungskosten zu senken.

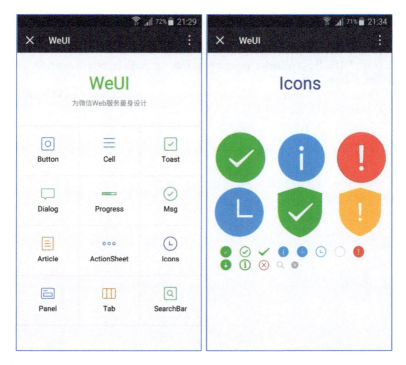

Abb. 10.4 WeUI. Links: Über WeUI erzeugbare Symbole und Schaltflächen. Rechts: Beispiel Symbole „Icons". (Quelle: Tencent 2017)

- Die CSS-Codes werden durch das WeChat-Entwickler-Team sorgfältig programmiert, getestet und optimiert.

Literatur

Baidu, Hrsg. 2016. 微官网 wechat official website. http://baike.baidu.com/view/11145105.htm. Zugegriffen: 2. Sept. 2016.

Tencent, Hrsg. 2016a. 微信web开发者工具. https://mp.weixin.qq.com/wiki?action=doc&id=mp 1455784140&t=0.6342292240330876#6. Zugegriffen: 4. Sept. 2016.

Tencent, Hrsg. 2016b. 微信JS-SDK说明文档. http://mp.weixin.qq.com/wiki/7/aaa137b55f-b2e0456bf8dd9148dd613f.html. Zugegriffen: 4. Sept. 2016.

Tencent, Hrsg. 2017. WeUI. https://weui.io. Zugegriffen: 5. Nov. 2017.

Wikipedia, Hrsg. 2016a. Wireless application protocol. https://de.wikipedia.org/wiki/Wireless_Application_Protocol. Zugegriffen: 3. Sept. 2016.

Wikipedia, Hrsg. 2016b. Mobile app. https://de.wikipedia.org/wiki/Mobile_App. Zugegriffen: 3. Sept. 2016.

Wikipedia, Hrsg. 2016c. Webanwendung. https://de.wikipedia.org/wiki/Webanwendung. Zugegriffen:
      3. Sept. 2016.
Wikipedia, Hrsg. 2016d. HTML5. https://de.wikipedia.org/wiki/HTML5. Zugegriffen: 3. Sept. 2016.
Wikipedia, Hrsg. 2016e. Responsive webdesign. https://de.wikipedia.org/wiki/Responsive_Webdesign.
      Zugegriffen: 3. Sept. 2016.
Wikipedia, Hrsg. 2016f. Cascading style sheets. https://de.wikipedia.org/wiki/Cascading_Style_
      Sheets. Zugegriffen: 13. Sept. 2016.

WeChat+ Hardware

11

Zusammenfassung

Mit WeChat können nicht nur Menschen miteinander verbunden werden. Mit WeChat lassen sich auch Menschen und Gegenstände sowie Gegenstände miteinander verbinden, die dann untereinander in beide Richtungen kommunizieren können. Mit dem Konzept „WeChat+ Hardware" kann das Konzept der digitalen Zukunft „Internet of Things" realisiert werden. In diesem Kapitel werden die WeChat-fähige Hardware und deren Realisierung beschrieben. Auch werden die damit verbundenen WeChat-Läden, WiFi-Verbindung über WeChat sowie die Nutzung von iBeacon mit WeChat erläutert.

11.1 WeChat-fähige Hardware

Geräte, die mit der WeChat App verbunden werden und mit dieser kommunizieren können, werden als WeChat-fähige Hardware bezeichnet. WeChat-fähige Hardware, z. B. Haushaltsgeräte, können mit dem entsprechenden öffentlichen WeChat-Konto des Hardware-Herstellers verbunden und dadurch die gewünschten Funktionen erworben werden.

WeChat-Hardware unterteilt sich hauptsächlich in die folgenden drei Kategorien:

1. Persönliche Geräte, z. B. Smartphone, Tablet-PC und Smartwatch.
2. Hausratsgeräte, z. B. Fernseher, Wasserfilter, Klimaanlage, Steckdose.
3. Öffentliche Einrichtungen, z. B. Parkplätze.

Die Verwendung der Abbildungen und Screenshots von WeChat erfolgt mit freundlicher Genehmigung von © Tencent 2017. All Rights Reserved.

© Springer Fachmedien Wiesbaden GmbH 2018
Y. Liu, *Social Media Marketing in China mit WeChat,*
https://doi.org/10.1007/978-3-658-17497-2_11

Durch die Verbindung der Hardware mit WeChat können Hardware-Hersteller heutzutage ihre Produkte über WeChat in hohem Tempo vermarkten. Früher mussten Unternehmen selbst Apps für ihre Produkte entwickeln. Dies erforderte tief greifende Programmierkenntnisse und viel Zeitaufwand. Große und langfristige Investitionen waren die Folge. Kleine Unternehmen konnten sich dies nicht leisten. Über WeChat brauchen Unternehmen heute keine eigenen Apps für ihre Geräte mehr. Auch das Marketing für Apps erübrigt sich, da WeChat diese Aufgabe übernimmt. Der Kostenvorteil liegt auf der Hand.

Abb. 11.1 zeigt ein Beispiel des WeChat-fähigen Blutzuckermessgerätes, ein Produkt des Unternehmens Tencent mit der Marke „Tencare Doctor Tang" (chinesisch „腾爱糖大夫"). Mit diesem Gerät können Eltern ihren Blutzuckerwert messen. Die Messdaten werden im Gerät gespeichert und optional beispielsweise automatisch an ihre Kinder zur Kontrolle in Form von WeChat-Nachrichten geschickt.

Tencare Doctor Tang kooperiert mit professionellen Organisationen und Experten im Diabetes-Bereich und bietet ihren Kunden landesweit Servicezentren. Die Messdaten der Kunden werden automatisch analysiert. Wenn der Wert zu hoch oder nicht normal ist, wird ein Alarm ausgelöst. Dieser wird optional automatisch an eines der Servicezentren gesendet. Dadurch können Experten die Patienten rechtzeitig telefonisch beraten und ihnen die nötigen Maßnahmen vorschlagen.

Wegen der Ein-Kind-Politik haben viele ältere Menschen in China nur ein Kind. Viele von ihnen leben auch allein zu Hause. Die Kinder machen sich große Sorge um ihre Eltern. Mit smarten Gesundheitsgeräten können sie zumindest von ferne erkennen, wie der Gesundheitszustand ihrer Eltern ist und diese entsprechend ansprechen.

Ähnliche WeChat-fähige Geräte in China z. B. sind Körperwaagen, Blutdruckmessgeräte und Fieberthermometer. Ähnlich wie WeChat-fähige Geräte im Sport können WeChat-Nutzer mit solchen smarten Geräten nicht nur ihre Daten dauerhaft speichern und analysieren lassen. Sie sind auch soziale Elemente der Gesellschaft geworden. So teilen viele WeChat-Nutzer die Daten ihres Körpergewichts mit ihren WeChat-Freunden

Abb. 11.1   WeChat+ Blutzuckermessgerät. (Quelle: Tencent 2016a)

und machen um die Einhaltung bzw. Reduzierung des Körpergewichtes in ihrem Freundeskreis einen Wettbewerb daraus. Dadurch haben die WeChat-Nutzer zugleich Spaß beim Trainieren. Dies ist auch ein effektiver Werbeeffekt für die Produktunternehmen, da die von den WeChat-fähigen Geräten überzeugten WeChat-Nutzer diese ihren Freunden empfehlen werden.

Mit WeChat-fähigen Hardware/Geräten kann das Konzept „Smart Home" leicht realisiert werden. So können z. B. über eine WeChat-fähige smarte Steckdose (vgl. Abb. 11.2) Haushaltsgeräte wie Wasserkocher, Ofen, Fernseher, Kaffeemaschine etc. angeschlossen und einheitlich über WeChat App gesteuert werden. Über WeChat kann man den Status der Steckdose abfragen und der Steckdose einen Ein- bzw. Ausschalt-Befehl geben. Die Einschalt- bzw. Ausschaltzeiten können remote über WeChat programmiert werden. Wenn das angeschlossene Elektrogerät länger nicht genutzt wird, kann dies von der smarten Steckdose detektiert werden. Diese schaltet sich selbstständig aus, um Energie zu sparen. Auch der Energieverbrauch kann über einen gewissen Zeitraum analysiert werden.

Über eine WeChat-fähige smarte Steckdose oder ein ähnliches Gerät können angeschlossene Geräte über WeChat ein- bzw. ausgeschaltet oder geschlossen bzw. geöffnet werden. So können z. B. Zimmerschlösser in Hotels über das gleiche Prinzip gesteuert

Abb. 11.2 WeChat-fähige smarte Steckdose am Beispiel von BroadLink SP2 (WeChat-ID: wx_things). (© Tencent 2017)

werden. Hotelgäste können bequem über ihre WeChat ihre Zimmer zu- und aufmachen und brauchen sich keine Sorgen um ein mögliches Verlieren ihrer Schlüssel machen.

Das chinesische Unternehmen Midea (chinesisch 美的集团), das durch die Übernahme des deutschen Technologieunternehmens KUKA hierzulande bekannt geworden ist, produziert z. B. u. a. auch WeChat-fähige Trinkwasserfilter (vgl. Midea 2016). Um den Wasserfilter über WeChat überwachen zu können, muss man dem öffentlichen WeChat-Servicekonto des Unternehmens, WeChat-ID: mideaboh, folgen.

Auf dem öffentlichen WeChat-Konto von Midea sind die Modelle der Wasserfilter zu finden. Für jedes Modell gibt es einen QR-Code für die Verbindung des Wasserfilters mit WeChat. Nach dem Scannen des QR-Codes wird der WeChat-Nutzer/Käufer über die WiFi-Verbindung mit dem Wasserfilter verbunden.

Über die WeChat App kann man sich jederzeit unter dem Menü „Meine Wasserfilter" (chinesisch „我的净水机") des öffentlichen WeChat-Kontos von Midea den Status des Wasserfilters und die Qualität des Quell- und gefilterten Wassers ansehen.

Auch die Nutzungsdauer des Filtermaterials wird mit WeChat überwacht. Wenn die Lebensdauer des Filtermaterials unter zehn Prozent liegt, sendet der Wasserfilter über das öffentliche WeChat-Konto dem WeChat-Nutzer eine Nachricht. Zugleich wird auch eine Leiste mit dem Link zum Ersatzteil-Onlineshop des Unternehmens angezeigt. Wenn man darauf klickt, wird man direkt zum Onlineshop weitergeleitet.

Das öffentliche WeChat-Konto des Unternehmens Midea sendet Nutzern des Wasserfilters automatisch monatliche Berichte über den Verbrauch des Wassers, die Qualität des Wassers sowie die Nutzungsdauer des Filtermaterials als WeChat-Nachrichten zu.

Zurzeit (Stand Dezember 2016) unterstützt WeChat WeChat-fähige Hardware von Bluetooth-Geräten (traditionelle Bluetooth und Bluetooth Low Energy) und WiFi/3G-Geräten (Android und iOS-Betriebssysteme).

11.2   Internet of Things

In Verbindung mit WeChat-fähiger Hardware wird in China öfter auch über den Begriff „Internet of Things" (Abkürzung IoT) bzw. die deutsche Übersetzung „Internet der Dinge" (Abkürzung IdD) gesprochen. Auf Chinesisch heißt es „微信连结一切" (auf Deutsch „WeChat verbindet alles Mögliche"). Unter diesem Motto versteht man, dass mit WeChat nicht nur Menschen verbunden werden können, sondern auch die Verbindung zwischen Menschen und Geräten sowie Geräte untereinander über WeChat hergestellt werden kann.

Dieses „WeChat+"-Konzept entspricht dem von IoT und ist zukunftsorientiert. Der Begriff IoT wurde erstmals 1999 von dem britischen Technologie-Pionier Kevin Ashton (*1968) verwendet. Bisher nutzen meistens nur die Menschen das Internet über Computer oder Smartphone. Ohne Menschen können solche Geräte miteinander nicht kommunizieren. Die Technologie des Internet of Things soll diese Situation ändern, indem Geräte allein auch über Internet kommunizieren können. Solche IoT-fähige Geräte werden auch als „intelligente Gegenstände" bezeichnet.

In Wikipedia wird der Begriff wie folgt definiert (vgl. Wikipedia 2016a):

▶ „Das Internet der Dinge bezeichnet die Verknüpfung eindeutig identifizierbarer physischer Objekte (things) mit einer virtuellen Repräsentation in einer internetähnlichen Struktur. Es besteht nicht mehr nur aus menschlichen Teilnehmern, sondern auch aus Dingen."

Ein IoT-Gerät beteiligt sich aktiv an den realen Prozessen. So kann ein IoT-Gerät beispielsweise Informationen über den eigenen Zustand zu einem Internetserver senden und Befehle von diesem eigenständig erhalten und verarbeiten. Die Kommunikation zwischen einem IoT-Gerät und Menschen erfolgt nicht mehr auf der traditionellen Einbahnstraße, sondern in beide Richtungen.

11.3 Vorgehensweise der Entwicklung eines WeChat-fähigen Gerätes

Um ein Gerät WeChat-fähig zu machen, braucht der Hersteller grundsätzlich sechs Arbeitsschritte (vgl. Abb. 11.3). Zuerst braucht der Gerätehersteller ein öffentliches WeChat-Konto, weil das Gerät zuerst auf dem öffentlichen WeChat-Konto registriert werden muss und dadurch von WeChat-Nutzern angesprochen werden kann. Das öffentliche WeChat-Konto muss außerdem durch Tencent verifiziert werden.

Um ein Gerät auf dem öffentlichen WeChat-Konto des Geräteherstellers zu registrieren, muss man zuerst die Add-in-Funktion „Gerätefunktion" (chinesisch 设备功能) auf dem öffentlichen WeChat-Konto freischalten lassen, wenn dies vorher noch nicht geschehen war (vgl. Abb. 11.4).

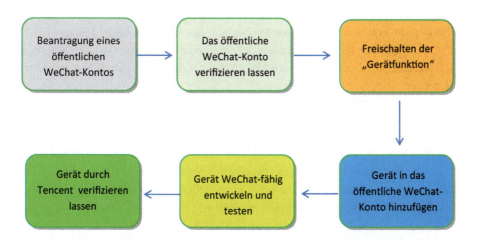

Abb. 11.3 Vorgehensweise der Entwicklung eines WeChat-fähigen Gerätes

Abb. 11.4 Freischalten der „Gerätefunktion" auf dem öffentlichen WeChat-Konto. (Quelle: Tencent 2016b)

Nach dem Freischalten der „Gerätefunktion" erhält das öffentliche WeChat-Konto automatisch die Berechtigung, Schnittstellen und Kommunikationsprotokolle von WeChat für Hardware zu nutzen. Geräte können nun dem öffentlichen Konto hinzugefügt werden (Registrierung). Dabei werden die erforderlichen Parameter ausgewählt bzw. eingetragen. Jedes Gerät bzw. jeder Typ einer Geräteserie muss in das öffentliche WeChat-Konto eingetragen werden. Auf einem öffentlichen WeChat-Konto dürfen mehrere Geräte eingetragen werden. Die Auflage darf zuerst maximal nur 100 Stück betragen, da sie für Testzwecke während der Entwicklung des Gerätes gedacht sind.

Nachdem ein Gerät erfolgreich in das öffentliche WeChat-Konto eingetragen worden ist, erhält das Gerät von WeChat eine Produktnummer (product_id) und einen QR-Code (vgl. Abb. 11.5). Der Parameter product_id wird benutzt, um das Gerät zu autorisieren (vgl. Abschn. 11.4). Der QR-Code wird benutzt, um z. B. das Gerät mit WeChat-Nutzern zu verbinden.

Nach der Registrierung des Gerätes kann der Gerätehersteller damit anfangen, das Gerät WeChat-fähig zu entwickeln. Dabei gibt es, abhängig von der Art der Verbindung mit WeChat, unterschiedliche Vorgehensweisen, die im Abschn. 11.5 erläutert werden.

Vor dem Verkauf des Gerätes muss es durch Tencent überprüft und verifiziert werden. Erst nach der erfolgreichen Verifizierung durch Tencent darf das Produkt auf den Markt gebracht werden. Außerdem darf der Gerätehersteller das Standard-Logo „微信互联" (auf Deutsch „Mit WeChat miteinander verbinden") von Tencent für Marketingzwecke verwenden, z. B. auf der Verpackung des Produktes. Für ein durch Tencent erfolgreich verifiziertes WeChat-fähiges Gerät kann der Gerätehersteller auf WeChat öffentlicher Plattform eine höhere Anzahl beantragen.

Abb. 11.5   Produktdetails über ein WeChat-fähiges Gerät. (Quelle: Tencent 2016b)

11.4   Geräteautorisierung

Nach der erfolgreichen Registrierung eines Gerätes auf dem öffentlichen WeChat-Konto des Geräteherstellers kann damit angefangen werden, das Gerät WeChat-fähig zu machen. Das Gerät muss von WeChat-Nutzern angesprochen werden können. Das heißt, dass es sowohl auf WeChat öffentlicher Plattform als auch auf dem IT-Server des Geräteherstellers (wenn überhaupt vorhanden) identifiziert werden kann.

Auf WeChat öffentlicher Plattform wird ein Gerät über zwei Parameter deutlich identifiziert: DeviceID und DeviceType. Jedes Gerät hat eine einzigartige DeviceID innerhalb des öffentlichen WeChat-Kontos des Geräteherstellers. Der Parameter „DeviceType" kennzeichnet den Hersteller des Gerätes. Zurzeit ist der „DeviceType" identisch mit der WeChat-ID des öffentlichen WeChat-Kontos des Geräteherstellers. Die DeviceID kann durch den Gerätehersteller selbst erzeugt werden. Alternativ kann man sie auch über die entsprechende WeChat-API durch WeChat erzeugen lassen. Alle Geräte in einem öffentlichen WeChat-Konto haben den gleichen DeviceType.

Um das Gerät auch physikalisch ansprechen zu können, müssen die Beziehungen unter DeviceID, QR-Code, MAC-Adresse und product_id hergestellt werden. Die MAC-Adresse (Media-Access-Control-Adresse) ist die physikalische Adresse des Gerätes, über die das Gerät im Internet eindeutig identifiziert werden kann (vgl. Wikipedia 2016b).

Die Beziehungsinformationen wie beispielsweise zwischen DeviceID und MAC-Adresse werden nach der Entwicklung und vor dem Verkauf des Gerätes über die WeChat-API und mit dem Parameter „DeviceID" auf dem öffentlichen WeChat-Konto des Geräteherstellers gespeichert. Das heißt, dass die Eigenschaften des Gerätes nach der Entwicklungsphase auf dem öffentlichen WeChat-Konto des Geräteherstellers aktualisiert werden müssen. Dieser Prozess heißt Geräteautorisierung (chinesisch 设备授权). Abb. 11.6 visualisiert diesen Prozess grafisch übersichtlich.

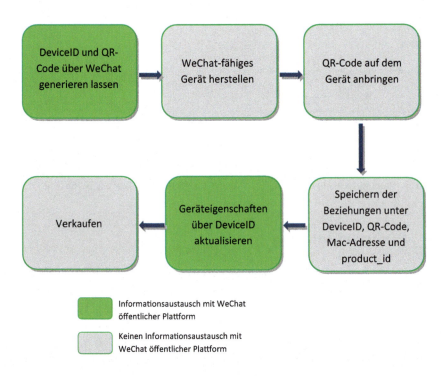

Abb. 11.6 Prozess der Autorisierung von WeChat-fähigen Geräten

11.5   Verbindung der WeChat App mit WeChat-fähigen Geräten

Auf der Seite von WeChat-Nutzern muss ihre WeChat App vor der Nutzung eines WeChat-fähigen Gerätes mit diesem verbunden werden (chinesisch 绑定). Die Verbindung mit dem Gerät und der Informationsfluss erfolgen grundsätzlich über WeChat öffentliche Plattform. Deswegen muss ein WeChat-Nutzer zuerst Follower des öffentlichen WeChat-Kontos des Geräteherstellers sein, um ein WeChat-fähiges Gerät des Herstellers nutzen zu können.

Wenn ein WeChat-Nutzer einem öffentlichen WeChat-Konto folgt, weist WeChat diesem eine OpenID zu, die den WeChat-Nutzer innerhalb des öffentlichen WeChat-Kontos eindeutig identifiziert. Die Verbindung der WeChat App mit einem WeChat-fähigen Gerät bedeutet deswegen die Herstellung der Beziehung zwischen der OpenID des WeChat-Nutzers und der DeviceID des Gerätes. Diese Beziehung wird sowohl auf WeChat öffentlicher Plattform als auch auf dem IT-Server des Geräteherstellers (wenn überhaupt vorhanden) solange gespeichert, bis der WeChat-Nutzer dem öffentlichen WeChat-Konto des Geräteherstellers nicht mehr folgt.

Es gibt grundsätzlich zwei Verbindungsarten:

1. Verbindung über QR-Code
Jedes Gerät bzw. jedes Modell eines Gerätes hat einen von WeChat zugewiesenen QR-Code (vgl. Abb. 11.5). Wenn ein WeChat-Nutzer mit der Funktion „QR-Code scannen" von WeChat diesen QR-Code scannt, wird seine WeChat App mit dem Gerät verbunden. Im Hintergrund werden die OpenID des WeChat-Nutzers und die DeviceID des Gerätes identifiziert und miteinander in Beziehung gesetzt. Die Verbindungsdaten werden sowohl auf dem WeChat-Server als auch auf dem IT-Server des Geräteherstellers (wenn überhaupt vorhanden) gespeichert.

2. Verbindung über die Programmierschnittstelle JSAPI
JSAPI ist eine Teilmenge von WeChat JS-SDK. Ein Hersteller von WeChat-fähigen Geräten kann auf seiner offiziellen WeChat-Website über die Programmierschnittstelle JSAPI Schaltflächen platzieren, womit WeChat-Nutzer nach Geräten des Herstellers in der Umgebung suchen und sich mit diesen verbinden können, wie die Abb. 11.7 zeigt.

Über diesen Verbindungsprozess kann die offizielle WeChat-Seite über die Programmierschnittstelle JSAPI mit Geräten kommunizieren, ohne über die Zwischenstation eines Servers gehen zu müssen. Deswegen ist diese Art der Verbindung schneller. Dabei sendet die offizielle WeChat-Seite Geräteinformationen direkt an die WeChat App, welche über die Bluetooth-Verbindung die Informationen an das entsprechende Gerät sendet.

Die Anwendungssituation sieht wie folgt aus:

Ein WeChat-Nutzer startet seine WeChat App, öffnet das öffentliche WeChat-Konto des Geräteherstellers und geht über einen Menüpunkt in die offizielle WeChat-Website des Geräteherstellers. Dort befinden sich die Schaltflächen „Geräte suchen", „Gerätesuche stoppen" und „Auflisten der gefundenen Geräte", die über die Schnittstelle JSAPI

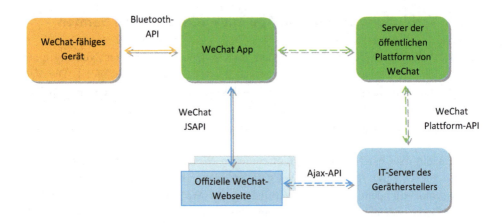

Abb. 11.7   Nutzer-Gerät-Verbindungsprozess über die WeChat-Programmierschnittstelle JSAPI

von WeChat eingebettet sind. Wenn der WeChat-Nutzer auf die Schaltfläche „Geräte suchen" klickt, fängt die WeChat App an, nach den WeChat-fähigen Geräten des Herstellers in der Umgebung des Smartphones über Bluetooth zu suchen. Wenn mehrere Geräte gefunden worden sind, wird eine Geräteliste angezeigt.

Wenn der WeChat-Nutzer auf ein Gerät klickt, wird er mit diesem verbunden. Zwischen dem Gerät und WeChat App können Daten ausgetauscht werden. Im Hintergrund werden die Verbindungsinformationen auf dem WeChat-Server und über diesen auch auf dem IT-Server des Geräteherstellers gespeichert.

11.6   Kommunikation zwischen WeChat-Nutzern und Geräten

Das Kommunikationsverfahren zwischen einem WeChat-Nutzer und einem WeChat-fähigen Gerät hängt von der Verbindungslogik des Gerätes mit dem WeChat-Server ab. Es gibt grundsätzlich zwei Methoden zur Verbindung eines WeChat-fähigen Gerätes mit dem WeChat-Server:

1. Verbindung über einen eigenen Server
Bei dieser Art der Verbindung wird ein IT-Server des Geräteherstellers benötigt. Das Gerät wird über WiFi oder ein mobiles Netz wie 2G/3G/4G nach dem selbst definierten Kommunikationsprotokoll des Geräteherstellers mit dem IT-Server des Geräteherstellers verbunden (vgl. Abb. 11.8). Im Fall eines Bluetooth-Gerätes wird es direkt über die Bluetooth-Verbindung mit der WeChat App verbunden (vgl. Abb. 11.9).

WeChat-Nutzer senden und empfangen Nachrichten an und von Geräten über den WeChat-Server der öffentlichen Plattform. Über die Nachrichten-API von WeChat werden die Informationen zwischen dem WeChat-Server und dem IT-Server des Geräteherstellers

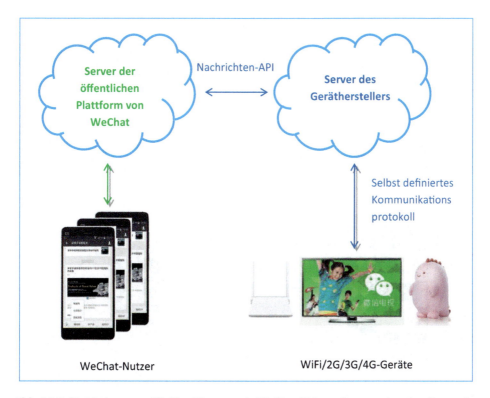

Abb. 11.8   Verbindung von WeChat-Nutzern mit WeChat-fähigen Geräten über den Server des Geräteherstellers und über WiFi-Verbindung. (© Tencent 2017)

ausgetauscht. WeChat-fähige Geräte senden bzw. empfangen Nachrichten vom Server des Geräteherstellers gemäß dem selbst definierten Kommunikationsprotokoll.

2. Verbindung über WeChat Hardware-Cloud
Unternehmen, die keinen eigenen Server haben, können den Hardwareservice von WeChat in Anspruch nehmen. WeChat stellt Unternehmenskunden hierfür die Hardware Cloud zur Verfügung. Über das von WeChat zur Verfügung gestellte SDK (Software Development Kit) kann ein WeChat-fähiges Gerät direkt mit der Hardware Cloud von WeChat verbunden werden (s. Abb. 11.10 links).

Der WeChat-Server übernimmt in diesem Fall die Verwaltungsarbeit der Geräteinformationen, die Speicherung der Verbindungsbeziehungen zwischen WeChat-Nutzern und dem Gerät, die Verwaltung der Nutzerberechtigung des Gerätes, die Statistik etc., die sonst über den eigenen IT-Server verwaltet werden müssen. WeChat-Nutzer können über den WeChat-Server direkt mit dem Gerät kommunizieren.

Wenn ein Unternehmen eine eigene Hardware Cloud hat, kann das WeChat-fähige Gerät mit der Unternehmens-Hardware-Cloud verbunden werden, welche Informationen mit der Hardware Cloud von WeChat austauscht. Der Datenaustausch erfolgt über die OpenAPI von WeChat (s. Abb. 11.10 rechts).

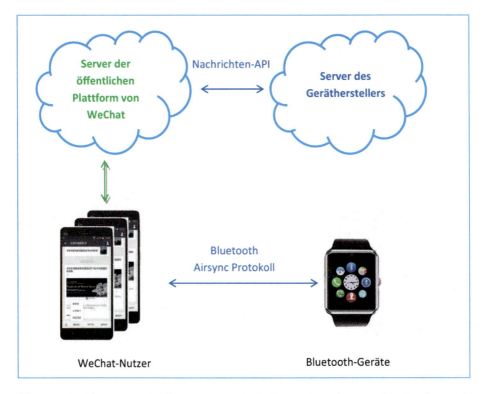

Abb. 11.9 Verbindung von WeChat-Nutzern mit WeChat-fähigen Geräten über den Server des Geräteherstellers und über Bluetooth-Verbindung

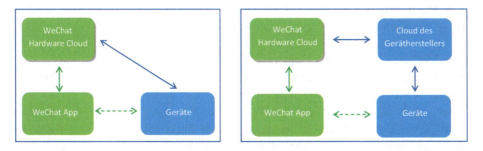

Abb. 11.10 Verbindung von WeChat-Nutzern mit WeChat-fähigen Geräten über WeChat Hardware Cloud

11.7 WeChat+ Laden

11.7.1 Was ist WeChat-Laden?

WeChat-Laden (chinesisch 微信门店) ist ein Teil der WeChat-Funktionen für das O2O-Businessmodell und für den LBS (Location Based Server)-Service. Jeder reale Laden kann sich auf WeChat öffentlicher Plattform registrieren lassen und dadurch eine ID (Parameter „poi_id") erhalten, die den Laden auf dem öffentlichen WeChat-Konto des Unternehmens eindeutig identifiziert. Mit der ID kann der Laden angesprochen werden.

Häufig wird die Funktion von WeChat-Laden in Verbindung mit dem öffentlichen WeChat-Konto, des Coupons, der Funktion „WeChat+ iBeacon" und „WeChat+ WiFi-Verbindung" zum Einsatz kommen. Dadurch werden WeChat-Nutzer zum Besuch in den realen Laden motiviert und zu den Followern des öffentlichen WeChat-Kontos gemacht.

11.7.2 Beantragung und Verwaltung

Voraussetzung für die Nutzung der Funktion von WeChat-Laden ist, dass das öffentliche WeChat-Konto die Funktion „Coupon" oder „WiFi-Verbindung über WeChat" beantragt hat. Wenn es eine der beiden Funktionen hat, ist die Funktion WeChat-Laden automatisch dabei.

Die Eintragung und das Verwalten eines Ladens erfolgt auf WeChat öffentlicher Platt-form unter „门店管理" („Ladenverwaltung") (vgl. Abb. 11.4). Tencent überprüft die eingetragenen Informationen, bevor der Laden online gehen darf. Dies beansprucht stan-dardmäßig fünf Arbeitstage. Es gibt keine Obergrenze für die Anzahl der eingetragenen Läden (Stand September 2016).

Die Basisinformationen eines Ladens (Name, Standort, Adresse etc.) können nach dem Absenden des Antrages nicht mehr geändert werden. Nur die Service-Informatio-nen können nachträglich geändert werden. Das sind Fotos, Öffnungszeiten, Empfehlung, Besonderheit, Einführung, durchschnittlicher Preis pro Person und Telefonnummer. Jede Änderung muss durch Tencent manuell überprüft und freigegeben werden.

Während der Überprüfung kann ein Laden auch nicht vom öffentlichen WeChat-Konto entfernt werden. Erst nach Überprüfung durch Tencent kann ein Laden gelöscht werden.

11.8 WeChat+ WiFi-Verbindung

11.8.1 WiFi-Netzwerk und Authentifizierung

WiFi-Netzwerk ist bei uns bekannt als ein WLAN-Netzwerk, das heutzutage fast in jedem Haushalt für die Internetverbindung zu finden ist und meistens über einen Inter-netrouter realisiert wird. Jedes WLAN-Netzwerk hat einen eindeutigen Netzwerknamen, der sogenannte SSID (Service Set Identifier).

Um ein WiFi-Gerät über WLAN mit dem Internet zu verbinden, erfolgt im Grunde genommen durch zwei Schritte. Zuerst muss das WiFi-Gerät mit dem lokalen Netzwerk verbunden werden. Dann wird es beispielsweise über einen Internetrouter mit dem Internet verbunden.

Um ein WiFi-Gerät in ein WLAN-Netzwerk einzuwählen und dadurch mit diesem zu verbinden, muss es durch das Netzwerk authentifiziert werden. Das heißt, das Netzwerk stellt fest, dass das Gerät die Zugangsberechtigung hat. Normalerweise wird hierfür das Passwort des Netzwerks benötigt.

Es gibt auch Netzwerke mit dem sogenannten Captive Portal, das die Anmeldung auf eine spezielle Webseite (Portalseite) umleitet, bevor ein Gerät sich normal in das Internet verbinden kann. So wird üblicherweise eine Authentifizierung oder die Annahme der Nutzungsbedingungen erzwungen bzw. die Abrechnung der Nutzung ermöglicht (vgl. Wikipedia 2016c). So kann beispielsweise vorgesehen werden, dass die WLAN-Nutzer des Netgear AC 1750 R6300v2 auf die Facebook-Seite des Betreibers geleitet werden und sie auf „Gefällt mir" klicken müssen, bevor sie das Internet über den Router nutzen können (vgl. Greis 2015).

Das Einloggen in ein WLAN-Netzwerk über eine Portalseite erfordert normalerweise den Benutzernamen und das persönliche Passwort. Diese werden dem WLAN-Nutzer bei der erstmaligen Registrierung zugewiesen. Das Passwort kann normalerweise auch von dem Nutzer geändert werden. Solche Anmeldeverfahren findet man z. B. in einem Hotel oder einer öffentlichen Bibliothek.

11.8.2 WiFi-Verbindung über WeChat

WiFi-Verbindung über WeChat wird in Verbindung mit WeChat-Laden eingesetzt. Ein Laden kann seinen Kunden eine kostenlose WiFi-Verbindung über WeChat anbieten, um sie als langfristige Kunden zu binden. Gleichzeitig ist diese Funktion auch ein wirkungsvolles Marketingtool für Unternehmen.

Um ein Gerät, z. B. ein Smartphone, mit einem WLAN-Netzwerk über WeChat zu verbinden, muss es über WeChat authentifiziert werden. Das Netzwerkgerät, z. B. ein Internetrouter, muss ein WeChat-fähiges Gerät sein, das die Portalseite für die Authentifizierung des zu verbindenden Gerätes über WeChat integriert hat. Hierfür stellt WeChat Entwicklern des Portalgerätes die Programmierschnittstelle JSAPI zur Verfügung. Diese kann über den Script-Befehl in den Programmcode des Geräts eingebettet werden. Außerdem muss das Netzwerkgerät wie die andere WeChat-fähige Hardware auch auf WeChat öffentlicher Plattform unter dem öffentlichen WeChat-Konto des Geräteherstellers registriert werden.

Für WeChat-Nutzer ist es nicht mehr erforderlich, bei der Verbindung mit einem WLAN-Netzwerk über WeChat ihre Benutzernamen und persönliche Passwörter einzugeben, da diese Informationen vom WeChat-Server entnommen werden können.

Es gibt unterschiedliche vereinfachte Methoden für die Verbindung von WeChat-Nutzern mit einem WeChat-fähigen WLAN-Netzwerk über WeChat. Die gängige Methode ist durch einen QR-Code, der von dem Betreiber des WLAN-Netzwerks zur Verfügung gestellt wird.

Wenn WeChat-Nutzer diesen QR-Code über die Funktion „QR-Code scannen" von WeChat scannen, werden sie automatisch mit dem WLAN-Netzwerk verbunden. WeChat-Nutzer brauchen das Passwort des WLAN-Netzwerks gar nicht zu wissen. So bieten beispielsweise viele Hotels in China ihren Gästen eine kostenlose WLAN-Verbindung über WeChat.

Der Betreiber eines WiFi-Netzwerks, z. B. ein Ladengeschäft oder ein Kaufhaus, kann auch einen Link zu dem QR-Code in einem Menüpunkt seines öffentlichen WeChat-Kontos platzieren. WeChat-Nutzer, die zugleich auch Follower des öffentlichen WeChat-Kontos sind, können einfach auf den Menüpunkt klicken und schon erfolgt die Verbindung. In diesem Fall hat sich der Betreiber sogar die Platzierung des QR-Codes erspart.

Im Falle einer WiFi-Verbindung über eine Portalseite kann man wie gewohnt zuerst den Namen (SSID) des WiFi-Netzwerkes auswählen (s. Abb. 11.11 links). Daraufhin wird eine Portalseite mit dem Hinweis „WiFi-Verbindung über WeChat" (chinesisch „微信连 WiFi") angezeigt (s. Abb. 11.11 Mitte). Wenn man auf diesen Text klickt, erfolgt die Verbindung des Smartphones des WeChat-Nutzers mit dem WiFi-Netzwerk. Wenn die Verbindung erfolgreich ist, wird dies dem WeChat-Nutzer angezeigt (s. Abb. 11.11 rechts).

11.8.3 Bedeutung der WiFi-Verbindung über WeChat

Vermarktung der Produkte
Über die Funktion „WiFi-Verbindung über WeChat" kann ein Laden oder Kaufhaus seinen Kunden einerseits Mehrwertservice für den freien Zugang zum WLAN anbieten.

Abb. 11.11 WiFi-Verbindung über WeChat über eine Portalseite. (Quelle: Tencent 2016c)

Anderseits kann bei jeder erfolgreichen Verbindung eine Angebotsseite des Ladens automatisch angezeigt werden, die die Kunden zum Handeln bzw. zum Kaufen motivieren
kann (vgl. Abb. 11.12). Auf der Angebotsseite kann auch eine Marketingkampagne mit
Coupons, z. B. Gutscheine, angezeigt werden.

Gewinnen und Binden von Kunden

Die Funktion kann auch so eingestellt werden, dass die Kunden nach der WiFi-Verbindung zum Folgen des öffentlichen WeChat-Kontos des Ladens aufgefordert werden,
indem die „Folgen"-Schaltfläche (s. Abb. 11.12 rechts) bzw. die Profilseite des öffentlichen WeChat-Kontos des Ladens, auf der sich die „Folgen"-Schaltfläche standardmäßig
befindet, angezeigt wird. Dadurch kann ein Unternehmen für sein öffentliches WeChat-
Konto schnell Follower gewinnen und dadurch seinen Bekanntheitsgrad erhöhen.

„WiFi-Verbindung über WeChat" ist in diesem Sinne ein Zugangspunkt zum öffentlichen WeChat-Konto des Unternehmens. Es ist damit ein Marketingtool geworden und
kann zur Kundenbindung eingesetzt werden.

Event-Nachricht

Wenn die Verbindung zu einem WiFi-Netzwerk erfolgreich erfolgt ist, kann eine Nachricht
an die Webadresse geschickt werden, die zuvor bei der Registrierung des WiFi-Gerätes auf

Abb. 11.12 WiFi-Verbindung über WeChat als ein Marketingtool. (Quelle: Baidu Baike 2016)

WeChat öffentlicher Plattform unter dem öffentlichen WeChat-Konto festgelegt wurde. Sie kann die öffentlichen Daten über den WeChat-Nutzer, der die Verbindung zu dem WiFi-Gerät hergestellt hat, die Zeit der Verbindung und die WeChat-ID des Ladens, in dem sich das WiFi-Netzwerk befindet, enthalten.

Statistik
Über das öffentliche WeChat-Konto kann auch eine Statistik über die WiFi-Verbindungen eines Ladens innerhalb eines bestimmten Zeitraums, maximal 30 Tage, angesehen werden. Dabei werden die Daten über die Anzahl der erfolgreichen WiFi-Verbindungen, Anzahl der Besucher der Angebotsseite, die Anzahl der dadurch neu hinzugekommenen Follower des öffentlichen WeChat-Kontos und die Gesamtzahl der Follower ermittelt und angezeigt.

11.9 WeChat+ iBeacon

11.9.1 Was ist iBeacon?

Der Markenname iBeacon ist ein im September 2013 von Apple Inc. eingeführter proprietärer Standard für Navigation in geschlossenen Räumen (vgl. Wikipedia 2016d). iBeacon arbeitet nach dem Sender-Empfänger-Prinzip, wobei ein kleines iBeacon-Gerät als Signalgeber funktioniert und in festen Zeitintervallen Funksignale in die Umgebung sendet. Dieses Signal kann von einem Empfänger, z. B. ein Smartphone, in der Reichweite des iBeacon-Gerätes empfangen und das iBeacon-Gerät durch seine ID identifiziert werden. Auch die Signalstärke des iBeacon-Gerätes kann über das Empfangsgerät gemessen werden.

Die Datenübertragung zwischen einem iBeacon- und einem Empfangsgerät geschieht hierbei über die sogenannte Bluetooth Low Energy (Abkürzung BLE) Technologie (vgl. Wikipedia 2016e). BLE ist eine Art von Bluetooth und wurde 2006 von Nokia vorgestellt. BLE arbeitet extrem stromsparend. Deswegen muss für den Empfang der iBeacon-Signale die Funktion von Bluetooth des Empfangsgerätes eingeschaltet sein.

Ein iBeacon-Gerät kann selber keine Push-Benachrichtigung auf Empfangsgeräte senden, Nutzerdaten sammeln oder verarbeiten. Es sendet lediglich ein kleines Datenpaket, das sogenannte „Advertisement", als Funksignal in einem regulären Intervall, standardmäßig 100 ms.

Das Datenpaket von iBeacon enthält standardmäßig die folgenden Informationen zur eigenen Identität: UUID, Major, Minor und Measured Power.

UUID (Universally Unique Identifier)
Der Parameter „UUID" wird für die eindeutige Kennung einer großen Gruppe von iBeacons genutzt. Sie besteht aus 32-stelligen hexadezimalen Ziffern wie z. B. f7826da6-4fa2-4e98-8024-bc5b71e0893e. So können beispielsweise allen iBeacons, die sich in

den verschiedenen Filialen eines Lebensmittelunternehmens befinden, eine einheitliche UUID zugewiesen werden, um die iBeacons des Unternehmens zu identifizieren.

Major

Der Parameter „Major" ist eine 16-stellige Ganzzahl, also mit einem Wert von 0 bis 65535. Dieser Parameter wird benutzt, um eine Untergruppe von iBeacons eines Unternehmens zu identifizieren. So können beispielsweise alle iBeacons in einer Filiale eines Lebensmittelunternehmens den gleichen Wert von „Major" haben. Über diesen Parameter wird der Laden identifiziert, in dem sich die Kunden befinden und die Signale der iBeacons des Ladens empfangen haben.

Minor

Der Parameter „Minor" ist auch eine 16-stellige Ganzzahl und dient zur Identifizierung von einzelnen iBeacon-Geräten. So kann beispielsweise jedes iBeacon-Gerät in dem genannten Lebensmittelladen einen eigenen „Minor" haben. Über diesen Parameter kann der Standort eines Kunden in einem Laden genau bestimmt werden.

Ein anderes Beispiel ist die Identifizierung eines Parkhauses durch iBeacons. Dem Parkhaus kann eine UUID zugewiesen werden. Die verschiedenen Zonen können mit dem Parameter „Major" und die einzelnen Parkplätze mit dem Parameter „Minor" gekennzeichnet werden.

Measured Power

Der Parameter „Measured Power" gibt die Referenzsignalstärke an. Sie wird in einer Entfernung von einem Meter zum iBeacon-Gerät gemessen und muss vorab kalibriert und im iBeacon-Gerät gespeichert werden. Anhand dieses Wertes und der gemessenen Signalstärke kann der ungefähre Abstand eines Empfangsgerätes z. B. eines Smartphones zu dem iBeacon-Gerät berechnet werden.

iBeacon unterscheidet bei den Abständen zwischen „unmittelbar" (sehr nahe an dem iBeacon-Gerät, 0 bis 10 cm), „in der Nähe" (10 cm bis 3 m) und „weit weg" (weiter als 3 m). iBeacon-Module erreichen eine Reichweite von bis zu 30 m.

Die Verarbeitung der durch ein iBeacon-Gerät gesendeten Parameter (Datenpaket) erfolgt durch eine Anwendung, die im Empfangsgerät installiert und für den Empfang von iBeacon-Signalen konfiguriert ist. Im Fall eines Smartphones ist diese Anwendung eine mobile App. Diese schickt die Daten an seinen Server, welcher sie verschlüsselt (verarbeitet) und die vorgesehene Reaktion auslöst.

Die Reaktion kann vielfältig sein. Am einfachsten kann der App-Server nur eine Push-Nachricht an die App/das Smartphone senden, wie z. B. „Sie befinden sich zurzeit in der Parkzone H und Platz 6". Als Reaktion kann der Server auch eine Angebot-Webseite an die App schicken (vgl. Abb. 11.13). Der Nutzbarkeit sind keine Grenzen gesetzt.

Um Empfänger in der Umgebung zu erfassen, genügt nur ein iBeacon-Gerät, dessen Reichweite ausreichend ist (vgl. Abb. 11.14). Wenn jedoch die Position eines Empfängers in einem zweidimensionalen Raum festgestellt werden soll, werden mindestens drei

Abb. 11.13 Funktionsweise von iBeacon für Marketingzwecke

Abb. 11.14 iBeacon: Senden und Empfang von Funksignal

iBeacon-Geräte benötigt. Die Ermittlung der Position erfolgt beispielsweise durch die Trilateration (vgl. Abb. 11.15). Zur Ermittlung eines Standortes in einem dreidimensionalen Raum sind vier iBeacon-Geräte in Reichweite erforderlich.

Im Vergleich zu den anderen Technologien für die gleichen Anwendungszwecke ist iBeacon sehr günstig. Ein iBeacon-Gerät kostet heutzutage im Schnitt nur ca. 20 EUR. Auch die Installation ist relativ einfach.

iBeacon wird allmählich auch in Deutschland eingeführt. Der Flughafen Frankfurt am Main z. B. hat eine unbekannte Anzahl von iBeacons installiert, die die Fluggäste auf die nächste Lufthansa-Lounge oder die Wartezeit am Sicherheits-Check hinweisen (vgl. Strobel 2015). Um diese Funktion zu nutzen, müssen die Fluggäste allerdings die Lufthansa-App für iOS herunterladen und auf ihren Smartphones installieren.

11.9.2 WeChat+ iBeacon

Wie zuvor erläutert wurde, wird eine App benötigt, um das durch ein iBeacon-Gerät ausgestrahlte Datenpaket zu verarbeiten. Das ist der Hauptgrund, warum iBeacon bis heute in Europa nicht überall eingeführt wird. Kleine Unternehmen oder Läden sind technisch wie finanziell einfach nicht in der Lage, eigene Apps hierfür zu entwickeln. Selbst wenn man eine eigene App hat, muss diese auch zuerst vermarktet werden. Ihre Reichweite ist sehr beschränkt.

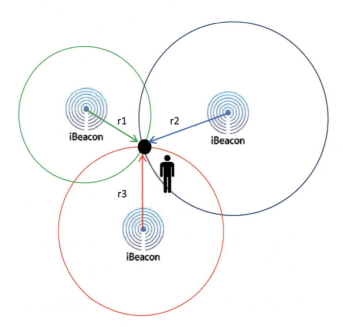

Abb. 11.15 iBeacon: Ermittlung einer Position in einem zweidimensionalen Raum über Trilateration

Diese Probleme wurden in China durch WeChat App bestens gelöst. WeChat kann praktisch als eine einheitliche mobile App für die Verarbeitung des Funksignals von iBeacon von allen WeChat-Nutzern verwendet werden. Die WeChat öffentliche Plattform bzw. das öffentliche WeChat-Konto des iBeacon-Betreibers ist der Server hierfür (vgl. Abb. 11.13). Deswegen brauchen Unternehmen heutzutage in China keine eigene App für iBeacon zu entwickeln, sondern können einfach WeChat-App benutzen. Auch der Server hierfür kann gespart werden. Der Kostenvorteil liegt auf der Hand.

Mit der immer mehr steigenden Anzahl von derzeit über 930 Mio. WeChat-Nutzern ist die traditionelle Marketingaufgabe der Bekanntmachung der iBeacon-App WeChat praktisch überflüssig. Das erledigt Tencent für sie. Unternehmen können sich deswegen nun auf ihre Marketingkampagnen konzentrieren. Außerdem ist jedes kleine Unternehmen in der Lage, diese Technologie zu nutzen.

WeChat hat diese Funktion, wie die anderen WeChat-Funktionen auch, spielerisch gestaltet. Um nach iBeacons in der Umgebung zu suchen und die entsprechende Webseite zu öffnen, müssen WeChat-Nutzer, außer das Bluetooth ihres Smartphones einzuschalten, dieses auch schütteln. Im Unterschied zu der Funktion „Schütteln" (vgl. Abschn. 2.2) wird dieser LBS-Service als „Schütteln in der Umgebung mit WeChat" (chinesisch „微信摇一摇周边") genannt.

Ähnlich wie „WiFi-Verbindung über WeChat" erscheint eine Angebots- oder Informationsseite eines Ladens auf dem Display des Smartphones, wenn ein WeChat-Nutzer sein Smartphone neben oder in dem Laden mit der Funktion „Schütteln in der Umgebung mit WeChat" schüttelt. Voraussetzung dafür ist natürlich die Einschaltung des Bluetooths des Smartphones und das Vorhandensein des iBeacon-Gerätes.

Allein nur das Datenpaket eines iBeacon-Gerätes zu empfangen, macht keinen Sinn. Das Datenpaket muss also verarbeitet werden. Diese Aufgabe erledigt der WeChat-Server. Das Datenpaket wird über WeChat App an den WeChat-Server gesendet. Dort werden die Parameter analysiert und dadurch das iBeacon-Gerät sowie der Laden identifiziert, in dem sich das iBeacon-Gerät befindet. Folglich wird die entsprechende Webseite als Reaktion an die WeChat-App zurückgesendet.

Aus diesem Grund muss das iBeacon-Gerät vorher dem WeChat-Server bekannt sein. Das heißt, dass das iBeacon-Gerät vorher beim WeChat-Server registriert werden muss. Dies erfolgt auf WeChat öffentlicher Plattform unter dem öffentlichen WeChat-Konto des iBeacon-Betreibers.

Dabei werden die bekannten Parameter des iBeacon-Gerätes UUID, Major und Minor sowie die WeChat-ID des Ladens, in dem sich das iBeacon-Gerät befindet, eingetragen. Jedem eingetragenen iBeacon-Gerät wird vom WeChat-Server eine eindeutige ID zugeteilt. Mit jeder ID können eine oder mehrere WeChat-Seiten (bis max. 30 Seiten) verbunden werden, die bei Schütteln des Smartphones durch WeChat-Nutzer über die Funktion „Schütteln in der Umgebung mit WeChat" auf seinem Bildschirm angezeigt werden. Wenn eine ID mit mehreren Seiten verbunden ist, wird eine der Seiten nach dem Zufallsprinzip angezeigt.

Um die Schütteln-Funktion zu nutzen, muss ein User nicht zwangsläufig Follower des öffentlichen WeChat-Kontos des iBeacon-Betreibers/Ladens sein. Aber über diese Funktion kann ein Laden es so vorgeben, dass sich die „Folgen"-Schaltfläche auf der angezeigten Seite befindet und es WeChat-Nutzer dadurch ermöglicht, durch Klick auf die „Folgen"-Schaltfläche dem öffentlichen WeChat-Konto des Ladens zu folgen.

11.9.3 Kundennutzen

Über die Funktion „Schütteln in der Umgebung über WeChat" (WeChat+ iBeacon) können Unternehmen vielfältige Marketingkampagnen in Verbindung mit dem O2O-Geschäft betreiben und Geschäftsprozesse vereinfachen. Im Folgenden werden einige typische Anwendungen beispielhaft erläutert.

Einzelhandel
Traditionelle Einzelhandelsunternehmen haben erhebliche Probleme, um neue Kunden zu gewinnen bzw. die Kosten hierfür sind zu hoch. Auch die Kommunikation mit Kunden ist schwierig, da man normalerweise keine Daten von Kunden hat. Über die Funktion „Schütteln in der Umgebung über WeChat" wird die Situation drastisch geändert. Tab. 11.1 zeigt die Probleme der traditionellen Einzelhandelsunternehmen und die entsprechenden Lösungsansätze über die Schütteln-Funktion von WeChat.

Das Lebensmittelunternehmen Carrefour startete z. B. in China zwischen November und Dezember 2015 eine Marketingkampagne mit der Funktion „Schütteln in der Umgebung mit WeChat" mit dem Titel „摇摇乐.抓豪礼" (auf Deutsch etwa „Schütteln mit Spaß und großes Geschenk gewinnen"). Bei dieser Aktion konnten Kunden WeChat Rotes Paket und Rabattscheine erhalten, wenn sie an einem der ausgewählten realen Läden von Carrefour vorbeikamen und ihre Smartphones über WeChat schüttelten. Mit

Tab. 11.1 Probleme der traditionellen Einzelhandelsunternehmen und die entsprechenden Lösungsansätze über die Schütteln-Funktion von WeChat

Problem	Lösung über die Schütteln-Funktion von WeChat
Hohe Kosten für das Werben neuer Kunden und die Rate des Kundenwerbens im Laden ist sehr niedrig	Vorbeilaufenden Kunden Angebote und Coupons über iBeacon senden und sie somit motivieren, den Laden zu betreten und Waren zu kaufen
Zwar gibt es viele Kunden im Laden, es ist aber schwierig, mit ihnen in Kontakt zu bleiben und sie als Stammkunden zu halten	Kunden können auf „Folgen" klicken und somit Follower des öffentlichen WeChat-Kontos des Ladens werden. Unternehmen können ihre Follower/Stammkunden analysieren und ihnen gezielt Angebote anbieten und sie zu Wiederkäufern machen
Kunden kommen mit der Suche nach Waren nicht zurecht. Zu wenige Käufer/Berater führen zu wenigen Umsätzen und Kundenunzufriedenheit	Über iBeacon kann ein Indoor- Navigationssystem realisiert werden. Kunden werden standortabhängige Informationen über die Waren und Angebote angezeigt

dieser Aktion konnte das Unternehmen eine Rekordbesucherzahl von 130.000 in einem Zeitraum von 17 Tagen in ihren Läden registrieren.

Gaststätten und Restaurants

Gaststätten und Restaurants sind die geeignetsten Stellen für O2O-Geschäfte. Über die Funktion „Schütteln in der Umgebung mit WeChat" kann der Service in dieser Branche zwischen Offline und Online nahtlos verbunden und somit die Kosten gesenkt werden. Die Serviceeffizienz steigt dadurch. Tab. 11.2 stellt die traditionellen Probleme in dieser Branche und deren Lösungen mit WeChat dar.

Messen und Konferenzen

In einer großen Messe oder internationalen Konferenz in China kommen viele Menschen mit den Räumlichkeiten und Informationen nicht zurecht. Auch für die Anmeldung muss man häufig in einer langen Schlange stehen. Über die Funktion „Schütteln in der Umgebung mit WeChat" können alle diese Probleme gelöst werden. Tab. 11.3 listet die traditionellen Probleme und die Lösungsansätze über WeChat auf.

Tab. 11.2 Probleme der traditionellen Gaststätten und Restaurants und die entsprechenden Lösungsansätze über die Schütteln-Funktion von WeChat

Problem	Lösung über die Schütteln-Funktion von WeChat
Einlösungsrate der Coupons ist sehr niedrig	Coupons über die Schütteln-Funktion von WeChat ausgeben, die die Kunden sofort im Laden einlösen können
Niedrige Serviceeffizienz. Kunden müssen immer lange warten	Durch die Schütteln-Funktion von WeChat können Kunden mit ihren Smartphones Essen selbst bestellen und bezahlen
Fehlende Kundeninformationen. Es ist schwierig, mit Kunden in Kontakt zu bleiben und sie zu halten	Über die Analysefunktion des öffentlichen WeChat-Kontos können Unternehmen die Nutzerdaten analysieren und ihnen gezielt Angebote anbieten. Außerdem können Umfragen über die Zufriedenheit der Kunden über WeChat durchgeführt werden

Tab. 11.3 Probleme der traditionellen Messen und Konferenzen und die entsprechenden Lösungsansätze über die Schütteln-Funktion von WeChat

Problem	Lösung über die Schütteln-Funktion von WeChat
Zu viele Menschen am Stand, Anmeldung schwierig, zu wenige Prospekte und Informationen schwer zu verbreiten	Anmeldung an einem bestimmten Ort über die Schütteln-Funktion von WeChat Erhalten von Messe/Konferenz-Informationen durch die Schütteln-Funktion von WeChat
Einfache und beschränkte Gestaltungsmöglichkeiten. Besucher wird es mit der Zeit langweilig	Aktionen über die Schütteln-Funktion von WeChat veranstalten, z. B. Preisverlosung, Umfragen
Schwer einen Stand zu finden	Indoor-Navigation über die Schütteln-Funktion von WeChat

Abb. 11.16 Die Verwendung der Schütteln-Funktion von WeChat bei einer Konferenz. (Quelle: Tencent 2016d)

Abb. 11.16 zeigt ein Beispiel der Anwendung der Schütteln-Funktion von WeChat bei einer Konferenz. Über die Schütteln-Funktion von WeChat können sich die Teilnehmer der Konferenz anmelden und sich über die Agenda des Tages auf dem Handybildschirm informieren. Außerdem können Teilnehmer über die Schütteln-Funktion ihre Stimme für eine bestimmte Aktion abgeben und an einer Preisverlosung teilnehmen.

Museen und Sehenswürdigkeiten
In Museen und Regionen mit Sehenswürdigkeiten gibt es normalerweise wenige Mitarbeiter bzw. Reiseführer. Touristen haben meistens Schwierigkeiten, mit den Standorten und Informationen über die Sehenswürdigkeiten zurechtzukommen. Auch ein Not-Service ist meistens problematisch.

Mit der Funktion „Schütteln in der Umgebung mit WeChat" können Reiseunternehmen Touristen den Service anbieten, Kunden Informationen über den Standort auf ihrem Handybildschirm anzuzeigen bzw. anzusprechen, wo sie sich gerade befinden. Dieser Service kann in der Indoor-Navigation über WeChat integriert werden.

Literatur

Baidu Baike, Hrsg. 2016. 微信连Wi-Fi. http://baike.baidu.com/item/微信连Wi-Fi/16259136. Zugegriffen: 6. Jan. 2017.

Greis, F. 2015. AVM plant Vorschaltseite für offene WLANS. GOLEM.DE. http://www.golem.de/news/captive-portal-avm-plant-vorschaltseite-fuer-offene-wlans-1510-117098.html. Zugegriffen: 8. Dez. 2016.

Midea, Hrsg. 2016. 恰到好处的智能体验. https://mall.midea.com/new_products/water_purifier_m2/smart_control. Zugegriffen: 3. Dez. 2016.

Strobel, C. 2015. iBeacon-Technologie: Das große Ding der kleinen Dinger. Techtag. http://www.techtag.de/it-und-hightech/warum-2015-das-jahr-der-ibeacons-wird. Zugegriffen: 3. Okt. 2016.

Tencent, Hrsg. 2016a. 腾讯关爱版血糖仪. https://tdf.qq.com/index.php. Zugegriffen: 29. Juni 2017.

Tencent, Hrsg. 2016b. 硬件设备功能如何申请? https://kf.qq.com/faq/120911VrYVrA150604YFZnam.html. Zugegriffen: 29. Juni 2017.

Tencent, Hrsg. 2016c. portal型设备的用户连接体验是怎样的? https://kf.qq.com/faq/140806zARbmm150204UBRjmy.html. Zugegriffen: 29. Juni 2017.

Tencent, Hrsg. 2016d. 微信公开课. https://zb.weixin.qq.com/nearby/html/case/caseDetail.html?case_id=34. Zugegriffen: 30. Juni 2017.

Wikipedia, Hrsg. 2016a. Internet der Dinge. https://de.wikipedia.org/wiki/Internet_der_Dinge. Zugegriffen: 9. Okt. 2016.

Wikipedia, Hrsg. 2016b. MAC-Adresse. https://de.wikipedia.org/wiki/MAC-Adresse. Zugegriffen: 6. Dez. 2016.

Wikipedia, Hrsg. 2016c. Captive portal. https://de.wikipedia.org/wiki/Captive_Portal. Zugegriffen: 8. Dez. 2016.

Wikipedia, Hrsg. 2016d. iBeacon. https://de.wikipedia.org/wiki/IBeacon. Zugegriffen: 3. Okt. 2016.

Wikipedia, Hrsg. 2016e. Bluetooth low energy. https://de.wikipedia.org/wiki/Bluetooth_Low_Energy. Zugegriffen: 3. Okt. 2016.

Nutzen von WeChat für europäische Unternehmen

Zusammenfassung

Ausländische Unternehmen in Festlandchina können WeChat für ihre Marketingaktivitäten mit unterschiedlichen Zielen einsetzen, z. B. zur Erhöhung des Bekanntheitsgrades oder als eine Service- und Recruiting-Plattform. Der WeChat-Onlineshop kann als ein Markteintrittspunkt genutzt werden. WeChat bietet nicht nur Unternehmen in Festlandchina, sondern auch Unternehmen im Ausland großen Nutzen, z. B. für Cross-Border Business und Tourismus. Wird WeChat auch den europäischen Markt erobern? Wie müssen sich europäische Unternehmen strategisch vorbereiten? In diesem Kapitel werden u. a. diese Themen besprochen und praktische Tipps für europäische Unternehmen zum Umgang mit WeChat gegeben.

12.1 Erhöhung des Bekanntheitsgrades

Viele europäische Unternehmen haben schon jahrelang in China Niederlassungen, sind aber nur einem kleinen Kreis bekannt. Wirkungsvolle Marketingkampagnen und Werbung zur Erhöhung des Bekanntheitsgrades mit einer großen Reichweite sind für die meisten Unternehmen zu teuer.

Heutzutage stehen Unternehmen günsstige Marketingkanäle wie Social Media zur Verfügung. Als Werbeträger sind die meisten sozialen Medien für Unternehmen kostenfrei. Die Vorgehensweise der Verbreitung solcher „Do-it-yourself"-Werbungen bzw. Präsentationen liegt bei den Unternehmen selbst. Die übliche Methode zur Erhöhung des

Die Verwendung der Abbildungen und Screenshots von WeChat erfolgt mit freundlicher Genehmigung von © Tencent 2017. All Rights Reserved.

© Springer Fachmedien Wiesbaden GmbH 2018
Y. Liu, *Social Media Marketing in China mit WeChat*,
https://doi.org/10.1007/978-3-658-17497-2_12

Bekanntheitsgrades eines Unternehmens auf sozialen Medien ist das Content Marketing, wie es in Kap. 6 besprochen wurde.

WeChat bietet Unternehmen hierfür das sogenannte öffentliche WeChat-Konto an, vorzugsweise das Abonnementkonto. Mit einem Abonnementkonto kann ein Unternehmen jeden Tag Content Marketing in Form einer Rundsendung betreiben. Idealerweise sollte diese mit Cross Media Marketing gleichzeitig auch auf den anderen abgestimmten Kommunikationskanälen wie Microblogging-Diensten, Video-Portalen oder die traditionellen Zeitungen oder Fernsehwerbungen zusammenwirkend angeboten werden.

Wichtig ist es, dass die Inhalte für die chinesischen Kunden in perfektem Chinesisch verfasst werden müssen. Dabei sollen die chinesischen Gewohnheiten, Traditionen und Gepflogenheiten sowie die gesetzlichen Rahmen beachtet werden. Sonst besteht für europäische Unternehmen in China die Gefahr, dass die Inhalte entweder nicht gelesen oder gelöscht werden. Im schlimmsten Fall kann ein sittenwidriger Inhalt auch zu einem „Shitstorm" führen, womit das Gegenteil des Marketingzwecks erzielt wird.

Mit einer derzeitigen Nutzerzahl von über 930 Mio. Nutzern können europäische Unternehmen in China über WeChat ihren Bekanntheitsgrad schnell erhöhen, wenn die Methode des Content Marketings richtig ausgewählt und konsequent durchgeführt wird.

12.2 WeChat als eine Service-Plattform

WeChat App kann nicht nur als ein Marketingtool dienen. Die öffentliche Plattform ist auch eine beliebte Service-Plattform für Unternehmen in China. Dafür ist das öffentliche WeChat-Servicekonto bestens geeignet. Über ein öffentliches WeChat-Servicekonto kann ein Unternehmen seinen Kunden vielfältigen Service anbieten, z. B. Ratschläge über die Wartung der gekauften Produkte, Standort-LBS-Service, Ersatzteile oder Notfalldienst.

Für Unternehmen ist es auch sehr hilfreich, dass sie Kundendaten und Kaufverhalten etc. auf einfache Weise über die öffentliche Plattform von WeChat analysieren können. So können Unternehmen kostengünstig Marktforschung und Produktverbesserung vorantreiben.

ZF After-Sales-Service China bietet z. B. auf seinem öffentlichen WeChat-Konto (WeChat-ID: ZFSERVICES, chinesischer Name: 采埃孚销售服务) (vgl. Abb. 10.3 Mitte) vielfältigen After-Sale-Service, u. a. Schutz vor Produktverfälschung durch Online-Authentifizierung, Online-Hilfe zur Diagnose von Fehlern und Störungen der gekauften Produkte. Auch Audi China bietet seinen Kunden auf seinem öffentlichen WeChat-Konto (WeChat-ID: audi_0000) Service an:

1. Ratschläge für Autokauf (车辆导购)
2. Angebote anfordern (索取报价)
3. Händler suchen (查询经销商)
4. Probefahrt vereinbaren (预约试驾)
5. Rechner für Darlehen (金融贷款计算器)
6. Bedienungsanleitungen anfordern (索取车型手册)

7. Neuen Wagen suchen (查询新车库存)

8. Gebrauchtwagen suchen (查询二手车库存)

Wenn man beispielsweise auf den Menüpunkt „Probefahrt vereinbaren" klickt, wird die Menüseite zur Auswahl des Automodells und Vorzugshändler etc. angezeigt, auf der man mit dem entsprechenden Händler einen Termin zur Probefahrt vereinbaren kann.

Auch die Absatzhilfe der Automobilbranche, die Autohäuser (in China heißt ein Autohaus 4S-Car-Shop), nutzen WeChat sowohl für den Verkauf als auch für den After-Sales-Service. Anlässlich einer Umfrage im Jahr 2015 von China Auto Dealers Chamber of Commerce (chinesisch 中国汽车经销商) zusammen mit der chinesischen Firma SCRM (chinesisch 车商通) über die Anwendung von WeChat in den chinesischen Autohäusern wurden insgesamt 3971 von Autohäusern ausgefüllte Fragebögen ausgewertet. Von den 3971 Autohäusern haben nur ca. drei Prozent WeChat noch nicht in das Geschäft eingeführt (vgl. Tab. 12.1).

Der Umfrage zufolge hat ein Drittel der gefragten Autohäuser ein Abonnementkonto. Das gleiche gilt auch für das Servicekonto. 31,75 % der Autohäuser haben sowohl ein Abonnement- als auch ein Servicekonto.

Um die speziellen Funktionen für Service, z. B. Onlineshop, Unternehmenszahlung über WeChat und Analyse, nutzen zu können, sollten europäische Unternehmen ihre öffentlichen WeChat-Konten durch Tencent verifizieren lassen. Ca. 81 % der befragten Autohäuser in China haben verifizierte öffentliche WeChat-Konten.

Um Service-Funktionen anzubieten, die die Kunden zufriedenstellen, muss normalerweise ein öffentliches Servicekonto über die WeChat-Programmierschnittstellen wie

Tab. 12.1   Einsatzgebiete von WeChat in Autohäusern in China. (Quelle: Auto.suhu.com (2016))

Einsatzgebiete	Anteil beim Verkauf (%)	Anteil nach dem Verkauf (%)
Vergünstigungsinformationen	66,7	63,5
Angebote und Terminvereinbarung	63,5	60,3
Marketingkampagnen	55,6	49,2
Kundenbetreuung	52,4	50,8
Konfiguration von Lieblingsautos	50,8	
Verkaufs- und Service-Telefonnummer	34,9	30,2
WeChat-Onlineshop	28,6	
Verfolgung von potenziellen Kunden	15,9	
Notfalldienst		58,7
Standort-LBS-Service		54,0
Ratschläge für den Gebrauch von Autos		50,8
Austausch von Gebrauchtwagen		36,5
VIP-Mitglieder		22,2
Sonstiges	19,1	12,7

JSAPI angepasst werden. Dies erfordert die Entwicklungsfähigkeit und Humanressourcen des Unternehmens. Kleine oder junge Unternehmen können diese Aufgaben einem dritten professionellen IT-Unternehmen überlassen, das Erfahrung besitzt und in der Lage ist, öffentliche WeChat-Servicekonten professionell zu gestalten. Im Fall der chinesischen Autohäuser haben der Umfrage zufolge 61,9 % der Autohäuser die Anpassungsarbeiten fremden Firmen überlassen. Nur ca. 27 % haben sie selbst erledigt. Ein Abonnementkonto ist normalerweise für den Servicezweck nicht ausreichend geeignet.

12.3 WeChat CRM

Unternehmen können auch WeChat-Kundenservice in ihren vorhandenen CRM (Customer-Relationship-Management)-Systemen integrieren, um die Vorteile beider Systeme auszunutzen. Mit dem CRM-System können Vertriebsmitarbeiter auf die Fragen der Kunden schnell und genau reagieren und ihnen die richtigen Antworten geben.

Es gibt bisher unterschiedliche Ansätze für die Einbindung von WeChat-Kundenservice in unternehmensinterne CRM-Systeme. Auf dem chinesischen Markt findet man z. B. einige CRM-Systeme, die die Möglichkeit bieten, sich mit WeChat zu verbinden. Unter den Top-Ten sind z. B. Drip (http://weixin.drip.im, chinesisch 水滴), Youzan (https://www.youzan.com, chinesisch 有赞), Weimob (http://www.weimob.com, chinesisch 微盟), MikeCRM (https://www.mikecrm.com, chinesisch 麦客) und Dodoca (http://www.dodoca.com, chinesisch 点点客) (vgl. Chen 2015).

Viele Unternehmen gehen auf die Experten zu, die spezialisiert auf dem Gebiet der Integration von WeChat in CRM sind. Die niederländische Fluggesellschaft KLM Royal Dutch Airlines N.V. kooperiert z. B. mit dem IT-Unternehmen Nexmo, einer der führenden Anbieter von Cloud-Kommunikationslösungen, und hat WeChat in seiner globalen Salesforce CRM-Plattform integriert. Dadurch kann das Unternehmen seine chinesischen Kunden über die soziale Kommunikationsplattform WeChat unterstützen und beraten. Die Abwicklung der Kundenanfragen erfolgt dabei über die Salesfore Service Cloud (vgl. unn 2016).

„Wir sind überzeugt, dass wir unsere Kunden am besten dort betreuen können, wo sie sich gerade befinden", so der Social-Media-Manager Karlijn Vogel-Meijer von KLM Royal Dutch Airlines. „Nicht nur bei One-to-Many-Plattformen wie Facebook, Twitter, Instagram und LinkedIn, auch bei den sozialen Kommunikationsplattformen wie WeChat ist ein immenser Zuwachs an Nutzern festzustellen. Salesforce ist einer der Hauptpfeiler unserer Organisation und Nexmo liefert uns die Lösung zur Einbindung von Plattformen wie WeChat in unser CRM-System."

Viele andere Fluggesellschaften nutzen auch WeChat als einen Rund-um-die-Uhr Kundenservicekanal. Auch der Automobilhersteller Daimler China möchte WeChat in seinem globalen Salesforce CRM-System integrieren. „When a customer asks a question using WeChat, this should be part of the CRM application," meinte der CIO Marc Lampe in einem Interview mit dem Magazin „automotiveIT International" (vgl. Bongard 2015).

12.4   WeChat-Onlineshop als ein Markteintrittspunkt

Wenn ein europäisches Unternehmen in China am Anfang steht, hat es große Schwierigkeiten, sein Unternehmen und seine Produkte/Dienstleistungen in dem fremden Land schnell bekannt zu machen. Dieses Problem verschärft sich, wenn das Unternehmen ein unbekannter Anlagenbauer auf dem Weltmarkt ist.

Man möchte den lokalen potenziellen Kunden von seinen Produkten oder Dienstleistungen überzeugen. Für eine kostenlose Probe ist das Produkt zu teuer. Ohne Test will der Kunde nicht kaufen, da er sich nicht selbst überzeugen kann. Das ist ein Teufelskreis.

Eine elegante Lösung wäre der WeChat-Onlineshop, dessen Einrichtung und Betrieb einfach ist. Die Betriebskosten können auch im Rahmen gehalten werden. Deswegen kann jedes Unternehmen, kleine wie große, einen WeChat-Onlineshop einrichten und Waren verkaufen.

Das Hauptziel sollte es jedoch nicht sein, Waren zu verkaufen und daraus den Hauptgewinn zu erzielen, sondern potenzielle Kunden von dem Unternehmen sowie der Qualität seiner Produkte und Dienstleistungen zu überzeugen. Die Waren für den Onlineshop sollten so ausgewählt werden, dass mit dem Angebot von günstigen Nebenprodukten die Kaufbereitschaft angeregt wird.

Der WeChat-Onlineshop kann mit anderen Marketingtools kombiniert werden. So kann ein QR-Code auf die Verpackung jedes Artikels gedruckt werden, der die Informationen über das Unternehmen und dessen Produkte enthält. Kunden sollten so motiviert werden, dass sie freiwillig die Informationen ihren WeChat-Freunden weiterempfehlen. Dadurch will das Unternehmen einen Viral-Marketingeffekt erzielen und seinen Bekanntheitsgrad erhöhen.

Je nachdem, wo ein Unternehmen gerade in China steht, gibt es unterschiedliche Strategien. Mit dem WeChat-Onlineshop bedeutet es keineswegs, nur billige Produkte zu verkaufen. China hat eben eine andere Kultur als die westlichen Länder. So hat beispielsweise der Markenhersteller Dior im August 2016 einen WeChat-Onlineshop eingerichtet und gleich eine Marketingkampagne mit einer Sonderedition „Lady Dior Small China Valentine" für das chinesische Fest Qixi gestartet (vgl. Tamedia 2016). Die Tasche kostet 28.000 Yuan, umgerechnet ca. 3800 EUR!

Das Fest Qixi ist ein Fest für Liebenden, ähnlich wie der westliche Valentinstag (vgl. Liu 2016, S. 199) und dieser fiel im Jahr 2016 auf einen Dienstag, den 9. August. Geplant war, die Tasche zwischen Montag und Donnerstag zu verkaufen. Die Verkaufsaktion startete mitten in der Nacht zu Dienstag, doch die Auflage war bereits nach wenigen Stunden ausverkauft.

Von dem Erfolg des Unternehmens Dior in China sollten andere europäischen Unternehmen in China lernen. Andere Länder, andere Sitten. Kenntnisse von Kultur und Trends sowie schnelle Anpassung sind u. a. die Erfolgsfaktoren.

12.5   WeChat als eine Recruiting-Plattform

Wenn ein Unternehmen viele Follower auf seinem öffentlichen WeChat-Konto hat, kann es WeChat als eine kostengünstige Recruiting-Plattform einsetzen. Die meisten Follower des öffentlichen WeChat-Kontos des Unternehmens haben großes Interesse am Unternehmen. Genau solche motivierten Personen braucht das Unternehmen.

Die Recruiting-Funktion mit WeChat kann unterschiedlich ausgeführt werden. Die meisten Unternehmen bringen diese Funktion innerhalb eines Menüpunkts des öffentlichen WeChat-Kontos unter. Sie wird entweder unter dem Menüpunkt „Kontakt" oder unter dem Menü „Stellenangebote" platziert.

Für große Unternehmen, die öfter qualifizierte Mitarbeiter suchen, können die Recruiting-Aktivitäten professionell mit einem separaten öffentlichen WeChat-Konto betrieben werden, das speziell für den Recruiting-Zweck eingerichtet wurde. So hat das deutsche Unternehmen ZF Friedrichshafen AG in China ein öffentliches WeChat-Konto nur für die Recruiting-Tätigkeiten (s. Abb. 12.1 links, ZF chinesische WeChat Recruiting-Plattform, chinesisch: 采埃孚中国招聘平台).

Auf dem Recruiting-WeChat-Konto des Unternehmens ZF China gibt es unten drei Menüs: „ZF Gruppe" (chinesisch „ZF集团"), „ZF China" (chinesisch „ZF在中国") und „Stellenangebote" (chinesisch „工作机会"). Unter dem Menü „Stellenangebote" befinden sich die aktuellen Stellenangebote. Wenn man darauf klickt, wird die Seite der Stellenangebote angezeigt (s. Abb. 12.1 Mitte).

Abb. 12.1 Öffentliches WeChat-Konto für Recruiting. Beispiel: ZF chinesische WeChat Recruiting-Plattform. (© Tencent 2017 und ZF Friedrichshafen AG 2017)

Auch die Job-Interessierten können die Stellenangebote mit ihren WeChat-Freunden teilen. Wenn man auf das Dreipunkt-Menü eines Stellenangebotes klickt, erscheint das übliche WeChat-„Teilen"-Menü. Man kann z. B. das Stellenangebot auf der „Momente"-Seite mit allen WeChat-Freunden teilen.

Wie die Abb. 4.6 zeigt, nutzen ca. zwölf Prozent der Unternehmen WeChat als eine Recruiting-Plattform. Mit steigendem Bekanntheitsgrad und der Anzahl der Follower eines öffentlichen WeChat-Kontos gewinnt WeChat als eine Recruiting-Plattform immer mehr an Bedeutung für die Unternehmen. Selbst kleine und unbekannte Unternehmen können WeChat öffentliche Plattform auch als eine Anzeigestelle für die Stellenausschreibungen nutzen. Diese kann mit anderen Werbeträgern wie Zeitungen oder der Website des Unternehmens kombiniert werden.

12.6   WeChat-fähige Hardware

Digitalisierung in allen Bereichen ist die Zukunft. Das steht in der aktuellen Agenda der chinesischen Regierung. Das Konzept Internet+ soll in allen wichtigen Sektoren in China umgesetzt werden. Mit der Hardware-Lösung von WeChat+ können viele erreicht werden.

Europäische Unternehmen sollten die Angebote von WeChat bezüglich der WeChat-fähigen Hardware für ihre Unternehmenstätigkeiten in China in Betracht ziehen, damit sie auch innovativ und zeitgemäß wirken.

Der Automobilhersteller Audi China hat z. B. eine starke Partnerschaft mit den chinesischen Internetunternehmen Baidu, Alibaba und Tencent (die sogenannten chinesischen BAT-Unternehmen) angekündigt. Sie sollen gemeinsam an den Funktionen für das vernetzte Automobil der Zukunft arbeiten. Die Partner wollen ihre Zusammenarbeit auf den Gebieten Datenanalyse, fahrzeugbezogene Internetplattform und intelligente Mobilitätslösung für Städte vertiefen (vgl. Köllner 2016).

In Zusammenarbeit mit Alibaba hat Audi bereits Echtzeit-Verkehrsinformationen in das Audi MMI integriert und in China hochauflösende 3-D-Karten angeboten. Mit dem Internetunternehmen Baidu will das Unternehmen seinen Kunden das Produkt von Baidu CarLife anbieten, sodass Kunden App-Angebote von Baidu nahtlos zwischen ihren Endgeräten und ihren Autos übertragen können.

Zusammen mit dem Internetunternehmen Tencent will Audi China den WeChat MyCar-Dienst in die Modelle der Marke integrieren. Als erste Funktionen sollen das Teilen von Standortinformationen und Musik möglich sein. Angesichts einer Vielzahl von Nutzern von WeChat App und deren Beliebtheit in China will der Automobilhersteller seinen Kunden mehr Nutzen anbieten.

Auch der Automobilhersteller Ford kooperiert mit dem Unternehmen Tencent, um WeChat in seinen Autos zu integrieren. Es soll Kunden ermöglichen, während der Fahrt WeChat über Sprachbefehle bedienen und mit ihren WeChat-Freunden kommunizieren zu können (vgl. Binner 2015). Angesichts von über 930 Mio. WeChat-Nutzern soll diese

Funktion als ein USP (Unique Selling Proposition) dienen und dadurch seine Autos für die chinesischen Kunden attraktiv gemacht werden.

Die Integration von WeChat in die Software eines Autos ist sicherlich nicht so einfach, wenn es auch verlässlich funktionieren soll. Die meisten Unternehmen wenden sich an Tencent und kooperieren mit diesem. BMW China will es aber nicht, dass Tencent auch Einblicke in das firmeninterne Software-Know-how hat und sich entschieden, WeChat selbst in seinem Softwaresystem zu integrieren (vgl. Spring 2015).

Auch die Funktionen von „WeChat Pay" können in einer Hardware integriert werden. So kann beispielsweise die Zahlungsfunktion über QR-Code in einem Bediengerät einer Anlage integriert werden.

12.7   Chancen für ausländische Start-ups und Investoren mit WeChat

WeChat bietet IT-Unternehmen eine offene Plattform an, auf der sie über die WeChat Open-API öffentliche WeChat-Konten kundenspezifisch programmtechnisch anpassen, WeChat-fähige Hardware entwickeln und den WeChat-Onlineshop verwalten können. WeChat ist nur ein Bindeglied, mit dem die Verbindungsmöglichkeit in der Tiefe der Wertschöpfungskette praktisch unbegrenzt ist. Das ist das Konzept von WeChat+: „WeChat verbindet alles Mögliche".

Die Open-Struktur von WeChat bietet Entwicklern und IT-Unternehmen riesige Chancen, damit Geschäfte zu machen und digitale Innovationen voranzutreiben. Tencent stellt Start-ups auch reale Räume, die sogenannte „Inkubator-Räume", für die Geschäftstätigkeiten zur Verfügung, die landesweit in China verteilt sind.

Die chinesische Regierung unterstützt im Rahmen der Aktion Internet+ Start-ups und Innovationen aktiv. Demzufolge investieren immer mehr Venture Capital in diesem Bereich. Während in der ersten Hälfte des Jahres 2014 insgesamt 20.055 Mio. US\$ im Bereich Start-ups und Innovationen in China investiert worden sind, belief sich die Investitionssumme zwei Jahre später in 2016 schon auf 47.181 Mio. US\$, die Summe hat sich also mehr als verdoppelt (vgl. Tencent 2016, S. 12).

Informationen von Tencent zufolge gab es 2014 insgesamt 4,5 Mio. registrierte Entwickler auf der offenen Plattform von Tencent. Diese Zahl erhöhte sich auf sechs Millionen zum Ende des zweiten Quartals 2016. Sieben von zehn Entwicklern sind private Personen. Über eine Million Arbeitsplätze wurden dadurch neu geschaffen.

Europäische IT-Hightech-Unternehmen haben riesige Chancen, den dortigen Markt zu erschließen und vor allen Dingen die europäischen Unternehmen in China zu bedienen. Europäische Unternehmen in China vertrauen eher westlichen IT-Unternehmen, die IT-Wissen haben und die chinesische Kultur kennen. So hat die niederländische Fluggesellschaft KLM beispielsweise mit dem amerikanischen IT-Unternehmen Nexmo zusammengearbeitet, um WeChat in seinem Salesforce CRM-System zu integrieren.

Informationen vom Deutschen Auswärtigen Amt zufolge sind über 5000 deutsche Unternehmen in China tätig (vgl. Auswärtiges Amt 2016). Viele davon haben noch kein öffentliches WeChat-Konto oder wissen gar nicht, wie man damit richtig umgeht.

Kapitalinvestoren haben gute Chancen, in China in diesem Bereich zu investieren, um vor allen Dingen den europäischen Start-ups zu helfen.

12.8   WeChat für Expats

Wie für jeden Chinesen ist WeChat App auch für Expats in China ein wichtiges soziales Kommunikationstool. Expats in China haben viele Communities auf WeChat gebildet, um Informationen miteinander auszutauschen. WeChat App ist für Expats auch ein wichtiges Tool, um sich in die chinesische Gesellschaft zu integrieren und mit den Einheimischen in Kontakt zu bleiben.

Es sollte über 800.000 Expats in China geben (vgl. Gentlemen 2016). Für ausländische Unternehmen besteht auch die Chance, diese Leute über WeChat anzusprechen und ihnen spezielle Produkte und Dienstleistungen anzubieten.

Auch Expats selbst können von den sozialen Medien in China profitieren. So ist beispielsweise der deutsche Expat Thomas Derksen in Shanghai unter dem Spitznamen „Afu Thomas" ein Internetstar geworden (vgl. RP Online 2016). Er hat über 1,4 Mio. Follower auf verschiedenen Kanälen in den chinesischen sozialen Netzwerken.

Auf seinem öffentlichen WeChat-Konto (WeChat-ID: AfuThomas) veröffentlicht er jede Woche lustige Videos über seinen Alltag. Allein seine einseitige Vorstellung „阿福是谁?" (auf Deutsch „Wer ist Afu?") wurde über 51.000 Male gelesen.

Innerhalb einer Rundsendung mit dem originalen Text kann auch die Funktion „赞赏" (auf Deutsch „Lob und belohnen") platziert werden. Interessierte und begeisterte Leser können freiwillig dem Betreiber des öffentlichen WeChat-Kontos einen Betrag als Belohnung und Anerkennung der guten Arbeit über „WeChat Pay" überweisen.

Wenn man viele Follower seines öffentlichen WeChat-Kontos hat, kann man auch als ein Werbeplatzanbieter auf WeChat tätig sein und dadurch Geld verdienen (vgl. Kap. 9).

12.9   Cross-Border Business mit WeChat

Auf dem Gebiet Cross-Border Business zwischen Deutschland und China ist das deutsche Unternehmen Windeln.de AG vorbildlich. Windeln.de ist ein deutscher Versandhändler für Baby- und Kinderartikel. Das Unternehmen ging am 6. Mai 2015 an die Börse und ist im CDAX gelistet.

Größter Absatzmarkt von Windeln.de ist die Volksrepublik China. Allein im Geschäftsjahr 2015 hat das Unternehmen einen Netto-Umsatz von 91,1 Mio. EUR mit Kunden aus China gemacht (vgl. Meixner 2015). Dies entspricht mehr als der Hälfte des Gesamtumsatzes des Unternehmens. Windeln.de nutzte dabei unterschiedliche chinesische Absatzkanäle, hauptsächlich die B2C-E-Commerce-Plattform Tmall.com des chinesischen Internetkonzerns Alibaba. Seit August 2016 betreibt das Unternehmen erstmals auch einen eigenen Onlineshop auf dem chinesischen Internet-Marktplatz Tmall.

Hintergrundwissen

Tmall (chinesisch 天猫) ist eine B2C-Online-Plattform des chinesischen Internetkonzerns Alibaba. Am 19. Februar 2014 ging Tmall auch international online. Ausländische Unternehmen können chinesische Konsumenten direkt über Tmall bedienen. Viele Markenprodukte wie Luis Vuitton, Dior oder PRADA sind bei Tmall erhältlich.

Das Misstrauen der chinesischen Kunden eigenen Produkten gegenüber, beispielsweise durch den Milchskandal (vgl. Wikipedia 2016), ist sehr groß. Originale Produkte „Made in Germany" genießen einen sehr hohen Ruf hinsichtlich Qualität und Zuverlässigkeit in China. Dies bietet deutschen Unternehmen riesige Chancen, dort Geschäfte zu machen.

Windeln.de hat diesen Trend frühzeitig erkannt und mit dem B2C-Export-Geschäft in China angefangen. Die Strategie ist auch vielversprechend, nämlich Kunden Produkte direkt von Deutschland aus nach China zu senden. Das schafft Vertrauen.

Das Unternehmen hat auch ein öffentliches WeChat-Konto (WeChat-ID: windelnde_ID), auf dem es Content Marketing treibt, um Follower des öffentlichen WeChat-Kontos zu seinem Onlineshop zu motivieren.

In seinem HTML5-Onlineshop, der überall sowohl auf Smartphone als auch auf dem Desktop-PC angezeigt werden kann und in chinesischer Sprache ist, können Kunden wie gewohnt bestellen und die Waren in den Einkaufswagen legen.

Zurzeit unterstützt Windeln.de den Online-Bezahldienst „Alipay" für chinesische Kunden, den Bezahldienst des Internetkonzerns Alibaba, leider noch kein „WeChat Pay". Obwohl der Preis in Euro angezeigt ist, zahlen chinesische Kunden direkt mit der chinesischen Währung Renminbi. Der Wert der Waren wird nach dem Tageswechselkurs direkt umgerechnet.

Windeln.de bietet chinesischen Kunden zwei Arten der direkten Warensendung von Deutschland nach China an: DHL und Windeln.de Express. Kunden, die sich für die Standardsendung über DHL entschieden haben, müssen selbst dafür sorgen, dass die Zollgebühren beim chinesischen Zollamt entrichtet werden. Mit der Option „Windeln.de Express" erledigt Windeln.de alle Formalitäten beim chinesischen Zollamt für die Kunden, inklusiv Sendungsverfolgung. Bei DHL dauert eine Sendung ca. zwei bis fünf Wochen, bei Express ca. sechs bis zehn Tage.

Zwar hat Windeln.de keine Niederlassung in China, bietet aber den chinesischen Kunden Service in chinesischer Sprache für Anfragen und Reklamationen etc. an.

Auch das im Jahr 2016 gegründete deutsche Start-up Things move China GmbH (vgl. https://dongxii.com/) macht über eine E-Commerce-Plattform Cross-Border Business mit den Chinesen. Über seine App „DONGXii" (vgl. Abb. 12.2 links) werden deutsche Design-Produkte direkt chinesischen Endkunden angeboten (vgl. Abb. 12.2 Mitte). Die Bezahlung erfolgt in chinesischer Währung, und die Waren werden direkt von Deutschland aus nach China versendet. Das Unternehmen hat auch ein öffentliches WeChat-Konto (vgl. Abb. 12.2 rechts), mit dem es Content Marketing betreibt.

Abb. 12.2 Deutsche E-Commerce-Plattform „DONGXii" für chinesische Endkunden und Content Marketing auf WeChat. (© Tencent 2017 und © Things move China GmbH 2017)

Das Unternehmen wurde mit seinem vielversprechenden Projekt „E-Commerce-Plattform DONGXii" im Wettbewerb „Ausgezeichnete Orte im Land der Ideen" 2017 prämiert (vgl. Deutsche Bank 2017). Unter dem Motto „Offen denken – Damit sich Neues entfalten kann" wurde das Projekt als eines der besten hundert Projekte aus rund 1000 bundesweiten Bewerbungen ausgezeichnet.

Der Frankfurter Flughafen hat beispielsweise ein öffentliches WeChat-Konto für die Onlineangebote der Duty-Free-Shops des Flughafens (vgl. Abb. 12.3). Kunden aus China können vor der Reise in China Waren der verschiedenen Onlineshops aussuchen und kostenlos vorbestellen (s. Abb. 12.4 links). Anschließend können sie die Fluginformationen wie Flugnummer und Abflug- bzw. Ankunftsdatum angeben (s. Abb. 12.4 rechts). Die bestellten Waren werden vorher in einen Shop des Flugbereiches hingebracht. Kunden können dann dort die Waren bezahlen und abholen.

Über das öffentliche WeChat-Konto betreibt der Frankfurter Flughafen auch Marketingkampagnen wie Rabattaktionen, Sammeln von VIP-Punkten, um Kunden zum Kaufen zu animieren.

Auch manche Personen, vorwiegend Chinesen, machen „kleines Geschäft" über WeChat im Ausland. So verkaufen sie deutsche Produkte durch Versand nach China (vgl. Stanislaw 2016).

Die Chinesen vertrauen deutschen Waren. Deutsche Unternehmen können davon profitieren und sollten diesen Vorteil ausnutzen. Cross-Border Business in Verbindung mit WeChat vereinfacht den Anfang für deutsche Unternehmen in China.

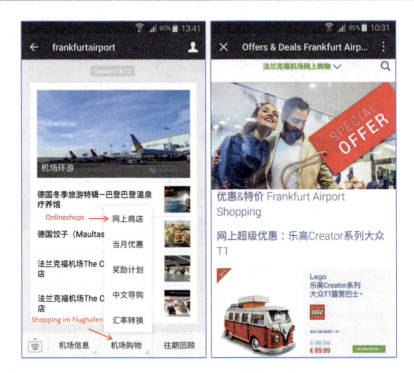

Abb. 12.3 Onlineshops vom Frankfurter Flughafen für die Reisenden aus China. Links: Das öffentliche WeChat-Konto des Flughafens (WeChat-ID: frankfurtairport). Rechts: Onlineangebote der Duty-Free-Shops. (© Tencent 2017 und © Fraport AG 2017)

12.10   Tourismus mit WeChat

Chinesische Touristen machen jährlich über 100 Mio. Auslandsreisen (vgl. Loras 2016). Information vom Bundesministerium für Wirtschaft und Energie (2016) zufolge bilden chinesische Touristen in Deutschland mit Abstand die größte Gruppe von Touristen aus Asien. Die Übernachtungen chinesischer Gäste in Deutschland lagen 2015 bei über 2,5 Mio. Die Deutsche Zentrale für Tourismus rechnet mit fünf Millionen Übernachtungen chinesischer Touristen in Deutschland bis 2030.

Viele chinesischen Touristen gehen auf Einkaufstour durch Europa. Originale Markenprodukte wie Luxusuhren und -taschen werden von Chinesen meistens gefragt.

Europäische Tourismusregionen können WeChat für ihr eigenes Marketing nutzen, um die Standorte für chinesische Touristen attraktiv zu machen. Es gibt unterschiedliche Möglichkeiten, WeChat hierfür einzusetzen.

Zum einen kann man ein öffentliches WeChat-Konto beantragen und Content Marketing betreiben, z. B. Rundsendungen über Sehenswürdigkeiten und Aktionen, Informationen über lokale Bräuche und kulturelle Besonderheiten. Es können auch Informationen

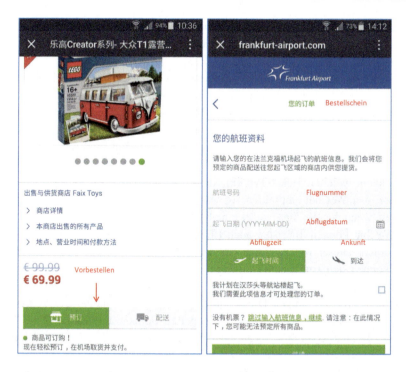

Abb. 12.4   Waren können vor der Reise vorbestellt und im Flughafen bezahlt und abgeholt werden. Links: Vorbestellung. Rechts: Eingabe von Fluginformationen. (© Tencent 2017 und © Fraport AG 2017)

über die Verfügbarkeit der Hotelzimmer angeboten werden. Dabei können Tourismusbüros und Organisationen die chinesischen Kunden über WeChat direkt beraten.

Berchtesgadener Land Tourismus GmbH (BGLT) betreibt beispielsweise ein öffentliches WeChat-Konto für die chinesischen Touristen (WeChat-ID: weizhuyou) (vgl. Sobinger 2016). Das öffentliche WeChat-Konto hat drei Menüs: „Sehenswürdigkeiten, wo man unbedingt hingehen muss" (chinesisch „必游景点"), „Empfehlung der Besonderheiten" (chinesisch „亮点推荐") und „Praktische Tipps" (chinesisch „实用信息").

Bereits vor der Reise können sich chinesische Touristen durch WeChat beispielsweise über den Zielort Königssee detailliert informieren. Dabei wird die geografische Lage in einer romantischen Weise dargestellt. Auch die Verkehrsanbindungen von München und Salzburg aus zu dem See werden klar beschrieben. Anschließend gibt es auch Informationen über die möglichen Unterkünfte, beispielsweise ob es dort auch leckeres Essen gibt. (Das gibt es natürlich – z. B. Seeforelle mit Kartoffeln.) Schließlich gibt es konkrete Informationen über die Sehenswürdigkeiten und am Ende noch ein paar Tipps über den Preis der Schifffahrten und die Anfahrtszeiten sowie die Besuchszeiten der Kirche St. Bartholomä.

Im vergangenen Jahr kamen über 27.000 chinesische Touristen nach Berchtesgaden. Auch hier in Deutschland sind auf den Informationsflyern QR-Codes zu sehen (vgl. Deutsche Welle 2016). Die chinesischen Touristen können über ihre Smartphones den QR-Code scannen und Informationen über die Standorte und Sehenswürdigkeiten sowie Verkehrsanbindungen erhalten.

Die BGLT testet WeChat App als erste deutsche Tourismusregion. In China ist die Anwendung von WeChat in diesem Bereich aber sehr fortgeschritten. Über die Funktionen von „WeChat Pay" können Touristen Tickets kaufen, ohne dafür in einer Schlange stehen zu müssen. Nach der Zahlung erhält ein WeChat-Nutzer eine elektronische Eintrittskarte in Form eines QR-Codes. Dieser wird beim Eingang eingescannt. Er dient zugleich auch zum Öffnen von Toren oder Schränken.

Je nachdem welchen Ticket-Typ ein Kunde gekauft hat, wird ihm automatisch eine Reiseroute über WeChat empfohlen. So wird beispielsweise eine Route für die Familie empfohlen, wenn der WeChat-Nutzer eine Familienkarte gekauft hat.

Mit WeChat können Touristen auch LBS-Service in Verbindung mit iBeacon angeboten werden. Dieser ist besonders für die Reisenden hilfreich. Über eine Karte auf WeChat können sich Touristen informieren, wo sie gerade sind und was es in der Umgebung gibt, wie Restaurants, Läden und WC.

Mit einem WeChat-fähigen Druckautomat können Smartphones der Touristen z. B. über WeChat verbunden werden. Sie können ihre Fotos während der Reise über das öffentliche WeChat-Konto des zuständigen Tourismusbüros an den Drucker schicken und ausdrucken lassen.

Ein teures Tour-Guide-System braucht sich ein Tourismusunternehmen heutzutage in China auch nicht anzuschaffen, da es durch WeChat App ersetzt werden kann. Über das öffentliche WeChat-Konto kann die sprachliche Erklärung der Sehenswürdigkeiten vorab gespeichert werden. Sie kann dann von Kunden über Menüs oder Sprachbefehle aufgerufen werden.

12.11 „WeChat Pay" für Finanzdienstleister

Im Ausland gibt es viele Chinesen, die WeChat nutzen. Sie sind entweder Aussiedler oder Reisende aus China. Es wäre schön, wenn sie im Ausland auch die Funktion „WeChat Pay" für Warenkauf und Hotelübernachtungen etc. nutzen könnten. Auf der anderen Seite ist es für viele Chinesen, die im Ausland leben und gelegentlich Verwandte in China besuchen, auch sehr hilfreich, in China über WeChat einkaufen zu können.

WeChat kooperiert zurzeit mit dem amerikanischen Zahlungsdienstleister Western Union (chinesisch „西联汇款"), um WeChat-Nutzern in den USA die Möglichkeit zu bieten, Geld über die WU Connect-Plattform in 200 Länder und Hoheitsgebiete via WeChat zu senden (vgl. FinanzNachrichten.de 2015). Dieser Service ist zurzeit nur in den USA möglich.

Der australische Bezahldienstleister RoyalPay kooperiert auch mit Tencent und bietet seinen Kunden den Service von „WeChat Pay" (vgl. Justin 2016). In Zusammenarbeit mit dem Unternehmen Novatti bietet das Unternehmen „WeChat Pay"-Service für die

Händler in Australien. Kunden in Australien können über WeChat die gekauften Waren bezahlen.

Deutschland ist die Wirtschaftslokomotive Europas. Deutschland ist das Hauptziel der chinesischen Touristen. Es ist an der Zeit für Banken und andere Finanzdienstleister in Europa zu überdenken, mit Tencent zusammenzuarbeiten, um „WeChat Pay" auch hierzulande einzuführen. Es gibt bereits eine Kundenbasis sowohl in Deutschland als auch in den anderen europäischen Ländern.

Der führende deutsche Finanzdienstleister für den elektronischen Zahlungsverkehr Wirecard AG hat im Juli 2017 bekanntgegeben, dass Tencent mit dem Unternehmen nun kooperiert, um den Bezahldienst „WeChat Pay" auch für deutsche Einzelhändler verfügbar zu machen (vgl. Scheuer und Schnell 2017). Ab November 2017 sollte der Bezahldienst in Deutschland möglich sein. Zielgruppe sind zunächst aber Chinesen in Deutschland.

12.12 WeChat in Europa?

WeChat ist die mächtigste IM-App und der Technologieführer in diesem Bereich. Das wirft ein neues Licht auf die Frage: Kann WeChat App irgendwann hierzulande auch akzeptiert und populär werden oder sogar die hier bekannte Chat-App WhatsApp ablösen?

Es ist schwer, diese Frage ohne Rahmenbedingungen zu beantworten. Es kommt darauf an, was das Unternehmen Tencent in den nächsten Jahren strategisch vorhat. Zurzeit operiert das Unternehmen hauptsächlich nur in den Regionen um China wie Korea und Japan. Auch in Afrika geht das Unternehmen offensiv gegen den Rivalen Facebook vor.

Nur als ein reiner IM-Dienst hat WeChat kaum eine Chance, sich hierzulande in Europa gegen Facebook durchzusetzen. Facebook hat den Netzwerkeffekt erreicht. Tencent ist zwar finanziell in der Lage, diesen Netzwerkeffekt zu brechen und einen eigenen aufzubauen, es gibt aber andere wichtige Markteintrittsbarrieren in Europa. Dabei handelt es sich um das Vertrauen der Menschen, die generell Zweifel an den chinesischen Produkten haben, besonders wenn es um die Datensicherheit geht.

Diese Situation kann sich aber auch verändern. China ist das aufstrebende Land, das auf Produktqualität setzt und Ordnung schaffen will. China hat auch bewiesen, ein offenes Land zu sein. Auch die qualitativ guten Produkte und Dienstleistungen von manchen chinesischen Herstellern wie Huawei verbessern mit der Zeit das Image Chinas in Europa.

Die Europäer brauchen noch Zeit, um Vertrauen in die chinesischen Produkte und Dienstleistungen zu haben. Das ist verständlich hinsichtlich den unterschiedlichen gesellschaftlichen Systemen und Kulturen sowie der negativen Darstellung Chinas in manchen europäischen Medien. Dennoch sind viele Europäer wie die Deutschen auch bereit, chinesische Produkte und Dienstleistungen zu kaufen bzw. zu nutzen. So ist die Einführung von WeChat im Tourismusservice des Berchtesgadener Landes ein gutes Beispiel.

Auch das Beispiel der Kooperation zwischen der Stadt Gelsenkirchen und dem chinesischen Hightech-Unternehmen Huawei im Bereich der Safe- und Smart-City-Lösungen zeichnet einen Trend des Umdenkens der Deutschen über China ab. Unter Safe City wird meist als moderne elektronische Kriminalitätsbekämpfung durch umfassende Videoüberwachung mit Cloud-Anbindung sowie durch mobile Polizeisysteme basierend auf eLTE und intelligente Analysefunktionen verstanden (vgl. Golem.de 2016). Die Zusammenarbeit in diesem sensiblen Bereich zwischen einer deutschen Stadt und einem chinesischen Unternehmen ist ein gutes Zeichen des gegenseitigen Vertrauens.

Aus dieser Sicht und dem positiven Sinne ist es nicht auszuschließen, dass WeChat künftig auch den europäischen Markt erobern kann. Voraussetzung hierfür ist es für WeChat, dass sein Produktspektrum hier komplett eingeführt wird, da die Funktionen von WeChat, die der Rivale Facebook nicht hat, auch Kunden hierzulande große Vorteile und Nutzen bieten.

Egal, ob WeChat künftig nach Europa kommt oder nicht, ist das Geschäftsmodell von WeChat zukunftsweisend. Facebook wird die Features von WeChat kopieren und sie den Kunden hierzulande anbieten. Für europäische Unternehmen bedeutet es, dass sie sich die Funktionen von WeChat genau anschauen müssen, um sich für die Zukunft strategisch vorbereiten zu können. Eine frühzeitige Einführung der neuen Technologie schafft nicht nur Wettbewerbsvorteile, sondern ist in bestimmen Fällen auch überlebenswichtig.

Literatur

Auswärtiges Amt, Hrsg. 2016. Beziehungen zwischen der Volksrepublik China und Deutschland. http://www.auswaertiges-amt.de/DE/Aussenpolitik/Laender/Laenderinfos/China/Bilateral_node.html. Zugegriffen: 18. Dez. 2016.

Auto.sohu.com, Hrsg. 2016. 全国4S店微信运营调查报告. http://auto.sohu.com/20150812/n418720332.shtml. Zugegriffen: 17. Dez. 2016.

Binner, M. 2015. Chatten am Steuer. Handelsblatt. http://www.handelsblatt.com/unternehmen/it-medien/ford-kooperiert-mit-wechat-chatten-am-steuer/11384776.html. Zugegriffen: 23. Dez. 2016.

Bongard, A. 2015. Interview: Daimler China CIO Marc Lampe discusses CRM. automotiveIT International. http://www.automotiveit.com/interview-daimler-china-cio-marc-lampe/news/id-0010488. Zugegriffen: 18. Dez. 2016.

Bundesministerium für Wirtschaft und Energie, Hrsg. 2016. Spezielle Regelungen beim Incoming Tourismus aus der Volksrepublik China. http://www.bmwi.de/DE/Themen/Tourismus/Internationale-Zusammenarbeit/incoming-tourismus-aus-china.html. Zugegriffen: 6. Sept. 2016.

Chen, T. 2015. 5 great WeChat CRM systems, and 3 of them are free! Walkthechat. https://walkthechat.com/5-wechat-crm-systems-and-3-of-them-are-free. Zugegriffen: 18. Dez. 2016.

Deutsche Bank, Hrsg. 2017. Durch Offenheit zu Innovationen: 100 Projekte mit Vorbildcharakter ausgezeichnet. https://www.db.com/newsroom_news/2017/medien/durch-offenheit-zu-innovationen-100-projekte-mit-vorbildcharakter-ausgezeichnet-de-11570.htm. Zugegriffen: 7. Juli 2017.

Deutsche Welle, Hrsg. 2016. WeChat in Bayern. http://www.dw.com/de/wechat-in-bayern/a-35954066. Zugegriffen: 25. Dez. 2016.

FinanzNachrichten.de, Hrsg. 2015. Western Union bietet neuen globalen Geldüberweisungsservice auf WeChat an. http://www.finanznachrichten.de/nachrichten-2015-11/35624700-western-union-bietet-neuen-globalen-geldueberweisungsservice-auf-wechat-an-004.htm. Zugegriffen: 25. Dez. 2016.

Gentlemen in China. 2016. Why WeChat attracts users overseas? Marketing China. http://marketingtochina.com/wechat-attracts-users-overseas. Zugegriffen: 21. Dez. 2016.

Golem.de, Hrsg. 2016. Internet der Dinge. Gelsenkirchen will mit Huawei zur Safe und Smart City werden. http://www.golem.de/news/internet-der-dinge-gelsenkirchen-will-mit-huawei-zur-safe-und-smart-city-werden-1603-119842.html. Zugegriffen: 25. Dez. 2016.

Justin 2016. How Australian tourism businesses can win with WeChat Pay. ChinaReadyNow. http://www.chinareadynow.com/blog/australian-tourism-businesses-can-win-wechat-pay. Zugegriffen: 25. Dez. 2016.

Köllner, C. 2016. Audi stärkt Partnerschaft mit chinesischen Internetunternehmen. Springer Professional. https://www.springerprofessional.de/unternehmen—institutionen/car-to-x/audi-staerkt-partnerschaft-mit-chinesischen-internetunternehmen/10688546. Zugegriffen: 18. Dez. 2016.

Liu, Y. 2016. Social Media in China. Wie deutsche Unternehmen soziale Medien im chinesischen Markt erfolgreich nutzen können. http://www.springer.com/de/book/9783658112301. Wiesbaden: Springer Gabler.

Loras, S. 2016. How China's 100 million tourists are reshaping marketing strategies. ClickZ. https://www.clickz.com/how-chinas-100-million-tourist-are-reshaping-global-retail-marketing-strategy/94533. Zugegriffen: 23. Dez. 2016.

Meixner. S. 2015. 2 Schritte: So verkaufen Versender erfolgreich in China. Neuhandeln.de. http://neuhandeln.de/3-schritte-so-verkaufen-versender-erfolgreich-in-china. Zugegriffen: 23. Dez. 2016.

RP Online, Hrsg. 2016. Internetstar „Afu Thomas" – Ein Mann aus NRW bringt China zum Lachen. http://www.rp-online.de/digitales/internet/internetstar-afu-thomas-thomas-derksen-aus-nrw-bringt-china-zum-lachen-aid-1.6450911. Zugegriffen: 21. Dez. 2016.

Scheuer, S., und Schnell, C. 2017. Chinas Bezahlsysteme sollen Deutschland erobern. Handelsblatt. http://www.handelsblatt.com/my/unternehmen/dienstleister/stripe-setzt-auf-alipay-chinas-bezahlsysteme-sollen-deutschland-erobern/20039538.html. Zugegriffen: 16. Juli 2017.

Sobinger, P. 2016. Die erste deutsche Tourismusregion auf WeChat, „WeChat"-App bringt chinesische Touristen nach Berchtesgaden. BGLand24.de. https://www.bgland24.de/bgland/region-berchtesgaden/berchtesgaden-ort28361/berchtesgaden-pilotprojekt-we-chat-app-bglt-erste-tourismusregion-6522332.html. Zugegriffen: 22. Apr 2017.

Spring, J. 2015. BMW China planst o put WeChat in cars without relying on Tencent. Reuters. http://www.reuters.com/article/autoshow-shanghai-bmw-wechat-idUSL4N0XI2BR20150421. Zugegriffen: 23. Dez. 2016.

Stanislaw, V. 2016. WeChat als Verkaufsplattform zwischen Deutschland und China. ICC Portal. http://interculturecapital.de/wechat-als-verkaufsplattform-zwischen-deutschland-und-china. Zugegriffen: 25. Dez. 2016.

Tamedia, Hrsg. 2016. Dior verkauft 3800 Euro teure Tasche bei WeChat. http://www.20min.ch/finance/news/story/21145363. Zugegriffen: 25. Dez. 2016.

Tencent, Hrsg. 2016. 2016 Internet entrepreneurship and innovation white paper (in Chinesisch). http://tech.qq.com/a/20160922/026189.htm. Zugegriffen: 18. Dez. 2016.

Unn, Hrsg. 2016. Kundenkommunikation via WeChat: KLM Royal Dutch Airlines setzt auf Chat App API von Nexmo. http://www.pressebox.de/pressemitteilung/nexmo/Kundenkommunikation-via-WeChat-KLM-Royal-Dutch-Airlines-setzt-auf-Chat-App-API-von-Nexmo/boxid/762614. Zugegriffen: 22. Dez. 2016.

Wikipedia, Hrsg. 2016. Chinesischer Milchskandal. https://de.wikipedia.org/wiki/Chinesischer_Milchskandal. Zugegriffen: 24. Dez. 2016.

Anhang A: Meilensteine des Internetkonzerns Tencent

11.1998: Gründung des Internetunternehmens Tencent

02.1999: Markteinführung des IM-Dienstes QQ Messenger

08.2003: QQ Games online

11.2003: Internetportal www.QQ.com online

06.2004: Börsengang in Hong Kong Stock Exchange (HKSE)

05.2005: Markteinführung des sozialen Netzwerks Qzone

06.2007: Gründung von Tencent Stiftung

06.2008: Aufnahme in Hong Kong's Hang Seng Index (HSI)

12.2009: Jahreserlös über 10 Mrd. RMB (ca. 1,4 Mrd. EUR)

03.2010: Anzahl der gleichzeitigen Online-Nutzer (PCU – Peak Concurrent Users) von QQ Messenger über 100 Mio.

01.2011: Markteinführung des mobilen IM-Dienstes WeChat

06.2011: Bekanntmachung der Open-Plattform-Strategie

01.2013: Die Gesamtnutzerzahl von WeChat hat die Schwelle 300 Mio. durchbrochen.

08.2013: Mobiler QQ Messenger und WeChat starten Game Center

09.2013: Börsenwert erreicht 100 Mrd. US$

03.2014: Anzahl der gleichzeitigen Online-Nutzer (PCU) von QQ Messenger über 200 Mio.

03.2015: Das von Pony Ma vorgestellte Konzept „Internet+" ist zur Strategie der chinesischen Regierung geworden

09.2015: Die Anzahl der Nutzerkonten von mobilem Payment, die mit Bankkarten verbunden sind, steigt über 200 Mio.

© Springer Fachmedien Wiesbaden GmbH 2018
Y. Liu, *Social Media Marketing in China mit WeChat*,
https://doi.org/10.1007/978-3-658-17497-2

Anhang B: Meilensteine der Entwicklung von WeChat

11.2010: Kick-Off des WeChat-Entwicklungsprojektes.

21.01.2011: Erstmaliges Online von WeChat Version 1.0 für iPhone.

10.05.2011: Veröffentlichung der Version 2.0.

01.10.2011: Veröffentlichung der Version 3.0 mit den neuen Funktionen „Schütteln" und „Flaschenpost".

29.03.2012: Anzahl der WeChat-Nutzer hat die Schwelle von 100 Mio. erreicht

19.04.2012: Veröffentlichung der Version 4.0 mit der neuen Funktion „Momente" (Freundeskreis).

19.07.2012: Veröffentlichung der Version 4.2 mit den neuen Funktionen Video-Chat und WeChat für Windows.

17.08.2012: Markteinführung der öffentlichen Plattform.

17.09.2012: Anzahl der WeChat-Nutzer über 200 Mio.

15.01.2013: Anzahl der WeChat-Nutzer über 300 Mio.

05.02.2013: Veröffentlichung der Version 4.3. Einführung der Funktionen von „Walkie-Talkie" und Gruppenchat in Sprache sowie Navigationsfunktion.

25.07.2013: Nutzerzahl in Festlandchina über 400 Mio.

05.08.2013: Mit der Veröffentlichung der Version 5.0 für iOS-Geräte wurden WeChat-Spiele und „WeChat Pay" eingeführt. Konten auf der öffentlichen Plattform wurden in Abonnementskonto und Servicekonto aufgeteilt.

09.08.2013: Version 5.0 für Android-Geräte online.

15.08.2013: Anzahl der WeChat-Nutzer außerhalb von Festlandchina über 100 Mio.

24.10.2013: Anzahl der registrierten WeChat-Nutzer über 600 Mio. Täglich aktive WeChat-Nutzer über 100 Mio.

31.12.2013: Version 5.0 für Windows Phone online.

04.01.2014: Der Taxidienst „Didi Dache" wurde in WeChat integriert.

28.01.2014: Upgrade von WeChat auf Version 5.2. Die Oberfläche für Android-Geräte wurde komplett erneuert.

19.03.2014: „WeChat Pay" für Unternehmensnutzer ist offiziell für jedes berechtige öffentliche WeChat-Konto zugänglich.

© Springer Fachmedien Wiesbaden GmbH 2018
Y. Liu, *Social Media Marketing in China mit WeChat*,
https://doi.org/10.1007/978-3-658-17497-2

04.04.2014: WeChat Fachhochschule wurde gegründet.

29.06.2014: Einführung der Funktion „Live Channel Detection" („Erkennung von Fernsehprogrammen durch Schütteln").

07.07.2014: Einführung der Marketingfunktionen auf der öffentlichen Plattform.

31.07.2014: Anzahl der öffentlichen WeChat-Konten über 5,80 Mio.

18.08.2014: Einführung der Verbindungsfähigkeit der WeChat mit Gegenständen.

18.09.2014: WeChat-Unternehmenskonto wurde eingeführt.

30.09.2014: Einführung der Funktionen von „Karten & Angebote".

14.10.2014: Neue Version 6.0.

12.2014: Einführung der Funktion „Stadtservice".

21.01.2015: Neue Version 6.1.

22.01.2015: Einführung der Funktion der Bekanntgabe des originalen Inhaltes.

27.01.2015: Einführung der Funktionen von „WiFi-Verbindung über WeChat" und „Schütteln in der Umgebung über WeChat".

01.02.2015: WeChat stellt allen verifizierten öffentlichen WeChat-Konten Schnittstelle der Datenanalyse zur Verfügung.

11.08.2015: „Gefällt mir"-Funktion im Beta-Test.

27.08.2015: Bekanntmachung der Regelung zum Schutz der originalen Inhalte.

22.09.2015: Dritter Dienstleister für „WeChat Pay" ist möglich.

19.11.2015: „WeChat Pay" ging international

22.09.2016: Version 6.3.27 für iOS.

27.09.2016: Version 6.3.27 für Android.

09.01.2017: WeChat „Xiaochengxu" (WeChat Miniprogramme) offiziell online.

Stichwortverzeichnis

© Springer Fachmedien Wiesbaden GmbH 2018
Y. Liu, *Social Media Marketing in China mit WeChat*,
https://doi.org/10.1007/978-3-658-17497-2

Ihr Bonus als Käufer dieses Buches

Als Käufer dieses Buches können Sie kostenlos das eBook zum Buch nutzen.
Sie können es dauerhaft in Ihrem persönlichen, digitalen Bücherregal
auf **springer.com** speichern oder auf Ihren PC/Tablet/eReader downloaden.

Gehen Sie bitte wie folgt vor:

1. Gehen Sie zu **springer.com/shop** und suchen Sie das vorliegende Buch
   (am schnellsten über die Eingabe der eISBN).
2. Legen Sie es in den Warenkorb und klicken Sie dann auf:
   zum Einkaufswagen/zur Kasse.
3. Geben Sie den untenstehenden Coupon ein. In der Bestellübersicht wird
   damit das eBook mit 0 Euro ausgewiesen, ist also kostenlos für Sie.
4. Gehen Sie weiter **zur Kasse** und schließen den Vorgang ab.
5. Sie können das eBook nun downloaden und auf einem Gerät Ihrer Wahl lesen.
   Das eBook bleibt dauerhaft in Ihrem digitalen Bücherregal gespeichert.

EBOOK INSIDE

eISBN	978-3-658-17497-2
Ihr persönlicher Coupon	z3rDnT2xjAEKtxS

Sollte der Coupon fehlen oder nicht funktionieren, senden Sie uns bitte
eine E-Mail mit dem Betreff: **eBook inside** an **customerservice@springer.com**.